NORUEGO
VOCABULARIO

PALABRAS MÁS USADAS

ESPAÑOL-NORUEGO

Las palabras más útiles
Para expandir su vocabulario y refinar
sus habilidades lingüísticas

7000 palabras

Vocabulario Español-Noruego - 7000 palabras más usadas
por Andrey Taranov

Los vocabularios de T&P Books buscan ayudar en el aprendizaje, la memorización y la revisión de palabras de idiomas extranjeros. El diccionario se divide por temas, cubriendo toda la esfera de las actividades cotidianas, de negocios, ciencias, cultura, etc.

El proceso de aprendizaje de palabras utilizando los diccionarios temáticos de T&P Books le proporcionará a usted las siguientes ventajas:

- La información del idioma secundario está organizada claramente y predetermina el éxito para las etapas subsiguientes en la memorización de palabras.
- Las palabras derivadas de la misma raíz se agrupan, lo cual permite la memorización de grupos de palabras en vez de palabras aisladas.
- Las unidades pequeñas de palabras facilitan el proceso de reconocimiento de enlaces de asociación que se necesitan para la cohesión del vocabulario.
- De este modo, se puede estimar el número de palabras aprendidas y así también el nivel de conocimiento del idioma.

Copyright © 2024 T&P Books Publishing

Todos los derechos reservados. Ninguna porción de este libro puede reproducirse o utilizarse de ninguna manera o por ningún medio; sea electrónico o mecánico, lo cual incluye la fotocopia, grabación o información almacenada y sistemas de recuperación, sin el permiso escrito de la editorial.

T&P Books Publishing
www.tpbooks.com

ISBN: 978-1-78492-020-3

Este libro está disponible en formato electrónico o de E-Book también.
Visite www.tpbooks.com o las librerías electrónicas más destacadas en la Red.

VOCABULARIO NORUEGO
palabras más usadas

Los vocabularios de T&P Books buscan ayudar al aprendiz a aprender, memorizar y repasar palabras de idiomas extranjeros. Los vocabularios contienen más de 7000 palabras comúnmente usadas y organizadas de manera temática.

- El vocabulario contiene las palabras corrientes más usadas.
- Se recomienda como ayuda adicional a cualquier curso de idiomas.
- Capta las necesidades de aprendices de nivel principiante y avanzado.
- Es conveniente para uso cotidiano, prácticas de revisión y actividades de auto-evaluación.
- Facilita la evaluación del vocabulario.

Aspectos claves del vocabulario

- Las palabras se organizan según el significado, no según el orden alfabético.
- Las palabras se presentan en tres columnas para facilitar los procesos de repaso y auto-evaluación.
- Los grupos de palabras se dividen en pequeñas secciones para facilitar el proceso de aprendizaje.
- El vocabulario ofrece una transcripción sencilla y conveniente de cada palabra extranjera.

El vocabulario contiene 198 temas que incluyen lo siguiente:

Conceptos básicos, números, colores, meses, estaciones, unidades de medidas, ropa y accesorios, comida y nutrición, restaurantes, familia nuclear, familia extendida, características de personalidad, sentimientos, emociones, enfermedades, la ciudad y el pueblo, exploración del paisaje, compras, finanzas, la casa, el hogar, la oficina, el trabajo en oficina, importación y exportación, promociones, búsqueda de trabajo, deportes, educación, computación, la red, herramientas, la naturaleza, los países, las nacionalidades y más ...

TABLA DE CONTENIDO

GUÍA DE PRONUNCIACIÓN	10
ABREVIATURAS	12

CONCEPTOS BÁSICOS — 14
Conceptos básicos. Unidad 1 — 14

1. Los pronombres — 14
2. Saludos. Salutaciones. Despedidas — 14
3. Números cardinales. Unidad 1 — 15
4. Números cardinales. Unidad 2 — 16
5. Números. Fracciones — 16
6. Números. Operaciones básicas — 17
7. Números. Miscelánea — 17
8. Los verbos más importantes. Unidad 1 — 18
9. Los verbos más importantes. Unidad 2 — 18
10. Los verbos más importantes. Unidad 3 — 19
11. Los verbos más importantes. Unidad 4 — 20
12. Los colores — 21
13. Las preguntas — 22
14. Las palabras útiles. Los adverbios. Unidad 1 — 22
15. Las palabras útiles. Los adverbios. Unidad 2 — 24

Conceptos básicos. Unidad 2 — 26

16. Los opuestos — 26
17. Los días de la semana — 28
18. Las horas. El día y la noche — 28
19. Los meses. Las estaciones — 29
20. La hora. Miscelánea — 30
21. Las líneas y las formas — 31
22. Las unidades de medida — 32
23. Contenedores — 33
24. Materiales — 34
25. Los metales — 35

EL SER HUMANO — 36
El ser humano. El cuerpo — 36

26. El ser humano. Conceptos básicos — 36
27. La anatomía humana — 36

28.	La cabeza	37
29.	El cuerpo	38

La ropa y los accesorios   39

30.	La ropa exterior. Los abrigos	39
31.	Ropa de hombre y mujer	39
32.	La ropa. La ropa interior	40
33.	Gorras	40
34.	El calzado	40
35.	Los textiles. Las telas	41
36.	Accesorios personales	41
37.	La ropa. Miscelánea	42
38.	Productos personales. Cosméticos	42
39.	Las joyas	43
40.	Los relojes	44

La comida y la nutrición   45

41.	La comida	45
42.	Las bebidas	46
43.	Las verduras	47
44.	Las frutas. Las nueces	48
45.	El pan. Los dulces	49
46.	Los platos	49
47.	Las especias	50
48.	Las comidas	51
49.	Los cubiertos	52
50.	El restaurante	52

La familia nuclear, los parientes y los amigos   53

51.	La información personal. Los formularios	53
52.	Los familiares. Los parientes	53
53.	Los amigos. Los compañeros del trabajo	54
54.	El hombre. La mujer	55
55.	La edad	55
56.	Los niños	56
57.	El matrimonio. La vida familiar	57

Las características de personalidad. Los sentimientos   58

58.	Los sentimientos. Las emociones	58
59.	El carácter. La personalidad	59
60.	El sueño. Los sueños	60
61.	El humor. La risa. La alegría	61
62.	La discusión y la conversación. Unidad 1	61
63.	La discusión y la conversación. Unidad 2	62
64.	La discusión y la conversación. Unidad 3	64
65.	El acuerdo. El rechazo	64
66.	El éxito. La buena suerte. El fracaso	65
67.	Las discusiones. Las emociones negativas	66

La medicina	68

68. Las enfermedades	68
69. Los síntomas. Los tratamientos. Unidad 1	69
70. Los síntomas. Los tratamientos. Unidad 2	70
71. Los síntomas. Los tratamientos. Unidad 3	71
72. Los médicos	72
73. La medicina. Las drogas. Los accesorios	72
74. El tabaquismo. Los productos del tabaco	73

EL AMBIENTE HUMANO	74
La ciudad	74

75. La ciudad. La vida en la ciudad	74
76. Las instituciones urbanas	75
77. El transporte urbano	76
78. El turismo. La excursión	77
79. Las compras	78
80. El dinero	79
81. La oficina de correos	80

La vivienda. La casa. El hogar	81

82. La casa. La vivienda	81
83. La casa. La entrada. El ascensor	82
84. La casa. La puerta. La cerradura	82
85. La casa de campo	83
86. El castillo. El palacio	83
87. El apartamento	84
88. El apartamento. La limpieza	84
89. Los muebles. El interior	84
90. Los accesorios de cama	85
91. La cocina	85
92. El baño	86
93. Los aparatos domésticos	87
94. Los arreglos. La renovación	88
95. La plomería	88
96. El fuego. El incendio	89

LAS ACTIVIDADES DE LA GENTE	91
El trabajo. Los negocios. Unidad 1	91

97. La banca	91
98. El teléfono. Las conversaciones telefónicas	92
99. El teléfono celular	92
100. Los artículos de escritorio. La papelería	93

El trabajo. Los negocios. Unidad 2	94
101. Medios de comunicación de masas	94
102. La agricultura	95

103. La construcción. El proceso de construcción   96

Las profesiones y los oficios   98

104. La búsqueda de trabajo. El despido   98
105. Los negociantes   98
106. Los trabajos de servicio   99
107. La profesión militar y los rangos   100
108. Los oficiales. Los sacerdotes   101
109. Las profesiones agrícolas   101
110. Las profesiones artísticas   102
111. Profesiones diversas   102
112. Los trabajos. El estatus social   104

Los deportes   105

113. Tipos de deportes. Deportistas   105
114. Tipos de deportes. Miscelánea   106
115. El gimnasio   106
116. Los deportes. Miscelánea   107

La educación   109

117. La escuela   109
118. Los institutos. La Universidad   110
119. Las ciencias. Las disciplinas   111
120. Los sistemas de escritura. La ortografía   111
121. Los idiomas extranjeros   112
122. Los personajes de los cuentos de hadas   113
123. Los signos de zodiaco   114

El arte   115

124. El teatro   115
125. El cine   116
126. La pintura   117
127. La literatura y la poesía   118
128. El circo   118
129. La música. La música popular   119

El descanso. El entretenimiento. El viaje   121

130. Las vacaciones. El viaje   121
131. El hotel   121
132. Los libros. La lectura   122
133. La caza. La pesca   124
134. Los juegos. El billar   124
135. Los juegos. Las cartas   125
136. El descanso. Los juegos. Miscelánea   125
137. La fotografía   126
138. La playa. La natación   126

EL EQUIPO TÉCNICO. EL TRANSPORTE — 128
El equipo técnico — 128

139. El computador — 128
140. El internet. El correo electrónico — 129

El transporte — 130

141. El avión — 130
142. El tren — 131
143. El barco — 132
144. El aeropuerto — 133
145. La bicicleta. La motocicleta — 134

Los coches — 135

146. El coche — 135
147. El coche. El taller — 135
148. El coche. El compartimiento de pasajeros — 136
149. El coche. El motor — 137
150. El coche. Accidente de tráfico. La reparación — 138
151. El coche. El camino — 139

LA GENTE. ACONTECIMIENTOS DE LA VIDA — 141

152. Los días festivos. Los eventos — 141
153. Los funerales. El entierro — 142
154. La guerra. Los soldados — 142
155. La guerra. El ámbito militar. Unidad 1 — 143
156. Las armas — 145
157. Los pueblos antiguos — 146
158. La Edad Media — 147
159. El líder. El jefe. Las autoridades — 148
160. Violar la ley. Los criminales. Unidad 1 — 149
161. Violar la ley. Los criminales. Unidad 2 — 150
162. La policía. La ley. Unidad 1 — 152
163. La policía. La ley. Unidad 2 — 153

LA NATURALEZA — 155
La tierra. Unidad 1 — 155

164. El espacio — 155
165. La tierra — 156
166. Los puntos cardinales — 157
167. El mar. El océano — 157
168. Las montañas — 158
169. Los ríos — 159
170. El bosque — 160
171. Los recursos naturales — 161

La tierra. Unidad 2   162

172. El tiempo   162
173. Los eventos climáticos severos. Los desastres naturales   163

La fauna   164

174. Los mamíferos. Los predadores   164
175. Los animales salvajes   164
176. Los animales domésticos   165
177. Los perros. Las razas de perros   166
178. Los sonidos de los animales   167
179. Los pájaros   167
180. Los pájaros. El canto y los sonidos   169
181. Los peces. Los animales marinos   169
182. Los anfibios. Los reptiles   170
183. Los insectos   170
184. Los animales. Las partes del cuerpo   171
185. Los animales. El hábitat   171

La flora   173

186. Los árboles   173
187. Los arbustos   173
188. Los hongos   174
189. Las frutas. Las bayas   174
190. Las flores. Las plantas   175
191. Los cereales, los granos   176

GEOGRAFÍA REGIONAL   177

192. La política. El gobierno. Unidad 1   177
193. La política. El gobierno. Unidad 2   178
194. Los países. Miscelánea   179
195. Grupos religiosos principales. Las confesiones   180
196. Las religiones. Los sacerdotes   181
197. La fe. El cristianismo. El islamismo   181

MISCELÁNEA   184

198. Varias palabras útiles   184

GUÍA DE PRONUNCIACIÓN

La letra	Ejemplo noruego	T&P alfabeto fonético	Ejemplo español
Aa	plass	[ɑ], [ɑː]	altura
Bb	bøtte, albue	[b]	en barco
Cc [1]	centimeter	[s]	salva
Cc [2]	Canada	[k]	charco
Dd	radius	[d]	desierto
Ee	rett	[eː]	sexto
Ee [3]	begå	[ɛ]	mes
Ff	fattig	[f]	golf
Gg [4]	golf	[g]	jugada
Gg [5]	gyllen	[j]	asiento
Gg [6]	regnbue	[ŋ]	manga
Hh	hektar	[h]	mejicano
Ii	kilometer	[ɪ], [i]	hundirse
Kk	konge	[k]	charco
Kk [7]	kirke	[h]	mejicano
Jj	fjerde	[j]	asiento
kj	bikkje	[h]	mejicano
Ll	halvår	[l]	lira
Mm	middag	[m]	nombre
Nn	november	[n]	número
ng	langt	[ŋ]	manga
Oo [8]	honning	[ɔ]	costa
Oo [9]	fot, krone	[u]	mundo
Pp	plomme	[p]	precio
Qq	sequoia	[k]	charco
Rr	sverge	[r]	era, alfombra
Ss	appelsin	[s]	salva
sk [10]	skikk, skyte	[ʃ]	shopping
Tt	stør, torsk	[t]	torre
Uu	brudd	[y]	pluma
Vv	kraftverk	[v]	travieso
Ww	webside	[v]	travieso
Xx	mexicaner	[ks]	taxi
Yy	nytte	[ɪ], [i]	hundirse
Zz [11]	New Zealand	[s]	quetzal
Ææ	vær, stær	[æ]	vencer
Øø	ørn, gjø	[ø]	alemán - Hölle
Åå	gås, værhår	[oː]	domicilio

Comentarios

1. delante de **e, i**
2. en el resto de los casos
3. Átono
4. delante de **a, o, u, å**
5. delante de **i, y**
6. en la combinación **gn**
7. delante de **i, y**
8. delante de dos consonantes
9. delante de una consonante
10. delante de **i, y**
11. en palabras prestadas solamente

ABREVIATURAS
usadas en el vocabulario

Abreviatura en español

adj	-	adjetivo
adv	-	adverbio
anim.	-	animado
conj	-	conjunción
etc.	-	etcétera
f	-	sustantivo femenino
f pl	-	femenino plural
fam.	-	uso familiar
fem.	-	femenino
form.	-	uso formal
inanim.	-	inanimado
innum.	-	innumerable
m	-	sustantivo masculino
m pl	-	masculino plural
m, f	-	masculino, femenino
masc.	-	masculino
mat	-	matemáticas
mil.	-	militar
num.	-	numerable
p.ej.	-	por ejemplo
pl	-	plural
pron	-	pronombre
sg	-	singular
v aux	-	verbo auxiliar
vi	-	verbo intransitivo
vi, vt	-	verbo intransitivo, verbo transitivo
vr	-	verbo reflexivo
vt	-	verbo transitivo

Abreviatura en noruego

f	-	sustantivo femenino
f pl	-	femenino plural
m	-	sustantivo masculino
m pl	-	masculino plural
m/f	-	masculino, femenino
m/f pl	-	masculino/femenino plural
m/f/n	-	masculino/femenino/neutro

m/n	-	masculino, neutro
n	-	neutro
n pl	-	género neutro plural
pl	-	plural

CONCEPTOS BÁSICOS

Conceptos básicos. Unidad 1

1. Los pronombres

yo	jeg	['jæj]
tú	du	[dʉ]
él	han	['hɑn]
ella	hun	['hʉn]
ello	det, den	['de], ['den]
nosotros, -as	vi	['vi]
vosotros, -as	dere	['derə]
ellos, ellas	de	['de]

2. Saludos. Salutaciones. Despedidas

¡Hola! (fam.)	Hei!	['hæj]
¡Hola! (form.)	Hallo! God dag!	[hɑ'lʊ], [gʊ 'dɑ]
¡Buenos días!	God morn!	[gʊ 'mɔːn]
¡Buenas tardes!	God dag!	[gʊ'dɑ]
¡Buenas noches!	God kveld!	[gʊ 'kvɛl]
decir hola	å hilse	[ɔ 'hilsə]
¡Hola! (a un amigo)	Hei!	['hæj]
saludo (m)	hilsen (m)	['hilsən]
saludar (vt)	å hilse	[ɔ 'hilsə]
¿Cómo estáis?	Hvordan står det til?	['vʊːdɑn stoːr de til]
¿Cómo estás?	Hvordan går det?	['vʊːdɑn gor de]
¿Qué hay de nuevo?	Hva nytt?	[vɑ 'nʏt]
¡Hasta la vista! (form.)	Ha det bra!	[hɑ de 'brɑ]
¡Hasta la vista! (fam.)	Ha det!	[hɑ 'de]
¡Hasta pronto!	Vi ses!	[vi sɛs]
¡Adiós!	Farvel!	[fɑr'vɛl]
despedirse (vr)	å si farvel	[ɔ 'si fɑr'vɛl]
¡Hasta luego!	Ha det!	[hɑ 'de]
¡Gracias!	Takk!	['tɑk]
¡Muchas gracias!	Tusen takk!	['tʉsən tɑk]
De nada	Bare hyggelig	['bɑrə 'hʏgeli]
No hay de qué	Ikke noe å takke for!	['ikə 'nʊe ɔ 'tɑkə fɔr]
De nada	Ingen årsak!	['iŋən 'oːʂɑk]
¡Disculpa!	Unnskyld, ...	['ʉnˌʂyl ...]
¡Disculpe!	Unnskyld meg, ...	['ʉnˌʂyl me ...]

disculpar (vt)	å unnskylde	[ɔ 'ʉnˌsylə]
disculparse (vr)	å unnskylde seg	[ɔ 'ʉnˌsylə sæj]
Mis disculpas	Jeg ber om unnskyldning	[jæj ber ɔm 'ʉnˌsyldniŋ]
¡Perdóneme!	Unnskyld!	['ʉnˌsyl]
perdonar (vt)	å tilgi	[ɔ 'tilˌji]
¡No pasa nada!	Ikke noe problem	['ikə 'nʉe prʊ'blem]
por favor	vær så snill	['vær ʂɔ 'snil]
¡No se le olvide!	Ikke glem!	['ikə 'glem]
¡Ciertamente!	Selvfølgelig!	[sɛl'følgəli]
¡Claro que no!	Selvfølgelig ikke!	[sɛl'følgəli 'ikə]
¡De acuerdo!	OK! Enig!	[ɔ'kɛj], ['ɛni]
¡Basta!	Det er nok!	[de ær 'nɔk]

3. Números cardinales. Unidad 1

cero	null	['nʉl]
uno	en	['en]
dos	to	['tʊ]
tres	tre	['tre]
cuatro	fire	['fire]
cinco	fem	['fɛm]
seis	seks	['sɛks]
siete	sju	['ʂʉ]
ocho	åtte	['ɔtə]
nueve	ni	['ni]
diez	ti	['ti]
once	elleve	['ɛlvə]
doce	tolv	['tɔl]
trece	tretten	['trɛtən]
catorce	fjorten	['fjɔːʈən]
quince	femten	['fɛmtən]
dieciséis	seksten	['sæjstən]
diecisiete	sytten	['sʏtən]
dieciocho	atten	['ɑtən]
diecinueve	nitten	['nitən]
veinte	tjue	['çʉe]
veintiuno	tjueen	['çʉe en]
veintidós	tjueto	['çʉe tʊ]
veintitrés	tjuetre	['çʉe tre]
treinta	tretti	['trɛti]
treinta y uno	trettien	['trɛti en]
treinta y dos	trettito	['trɛti tʊ]
treinta y tres	trettitre	['trɛti tre]
cuarenta	førti	['fœːʈi]
cuarenta y uno	førtien	['fœːʈi en]
cuarenta y dos	førtito	['fœːʈi tʊ]
cuarenta y tres	førtitre	['fœːʈi tre]

cincuenta	**femti**	['fɛmti]
cincuenta y uno	**femtien**	['fɛmti en]
cincuenta y dos	**femtito**	['fɛmti tʊ]
cincuenta y tres	**femtitre**	['fɛmti tre]
sesenta	**seksti**	['sɛksti]
sesenta y uno	**sekstien**	['sɛksti en]
sesenta y dos	**sekstito**	['sɛksti tʊ]
sesenta y tres	**sekstitre**	['sɛksti tre]
setenta	**sytti**	['sʏti]
setenta y uno	**syttien**	['sʏti en]
setenta y dos	**syttito**	['sʏti tʊ]
setenta y tres	**syttitre**	['sʏti tre]
ochenta	**åtti**	['ɔti]
ochenta y uno	**åttien**	['ɔti en]
ochenta y dos	**åttito**	['ɔti tʊ]
ochenta y tres	**åttitre**	['ɔti tre]
noventa	**nitti**	['niti]
noventa y uno	**nittien**	['niti en]
noventa y dos	**nittito**	['niti tʊ]
noventa y tres	**nittitre**	['niti tre]

4. Números cardinales. Unidad 2

cien	**hundre**	['hʉndrə]
doscientos	**to hundre**	['tʊ ˌhʉndrə]
trescientos	**tre hundre**	['tre ˌhʉndrə]
cuatrocientos	**fire hundre**	['fire ˌhʉndrə]
quinientos	**fem hundre**	['fɛm ˌhʉndrə]
seiscientos	**seks hundre**	['sɛks ˌhʉndrə]
setecientos	**syv hundre**	['syv ˌhʉndrə]
ochocientos	**åtte hundre**	['ɔtə ˌhʉndrə]
novecientos	**ni hundre**	['ni ˌhʉndrə]
mil	**tusen**	['tʉsən]
dos mil	**to tusen**	['tʊ ˌtʉsən]
tres mil	**tre tusen**	['tre ˌtʉsən]
diez mil	**ti tusen**	['ti ˌtʉsən]
cien mil	**hundre tusen**	['hʉndrə ˌtʉsən]
millón (m)	**million** (m)	[mi'ljun]
mil millones	**milliard** (m)	[mi'lja:d]

5. Números. Fracciones

fracción (f)	**brøk** (m)	['brøk]
un medio	**en halv**	[en 'hɑl]
un tercio	**en tredjedel**	[en 'trɛdjəˌdel]
un cuarto	**en fjerdedel**	[en 'fjærəˌdel]

un octavo	en åttendedel	[en 'ɔtenəˌdel]
un décimo	en tiendedel	[en 'tienəˌdel]
dos tercios	to tredjedeler	['tʊ 'trɛdjəˌdelər]
tres cuartos	tre fjerdedeler	['tre 'fjærˌdelər]

6. Números. Operaciones básicas

sustracción (f)	subtraksjon (m)	[sʉbtrak'ʂʉn]
sustraer (vt)	å subtrahere	[ɔ 'sʉbtraˌherə]
división (f)	divisjon (m)	[divi'ʂʉn]
dividir (vt)	å dividere	[ɔ divi'derə]
adición (f)	addisjon (m)	[adi'ʂʉn]
sumar (totalizar)	å addere	[ɔ a'derə]
adicionar (vt)	å addere	[ɔ a'derə]
multiplicación (f)	multiplikasjon (m)	[mʉltiplika'ʂʉn]
multiplicar (vt)	å multiplisere	[ɔ mʉltipli'serə]

7. Números. Miscelánea

cifra (f)	siffer (n)	['sifər]
número (m) (~ cardinal)	tall (n)	['tal]
numeral (m)	tallord (n)	['talˌuːr]
menos (m)	minus (n)	['minʉs]
más (m)	pluss (n)	['plʉs]
fórmula (f)	formel (m)	['fɔrməl]

| cálculo (m) | beregning (m/f) | [be'rɛjniŋ] |
| contar (vt) | å telle | [ɔ 'tɛlə] |

| calcular (vt) | å telle opp | [ɔ 'tɛlə ɔp] |
| comparar (vt) | å sammenlikne | [ɔ 'samənˌliknə] |

| ¿Cuánto? (innum.) | Hvor mye? | [vʊr 'mye] |
| ¿Cuánto? (num.) | Hvor mange? | [vʊr 'maŋə] |

suma (f)	sum (m)	['sʉm]
resultado (m)	resultat (n)	[resʉl'tat]
resto (m)	rest (m)	['rɛst]

algunos, algunas …	noen	['nʉən]
poco (num.)	få, ikke mange	['fɔ], ['ikə ˌmaŋə]
poco (innum.)	lite	['litə]
resto (m)	rest (m)	['rɛst]

| uno y medio | halvannen | [hal'anən] |
| docena (f) | dusin (n) | [dʉ'sin] |

en dos	i 2 halvdeler	[i tʊ hal'delər]
en partes iguales	jevnt	['jɛvnt]
mitad (f)	halvdel (m)	['haldel]
vez (f)	gang (m)	['gaŋ]

8. Los verbos más importantes. Unidad 1

abrir (vt)	å åpne	[ɔ 'ɔpnə]
acabar, terminar (vt)	å slutte	[ɔ 'ʂlʉtə]
aconsejar (vt)	å råde	[ɔ 'roːdə]
adivinar (vt)	å gjette	[ɔ 'jɛtə]
advertir (vt)	å varsle	[ɔ 'vaʂlə]
alabarse, jactarse (vr)	å prale	[ɔ 'pralə]
almorzar (vi)	å spise lunsj	[ɔ 'spisə ˌlʉnʂ]
alquilar (~ una casa)	å leie	[ɔ 'læjə]
amenazar (vt)	å true	[ɔ 'trʉə]
arrepentirse (vr)	å beklage	[ɔ beˈklagə]
ayudar (vt)	å hjelpe	[ɔ 'jɛlpə]
bañarse (vr)	å bade	[ɔ 'badə]
bromear (vi)	å spøke	[ɔ 'spøkə]
buscar (vt)	å søke ...	[ɔ 'søkə ...]
caer (vi)	å falle	[ɔ 'falə]
callarse (vr)	å tie	[ɔ 'tie]
cambiar (vt)	å endre	[ɔ 'ɛndrə]
castigar, punir (vt)	å straffe	[ɔ 'strafə]
cavar (vt)	å grave	[ɔ 'gravə]
cazar (vi, vt)	å jage	[ɔ 'jagə]
cenar (vi)	å spise middag	[ɔ 'spisə 'miˌda]
cesar (vt)	å slutte	[ɔ 'ʂlʉtə]
coger (vt)	å fange	[ɔ 'faŋə]
comenzar (vt)	å begynne	[ɔ beˈjinə]
comparar (vt)	å sammenlikne	[ɔ 'samənˌliknə]
comprender (vt)	å forstå	[ɔ fɔˈʂtɔ]
confiar (vt)	å stole på	[ɔ 'stʊlə pɔ]
confundir (vt)	å forveksle	[ɔ fɔrˈvɛkʂlə]
conocer (~ a alguien)	å kjenne	[ɔ 'çɛnə]
contar (vt) (enumerar)	å telle	[ɔ 'tɛlə]
contar con ...	å regne med ...	[ɔ 'rɛjnə me ...]
continuar (vt)	å fortsette	[ɔ 'fɔrtˌʂɛtə]
controlar (vt)	å kontrollere	[ɔ kʊntrɔˈlerə]
correr (vi)	å løpe	[ɔ 'løpə]
costar (vt)	å koste	[ɔ 'kɔstə]
crear (vt)	å opprette	[ɔ 'ɔpˌrɛtə]

9. Los verbos más importantes. Unidad 2

dar (vt)	å gi	[ɔ 'ji]
dar una pista	å gi et vink	[ɔ 'ji et 'vink]
decir (vt)	å si	[ɔ 'si]
decorar (para la fiesta)	å pryde	[ɔ 'prydə]
defender (vt)	å forsvare	[ɔ fɔˈʂvarə]
dejar caer	å tappe	[ɔ 'tapə]

| desayunar (vi) | å spise frokost | [ɔ 'spisə ˌfrukɔst] |
| descender (vi) | å gå ned | [ɔ 'gɔ ne] |

dirigir (administrar)	å styre, å lede	[ɔ 'styrə], [ɔ 'ledə]
disculpar (vt)	å unnskylde	[ɔ 'ʉnˌsylə]
disculparse (vr)	å unnskylde seg	[ɔ 'ʉnˌsylə sæj]
discutir (vt)	å diskutere	[ɔ diskʉ'terə]
dudar (vt)	å tvile	[ɔ 'tvilə]

encontrar (hallar)	å finne	[ɔ 'finə]
engañar (vi, vt)	å fuske	[ɔ 'fuskə]
entrar (vi)	å komme inn	[ɔ 'kɔmə in]
enviar (vt)	å sende	[ɔ 'sɛnə]

equivocarse (vr)	å gjøre feil	[ɔ 'jørə ˌfæjl]
escoger (vt)	å velge	[ɔ 'vɛlgə]
esconder (vt)	å gjemme	[ɔ 'jɛmə]
escribir (vt)	å skrive	[ɔ 'skrivə]
esperar (aguardar)	å vente	[ɔ 'vɛntə]

esperar (tener esperanza)	å håpe	[ɔ 'hoːpə]
estar de acuerdo	å samtykke	[ɔ 'samˌtʏkə]
estudiar (vt)	å studere	[ɔ stʉ'derə]

exigir (vt)	å kreve	[ɔ 'krevə]
existir (vi)	å eksistere	[ɔ ɛksi'sterə]
explicar (vt)	å forklare	[ɔ fɔr'klarə]
faltar (a las clases)	å skulke	[ɔ 'skʉlkə]
firmar (~ el contrato)	å underskrive	[ɔ 'ʉnəˌskrivə]

girar (~ a la izquierda)	å svinge	[ɔ 'sviŋə]
gritar (vi)	å skrike	[ɔ 'skrikə]
guardar (conservar)	å beholde	[ɔ be'hɔlə]
gustar (vi)	å like	[ɔ 'likə]
hablar (vi, vt)	å tale	[ɔ 'talə]

hacer (vt)	å gjøre	[ɔ 'jørə]
informar (vt)	å informere	[ɔ infɔr'merə]
insistir (vi)	å insistere	[ɔ insi'sterə]
insultar (vt)	å fornærme	[ɔ fɔːˈnærmə]

interesarse (vr)	å interessere seg	[ɔ intəre'serə sæj]
invitar (vt)	å innby, å invitere	[ɔ 'inby], [ɔ invi'terə]
ir (a pie)	å gå	[ɔ 'gɔ]
jugar (divertirse)	å leke	[ɔ 'lekə]

10. Los verbos más importantes. Unidad 3

leer (vi, vt)	å lese	[ɔ 'lesə]
liberar (ciudad, etc.)	å befri	[ɔ be'fri]
llamar (por ayuda)	å tilkalle	[ɔ 'tilˌkalə]
llegar (vi)	å ankomme	[ɔ 'anˌkɔmə]
llorar (vi)	å gråte	[ɔ 'groːtə]
matar (vt)	å døde, å myrde	[ɔ 'dødə], [ɔ 'mʏːdə]

mencionar (vt)	å omtale, å nevne	[ɔ 'ɔmˌtalə], [ɔ 'nɛvnə]
mostrar (vt)	å vise	[ɔ 'visə]
nadar (vi)	å svømme	[ɔ 'svœmə]
negarse (vr)	å vegre seg	[ɔ 'vɛgrə sæj]
objetar (vt)	å innvende	[ɔ 'inˌvɛnə]
observar (vt)	å observere	[ɔ ɔbsɛr'verə]
oír (vt)	å høre	[ɔ 'hørə]
olvidar (vt)	å glemme	[ɔ 'glemə]
orar (vi)	å be	[ɔ 'be]
ordenar (mil.)	å beordre	[ɔ be'ɔrdrə]
pagar (vi, vt)	å betale	[ɔ be'talə]
pararse (vr)	å stoppe	[ɔ 'stɔpə]
participar (vi)	å delta	[ɔ 'dɛlta]
pedir (ayuda, etc.)	å be	[ɔ 'be]
pedir (en restaurante)	å bestille	[ɔ be'stilə]
pensar (vi, vt)	å tenke	[ɔ 'tɛnkə]
percibir (ver)	å bemerke	[ɔ be'mærkə]
perdonar (vt)	å tilgi	[ɔ 'tilˌji]
permitir (vt)	å tillate	[ɔ 'tiˌlatə]
pertenecer a …	å tilhøre …	[ɔ 'tilˌhørə …]
planear (vt)	å planlegge	[ɔ 'planˌlegə]
poder (v aux)	å kunne	[ɔ 'kʉnə]
poseer (vt)	å besidde, å eie	[ɔ bɛ'sidə], [ɔ 'æje]
preferir (vt)	å foretrekke	[ɔ 'forəˌtrɛkə]
preguntar (vt)	å spørre	[ɔ 'spørə]
preparar (la cena)	å lage	[ɔ 'lagə]
prever (vt)	å forutse	[ɔ 'forʉtˌsə]
probar, tentar (vt)	å prøve	[ɔ 'prøvə]
prometer (vt)	å love	[ɔ 'lovə]
pronunciar (vt)	å uttale	[ɔ 'ʉtˌtalə]
proponer (vt)	å foreslå	[ɔ 'forəˌslɔ]
quebrar (vt)	å bryte	[ɔ 'brytə]
quejarse (vr)	å klage	[ɔ 'klagə]
querer (amar)	å elske	[ɔ 'ɛlskə]
querer (desear)	å ville	[ɔ 'vilə]

11. Los verbos más importantes. Unidad 4

recomendar (vt)	å anbefale	[ɔ 'anbeˌfalə]
regañar, reprender (vt)	å skjelle	[ɔ 'ʂɛːlə]
reírse (vr)	å le, å skratte	[ɔ 'le], [ɔ 'skratə]
repetir (vt)	å gjenta	[ɔ 'jɛnta]
reservar (~ una mesa)	å reservere	[ɔ resɛr'verə]
responder (vi, vt)	å svare	[ɔ 'svarə]
robar (vt)	å stjele	[ɔ 'stjelə]
saber (~ algo mas)	å vite	[ɔ 'vitə]

salir (vi)	å gå ut	[ɔ 'gɔ ʉt]
salvar (vt)	å redde	[ɔ 'rɛdə]
seguir ...	å følge etter ...	[ɔ 'følə 'ɛtər ...]
sentarse (vr)	å sette seg	[ɔ 'sɛtə sæj]
ser necesario	å være behøv	[ɔ 'værə bə'høv]
ser, estar (vi)	å være	[ɔ 'værə]
significar (vt)	å bety	[ɔ 'bety]
sonreír (vi)	å smile	[ɔ 'smilə]
sorprenderse (vr)	å bli forundret	[ɔ 'bli fɔ'rʉndrət]
subestimar (vt)	å undervurdere	[ɔ 'ʉnərvʉːˌderə]
tener (vt)	å ha	[ɔ 'hɑ]
tener hambre	å være sulten	[ɔ 'værə 'sʉltən]
tener miedo	å frykte	[ɔ 'frykte]
tener prisa	å skynde seg	[ɔ 'ʂynə sæj]
tener sed	å være tørst	[ɔ 'værə 'tœʂt]
tirar, disparar (vi)	å skyte	[ɔ 'ʂytə]
tocar (con las manos)	å røre	[ɔ 'rørə]
tomar (vt)	å ta	[ɔ 'tɑ]
tomar nota	å skrive ned	[ɔ 'skrivə ne]
trabajar (vi)	å arbeide	[ɔ 'ɑrˌbæjdə]
traducir (vt)	å oversette	[ɔ 'ɔveˌsɛtə]
unir (vt)	å forene	[ɔ fɔ'renə]
vender (vt)	å selge	[ɔ 'sɛlə]
ver (vt)	å se	[ɔ 'se]
volar (pájaro, avión)	å fly	[ɔ 'fly]

12. Los colores

color (m)	farge (m)	['fɑrɡə]
matiz (m)	nyanse (m)	[ny'ɑnsə]
tono (m)	fargetone (m)	['fɑrɡəˌtʉnə]
arco (m) iris	regnbue (m)	['ræjnˌbʉːə]
blanco (adj)	hvit	['vit]
negro (adj)	svart	['svɑːt]
gris (adj)	grå	['grɔ]
verde (adj)	grønn	['grœn]
amarillo (adj)	gul	['gʉl]
rojo (adj)	rød	['rø]
azul (adj)	blå	['blɔ]
azul claro (adj)	lyseblå	['lysəˌblɔ]
rosa (adj)	rosa	['rosɑ]
naranja (adj)	oransje	[ɔ'rɑnʂɛ]
violeta (adj)	fiolett	[fiʉ'lət]
marrón (adj)	brun	['brʉn]
dorado (adj)	gullgul	['gʉl]
argentado (adj)	sølv-	['søl-]

beige (adj)	beige	['bɛːʂ]
crema (adj)	kremfarget	['krɛmˌfargət]
turquesa (adj)	turkis	[tʉr'kis]
rojo cereza (adj)	kirsebærrød	['çiʂəbærˌrød]
lila (adj)	lilla	['lilɑ]
carmesí (adj)	karminrød	['kɑrmʉ'sinˌrød]
claro (adj)	lys	['lys]
oscuro (adj)	mørk	['mœrk]
vivo (adj)	klar	['klɑr]
de color (lápiz ~)	farge-	['fɑrgə-]
en colores (película ~)	farge-	['fɑrgə-]
blanco y negro (adj)	svart-hvit	['svɑːʈ vit]
unicolor (adj)	ensfarget	['ɛnsˌfargət]
multicolor (adj)	mangefarget	['mɑŋəˌfargət]

13. Las preguntas

¿Quién?	Hvem?	['vɛm]
¿Qué?	Hva?	['vɑ]
¿Dónde?	Hvor?	['vʉr]
¿Adónde?	Hvorhen?	['vʉrhen]
¿De dónde?	Hvorfra?	['vʉrfrɑ]
¿Cuándo?	Når?	[nɔr]
¿Para qué?	Hvorfor?	['vʉrfʉr]
¿Por qué?	Hvorfor?	['vʉrfʉr]
¿Por qué razón?	Hvorfor?	['vʉrfʉr]
¿Cómo?	Hvordan?	['vʉːdɑn]
¿Qué …? (~ color)	Hvilken?	['vilkən]
¿Cuál?	Hvilken?	['vilkən]
¿A quién?	Til hvem?	[til 'vɛm]
¿De quién? (~ hablan …)	Om hvem?	[ɔm 'vɛm]
¿De qué?	Om hva?	[ɔm 'vɑ]
¿Con quién?	Med hvem?	[me 'vɛm]
¿Cuánto? (innum.)	Hvor mye?	[vʉr 'mye]
¿Cuánto? (num.)	Hvor mange?	[vʉr 'mɑŋə]
¿De quién? (~ es este …)	Hvis?	['vis]

14. Las palabras útiles. Los adverbios. Unidad 1

¿Dónde?	Hvor?	['vʉr]
aquí (adv)	her	['hɛr]
allí (adv)	der	['dɛr]
en alguna parte	et sted	[et 'sted]
en ninguna parte	ingensteds	['iŋənˌstɛts]
junto a …	ved	['ve]
junto a la ventana	ved vinduet	[ve 'vindʉə]

Español	Noruego	Pronunciación
¿A dónde?	Hvorhen?	['vʊrhen]
aquí (venga ~)	hit	['hit]
allí (vendré ~)	dit	['dit]
de aquí (adv)	herfra	['hɛrˌfra]
de allí (adv)	derfra	['dɛrˌfra]
cerca (no lejos)	nær	['nær]
lejos (adv)	langt	['laŋt]
cerca de ...	nær	['nær]
al lado (de ...)	i nærheten	[i 'nærˌhetən]
no lejos (adv)	ikke langt	['ikə 'laŋt]
izquierdo (adj)	venstre	['vɛnstrə]
a la izquierda (situado ~)	til venstre	[til 'vɛnstrə]
a la izquierda (girar ~)	til venstre	[til 'vɛnstrə]
derecho (adj)	høyre	['højrə]
a la derecha (situado ~)	til høyre	[til 'højrə]
a la derecha (girar)	til høyre	[til 'højrə]
delante (yo voy ~)	foran	['fɔran]
delantero (adj)	fremre	['frɛmrə]
adelante (movimiento)	fram	['fram]
detrás de ...	bakom	['bakɔm]
desde atrás	bakfra	['bakˌfra]
atrás (da un paso ~)	tilbake	[til'bakə]
centro (m), medio (m)	midt (m)	['mit]
en medio (adv)	i midten	[i 'mitən]
de lado (adv)	fra siden	[fra 'sidən]
en todas partes	overalt	[ɔvər'alt]
alrededor (adv)	rundt omkring	['rʉnt ɔm'kriŋ]
de dentro (adv)	innefra	['inəˌfra]
a alguna parte	et sted	[et 'sted]
todo derecho (adv)	rett, direkte	['rɛt], ['di'rɛktə]
atrás (muévelo para ~)	tilbake	[til'bakə]
de alguna parte (adv)	et eller annet steds fra	[et 'elər ˌa:nt 'stɛts fra]
no se sabe de dónde	et eller annet steds fra	[et 'elər ˌa:nt 'stɛts fra]
primero (adv)	for det første	[fɔr de 'fœʂtə]
segundo (adv)	for det annet	[fɔr de 'a:nt]
tercero (adv)	for det tredje	[fɔr de 'trɛdje]
de súbito (adv)	plutselig	['plʉtseli]
al principio (adv)	i begynnelsen	[i be'jinəlsən]
por primera vez	for første gang	[fɔr 'fœʂtə ˌgaŋ]
mucho tiempo antes ...	lenge før ...	['leŋə 'før ...]
de nuevo (adv)	på nytt	[pɔ 'nyt]
para siempre (adv)	for godt	[fɔr 'gɔt]
jamás, nunca (adv)	aldri	['aldri]
de nuevo (adv)	igjen	[i'jɛn]

ahora (adv)	nå	['nɔ]
frecuentemente (adv)	ofte	['ɔftə]
entonces (adv)	da	['dɑ]
urgentemente (adv)	omgående	['ɔm͵gɔːnə]
usualmente (adv)	vanligvis	['vɑnli͵vis]
a propósito, ...	forresten, ...	[fɔ'rɛstən ...]
es probable	mulig, kanskje	['mʉli], ['kɑnʂə]
probablemente (adv)	sannsynligvis	[sɑn'sʏnli͵vis]
tal vez	kanskje	['kɑnʂə]
además ...	dessuten, ...	[des'ʉtən ...]
por eso ...	derfor ...	['dɛrfɔr ...]
a pesar de ...	på tross av ...	['pɔ 'trɔs ɑː ...]
gracias a ...	takket være ...	['tɑkət ͵værə ...]
qué (pron)	hva	['vɑ]
que (conj)	at	[ɑt]
algo (~ le ha pasado)	noe	['nʊe]
algo (~ así)	noe	['nʊe]
nada (f)	ingenting	['iŋəntiŋ]
quien	hvem	['vɛm]
alguien (viene ~)	noen	['nʊən]
alguien (¿ha llamado ~?)	noen	['nʊən]
nadie	ingen	['iŋən]
a ninguna parte	ingensteds	['iŋən͵stɛts]
de nadie	ingens	['iŋəns]
de alguien	noens	['nʊəns]
tan, tanto (adv)	så	['sɔː]
también (~ habla francés)	også	['ɔsɔ]
también (p.ej. Yo ~)	også	['ɔsɔ]

15. Las palabras útiles. Los adverbios. Unidad 2

¿Por qué?	Hvorfor?	['vʊrfʊr]
no se sabe porqué	av en eller annen grunn	[ɑː en elər 'ɑnən ͵grʉn]
porque ...	fordi ...	[fɔ'di ...]
por cualquier razón (adv)	av en eller annen grunn	[ɑː en elər 'ɑnən ͵grʉn]
y (p.ej. uno y medio)	og	['ɔ]
o (p.ej. té o café)	eller	['elər]
pero (p.ej. me gusta, ~)	men	['men]
para (p.ej. es para ti)	for, til	[fɔr], [til]
demasiado (adv)	for, altfor	['fɔr], ['ɑltfɔr]
sólo, solamente (adv)	bare	['bɑrə]
exactamente (adv)	presis, eksakt	[prɛ'sis], [ɛk'sɑkt]
unos ..., cerca de ... (~ 10 kg)	cirka	['sirkɑ]
aproximadamente	omtrent	[ɔm'trɛnt]
aproximado (adj)	omtrentlig	[ɔm'trɛntli]

casi (adv)	nesten	['nɛstən]
resto (m)	rest (m)	['rɛst]
el otro (adj)	den annen	[den 'anən]
otro (p.ej. el otro día)	andre	['andrə]
cada (adj)	hver	['vɛr]
cualquier (adj)	hvilken som helst	['vilkən sɔm 'hɛlst]
mucho (adv)	mye	['mye]
muchos (mucha gente)	mange	['maŋə]
todos	alle	['alə]
a cambio de ...	til gjengjeld for ...	[til 'jɛnjɛl fɔr ...]
en cambio (adv)	istedenfor	[i'steden,fɔr]
a mano (hecho ~)	for hånd	[fɔr 'hɔn]
poco probable	neppe	['nepə]
probablemente	sannsynligvis	[sɑn'sʏnli͵vis]
a propósito (adv)	med vilje	[me 'vilje]
por accidente (adv)	tilfeldigvis	[til'fɛldivis]
muy (adv)	meget	['megət]
por ejemplo (adv)	for eksempel	[fɔr ɛk'sɛmpəl]
entre (~ nosotros)	mellom	['mɛlɔm]
entre (~ otras cosas)	blant	['blant]
tanto (~ gente)	så mye	['sɔ: mye]
especialmente (adv)	særlig	['sæ:ļi]

Conceptos básicos. Unidad 2

16. Los opuestos

rico (adj)	rik	['rik]
pobre (adj)	fattig	['fɑti]
enfermo (adj)	syk	['syk]
sano (adj)	frisk	['frisk]
grande (adj)	stor	['stʊr]
pequeño (adj)	liten	['litən]
rápidamente (adv)	fort	['fʊːʈ]
lentamente (adv)	langsomt	['lɑŋsɔmt]
rápido (adj)	hurtig	['hø:ʈi]
lento (adj)	langsom	['lɑŋsɔm]
alegre (adj)	glad	['glɑ]
triste (adj)	sørgmodig	[sør'mʊdi]
juntos (adv)	sammen	['sɑmən]
separadamente	separat	[sepɑ'rɑt]
en voz alta	høyt	['højt]
en silencio	for seg selv	[fɔr sæj 'sɛl]
alto (adj)	høy	['høj]
bajo (adj)	lav	['lɑv]
profundo (adj)	dyp	['dyp]
poco profundo (adj)	grunn	['grʉn]
sí	ja	['ja]
no	nei	['næj]
lejano (adj)	fjern	['fjæːŋ]
cercano (adj)	nær	['nær]
lejos (adv)	langt	['lɑŋt]
cerco (adv)	i nærheten	[i 'nærˌhetən]
largo (adj)	lang	['lɑŋ]
corto (adj)	kort	['kʊːʈ]
bueno (de buen corazón)	god	['gʊ]
malvado (adj)	ond	['ʊn]

casado (adj)	gift	['jift]
soltero (adj)	ugift	[ʉ:'jift]
prohibir (vt)	å forby	[ɔ fɔr'by]
permitir (vt)	å tillate	[ɔ 'ti‚latə]
fin (m)	slutt (m)	['ʂlʉt]
principio (m)	begynnelse (m)	[be'jinəlsə]
izquierdo (adj)	venstre	['vɛnstrə]
derecho (adj)	høyre	['højrə]
primero (adj)	første	['fœʂtə]
último (adj)	sist	['sist]
crimen (m)	forbrytelse (m)	[fɔr'brytəlsə]
castigo (m)	straff (m)	['strɑf]
ordenar (vt)	å beordre	[ɔ be'ɔrdrə]
obedecer (vi, vt)	å underordne seg	[ɔ 'ʉnər‚ɔrdnə sæj]
recto (adj)	rett	['rɛt]
curvo (adj)	kroket	['krɔkət]
paraíso (m)	paradis (n)	['pɑrɑ‚dis]
infierno (m)	helvete (n)	['hɛlvetə]
nacer (vi)	å fødes	[ɔ 'fødə]
morir (vi)	å dø	[ɔ 'dø]
fuerte (adj)	sterk	['stærk]
débil (adj)	svak	['svɑk]
viejo (adj)	gammel	['gɑməl]
joven (adj)	ung	['ʉŋ]
viejo (adj)	gammel	['gɑməl]
nuevo (adj)	ny	['ny]
duro (adj)	hard	['hɑr]
blando (adj)	bløt	['bløt]
tibio (adj)	varm	['vɑrm]
frío (adj)	kald	['kɑl]
gordo (adj)	tykk	['tʏk]
delgado (adj)	tynn	['tʏn]
estrecho (adj)	smal	['smɑl]
ancho (adj)	bred	['brɛ]
bueno (adj)	bra	['brɑ]
malo (adj)	dårlig	['dɔːli]
valiente (adj)	tapper	['tɑpər]
cobarde (adj)	feig	['fæjg]

17. Los días de la semana

lunes (m)	mandag (m)	['manˌda]
martes (m)	tirsdag (m)	['tiʂˌda]
miércoles (m)	onsdag (m)	['ʊnsˌda]
jueves (m)	torsdag (m)	['toʂˌda]
viernes (m)	fredag (m)	['frɛˌda]
sábado (m)	lørdag (m)	['lørˌda]
domingo (m)	søndag (m)	['sønˌda]
hoy (adv)	i dag	[i 'da]
mañana (adv)	i morgen	[i 'mɔːən]
pasado mañana	i overmorgen	[i 'ɔvərˌmɔːən]
ayer (adv)	i går	[i 'gɔr]
anteayer (adv)	i forgårs	[i 'fɔrˌgɔʂ]
día (m)	dag (m)	['da]
día (m) de trabajo	arbeidsdag (m)	['arbæjdsˌda]
día (m) de fiesta	festdag (m)	['fɛstˌda]
día (m) de descanso	fridag (m)	['friˌda]
fin (m) de semana	ukeslutt (m), helg (f)	['ʉkəˌslʉt], ['hɛlg]
todo el día	hele dagen	['helə 'dagən]
al día siguiente	neste dag	['nɛstə ˌda]
dos días atrás	for to dager siden	[fɔr tʉ 'dagər ˌsidən]
en vísperas (adv)	dagen før	['dagən 'før]
diario (adj)	daglig	['dagli]
cada día (adv)	hver dag	['vɛr da]
semana (f)	uke (m/f)	['ʉkə]
semana (f) pasada	siste uke	['sistə 'ʉkə]
semana (f) que viene	i neste uke	[i 'nɛstə 'ʉkə]
semanal (adj)	ukentlig	['ʉkəntli]
cada semana (adv)	hver uke	['vɛr 'ʉkə]
2 veces por semana	to ganger per uke	['tʉ 'gaŋər per 'ʉkə]
todos los martes	hver tirsdag	['vɛr 'tiʂda]

18. Las horas. El día y la noche

mañana (f)	morgen (m)	['mɔːən]
por la mañana	om morgenen	[ɔm 'mɔːenən]
mediodía (m)	middag (m)	['miˌda]
por la tarde	om ettermiddagen	[ɔm 'ɛtərˌmidagən]
noche (f)	kveld (m)	['kvɛl]
por la noche	om kvelden	[ɔm 'kvɛlən]
noche (f) (p.ej. 2:00 a.m.)	natt (m/f)	['nat]
por la noche	om natta	[ɔm 'nata]
medianoche (f)	midnatt (m/f)	['midˌnat]
segundo (m)	sekund (m/n)	[se'kʉn]
minuto (m)	minutt (n)	[mi'nʉt]
hora (f)	time (m)	['timə]

media hora (f)	halvtime (m)	['hal,timə]
cuarto (m) de hora	kvarter (n)	[kvaːter]
quince minutos	femten minutter	['fɛmtən mi'nʉtər]
veinticuatro horas	døgn (n)	['døjn]
salida (f) del sol	soloppgang (m)	['sʉlɔp,gaŋ]
amanecer (m)	daggry (n)	['dag,gry]
madrugada (f)	tidlig morgen (m)	['tili 'mɔːən]
puesta (f) del sol	solnedgang (m)	['sʉlned,gaŋ]
de madrugada	tidlig om morgenen	['tili ɔm 'mɔːenən]
esta mañana	i morges	[i 'mɔrəs]
mañana por la mañana	i morgen tidlig	[i 'mɔːən 'tili]
esta tarde	i formiddag	[i 'fɔrmi,da]
por la tarde	om ettermiddagen	[ɔm 'ɛtər,midagən]
mañana por la tarde	i morgen ettermiddag	[i 'mɔːən 'ɛtər,mida]
esta noche (p.ej. 8:00 p.m.)	i kveld	[i 'kvɛl]
mañana por la noche	i morgen kveld	[i 'mɔːən ,kvɛl]
a las tres en punto	presis klokka tre	[prɛ'sis 'klɔka tre]
a eso de las cuatro	ved fire-tiden	[ve 'fire ,tidən]
para las doce	innen klokken tolv	['inən 'klɔkən tɔl]
dentro de veinte minutos	om tjue minutter	[ɔm 'çʉe mi'nʉtər]
dentro de una hora	om en time	[ɔm en 'timə]
a tiempo (adv)	i tide	[i 'tidə]
... menos cuarto	kvart på ...	['kvaːt pɔ ...]
durante una hora	innen en time	['inən en 'time]
cada quince minutos	hvert kvarter	['vɛːt kvaː'ter]
día y noche	døgnet rundt	['døjne ,rʉnt]

19. Los meses. Las estaciones

enero (m)	januar (m)	['janʉ,ar]
febrero (m)	februar (m)	['febrʉ,ar]
marzo (m)	mars (m)	['maʂ]
abril (m)	april (m)	[a'pril]
mayo (m)	mai (m)	['maj]
junio (m)	juni (m)	['jʉni]
julio (m)	juli (m)	['jʉli]
agosto (m)	august (m)	[aʊ'gʉst]
septiembre (m)	september (m)	[sep'tɛmbər]
octubre (m)	oktober (m)	[ɔk'tʉbər]
noviembre (m)	november (m)	[nʊ'vɛmbər]
diciembre (m)	desember (m)	[de'sɛmbər]
primavera (f)	vår (m)	['vɔːr]
en primavera	om våren	[ɔm 'vɔːrən]
de primavera (adj)	vår-, vårlig	['vɔːr-], ['vɔːli]
verano (m)	sommer (m)	['sɔmər]

| en verano | om sommeren | [ɔm 'sɔmerən] |
| de verano (adj) | sommer- | ['sɔmər-] |

otoño (m)	høst (m)	['høst]
en otoño	om høsten	[ɔm 'høstən]
de otoño (adj)	høst-, høstlig	['høst-], ['høstli]

invierno (m)	vinter (m)	['vintər]
en invierno	om vinteren	[ɔm 'vinterən]
de invierno (adj)	vinter-	['vintər-]
mes (m)	måned (m)	['mo:nət]
este mes	denne måneden	['dɛnə 'mo:nedən]
al mes siguiente	neste måned	['nɛstə 'mo:nət]
el mes pasado	forrige måned	['fɔriə ˌmo:nət]

hace un mes	for en måned siden	[fɔr en 'mo:nət ˌsidən]
dentro de un mes	om en måned	[ɔm en 'mo:nət]
dentro de dos meses	om to måneder	[ɔm 'tʊ 'mo:nedər]
todo el mes	en hel måned	[en 'hel 'mo:nət]
todo un mes	hele måned	['helə 'mo:nət]

mensual (adj)	månedlig	['mo:nədli]
mensualmente (adv)	månedligt	['mo:nedlət]
cada mes	hver måned	[ˌvɛr 'mo:nət]
dos veces por mes	to ganger per måned	['tʊ 'gaŋər per 'mo:nət]

año (m)	år (n)	['ɔr]
este año	i år	[i 'o:r]
el próximo año	neste år	['nɛstə ˌo:r]
el año pasado	i fjor	[i 'fjɔr]
hace un año	for et år siden	[fɔr et 'o:r ˌsidən]
dentro de un año	om et år	[ɔm et 'o:r]
dentro de dos años	om to år	[ɔm 'tʊ 'o:r]
todo el año	hele året	['helə 'o:re]
todo un año	hele året	['helə 'o:re]

cada año	hvert år	['vɛːt 'o:r]
anual (adj)	årlig	['o:ḷi]
anualmente (adv)	årlig, hvert år	['o:ḷi], ['vɛːt 'ɔr]
cuatro veces por año	fire ganger per år	['fire 'gaŋər per 'o:r]

fecha (f) (la ~ de hoy es ...)	dato (m)	['datʊ]
fecha (f) (~ de entrega)	dato (m)	['datʊ]
calendario (m)	kalender (m)	[ka'lendər]

medio año (m)	halvår (n)	['halˌo:r]
seis meses	halvår (n)	['halˌo:r]
estación (f)	årstid (m/f)	['o:ʂˌtid]
siglo (m)	århundre (n)	['ɔrˌhʊndrə]

20. La hora. Miscelánea

| tiempo (m) | tid (m/f) | ['tid] |
| momento (m) | øyeblikk (n) | ['øjəˌblik] |

instante (m)	øyeblikk (n)	['øjə‚blik]
instantáneo (adj)	øyeblikkelig	['øjə‚blikəli]
lapso (m) de tiempo	tidsavsnitt (n)	['tids‚afsnit]
vida (f)	liv (n)	['liv]
eternidad (f)	evighet (m)	['ɛvi‚het]
época (f)	epoke (m)	[ɛ'pʊkə]
era (f)	æra (m)	['æra]
ciclo (m)	syklus (m)	['syklʉs]
periodo (m)	periode (m)	[pæri'ʊdə]
plazo (m) (~ de tres meses)	sikt (m)	['sikt]
futuro (m)	framtid (m/f)	['fram‚tid]
futuro (adj)	framtidig, fremtidig	['fram‚tidi], ['frɛm‚tidi]
la próxima vez	neste gang	['nɛstə ‚gaŋ]
pasado (m)	fortid (m/f)	['fɔː‚tid]
pasado (adj)	forrige	['foriə]
la última vez	siste gang	['sistə ‚gaŋ]
más tarde (adv)	senere	['senərə]
después	etterpå	['ɛtər‚pɔ]
actualmente (adv)	for nærværende	[for 'nær‚værnə]
ahora (adv)	nå	['nɔ]
inmediatamente	umiddelbart	['ʉmidəl‚bɑːt]
pronto (adv)	snart	['snɑːt]
de antemano (adv)	på forhånd	[pɔ 'foːr‚hɔn]
hace mucho tiempo	for lenge siden	[for 'leŋə ‚sidən]
hace poco (adv)	nylig	['nyli]
destino (m)	skjebne (m)	['ṣɛbnə]
recuerdos (m pl)	minner (n pl)	['minər]
archivo (n)	arkiv (n)	[ar'kiv]
durante ...	under ...	['ʉnər ...]
mucho tiempo (adv)	lenge	['leŋə]
poco tiempo (adv)	ikke lenge	['ikə 'leŋə]
temprano (adv)	tidlig	['tili]
tarde (adv)	sent	['sɛnt]
para siempre (adv)	for alltid	[for 'al‚tid]
comenzar (vt)	å begynne	[ɔ be'jinə]
aplazar (vt)	å utsette	[ɔ 'ʉt‚sɛtə]
simultáneamente	samtidig	['sam‚tidi]
permanentemente	alltid, stadig	['al‚tid], ['stadi]
constante (ruido, etc.)	konstant	[kʊn'stant]
temporal (adj)	midlertidig, temporær	['midlə‚tidi], ['tɛmpɔ‚rær]
a veces (adv)	av og til	['av ɔ ‚til]
raramente (adv)	sjelden	['ṣɛlən]
frecuentemente	ofte	['ɔftə]

21. Las líneas y las formas

cuadrado (m)	kvadrat (n)	[kva'drat]
cuadrado (adj)	kvadratisk	[kva'dratisk]

círculo (m)	sirkel (m)	['sirkəl]
redondo (adj)	rund	['rʉn]
triángulo (m)	trekant (m)	['treˌkɑnt]
triangular (adj)	trekantet	['treˌkɑntət]
óvalo (m)	oval (m)	[ʊ'vɑl]
oval (adj)	oval	[ʊ'vɑl]
rectángulo (m)	rektangel (n)	['rɛkˌtɑŋəl]
rectangular (adj)	rettvinklet	['rɛtˌvinklət]
pirámide (f)	pyramide (m)	[pyrɑ'midə]
rombo (m)	rombe (m)	['rʊmbə]
trapecio (m)	trapes (m/n)	[trɑ'pes]
cubo (m)	kube, terning (m)	['kʉbə], ['tæːɳiŋ]
prisma (m)	prisme (n)	['prismə]
circunferencia (f)	omkrets (m)	['ɔmˌkrɛts]
esfera (f)	sfære (m)	['sfærə]
globo (m)	kule (m/f)	['kʉːlə]
diámetro (m)	diameter (m)	['diɑˌmetər]
radio (m)	radius (m)	['rɑdiʉs]
perímetro (m)	perimeter (n)	[peri'metər]
centro (m)	midtpunkt (n)	['mitˌpʉnkt]
horizontal (adj)	horisontal	[hʉrisɔn'tɑl]
vertical (adj)	loddrett, lodd-	['lɔdˌrɛt], ['lɔd-]
paralela (f)	parallell (m)	[pɑrɑ'lel]
paralelo (adj)	parallell	[pɑrɑ'lel]
línea (f)	linje (m)	['linjə]
trazo (m)	strek (m)	['strek]
recta (f)	rett linje (m/f)	['rɛt 'linjə]
curva (f)	kurve (m)	['kʉrvə]
fino (la ~a línea)	tynn	['tʏn]
contorno (m)	kontur (m)	[kʊn'tʉr]
intersección (f)	skjæringspunkt (n)	['ʂæriŋsˌpʉnkt]
ángulo (m) recto	rett vinkel (m)	['rɛt 'vinkəl]
segmento (m)	segment (n)	[seg'mɛnt]
sector (m)	sektor (m)	['sɛktʊr]
lado (m)	side (m/f)	['sidə]
ángulo (m)	vinkel (m)	['vinkəl]

22. Las unidades de medida

peso (m)	vekt (m)	['vɛkt]
longitud (f)	lengde (m/f)	['leŋdə]
anchura (f)	bredde (m)	['brɛdə]
altura (f)	høyde (m)	['højdə]
profundidad (f)	dybde (m)	['dʏbdə]
volumen (m)	volum (n)	[vɔ'lʉm]
área (f)	areal (n)	[ˌɑre'ɑl]
gramo (m)	gram (n)	['grɑm]
miligramo (m)	milligram (n)	['miliˌgrɑm]

kilogramo (m)	kilogram (n)	['çilu‚gram]
tonelada (f)	tonn (m/n)	['tɔn]
libra (f)	pund (n)	['pʉn]
onza (f)	unse (m)	['ʉnsə]

metro (m)	meter (m)	['metər]
milímetro (m)	millimeter (m)	['mili‚metər]
centímetro (m)	centimeter (m)	['sɛnti‚metər]
kilómetro (m)	kilometer (m)	['çilu‚metər]
milla (f)	mil (m/f)	['mil]

pulgada (f)	tomme (m)	['tɔmə]
pie (m)	fot (m)	['fʊt]
yarda (f)	yard (m)	['jaːrd]

metro (m) cuadrado	kvadratmeter (m)	[kva'drat‚metər]
hectárea (f)	hektar (n)	['hɛktar]

litro (m)	liter (m)	['litər]
grado (m)	grad (m)	['grad]
voltio (m)	volt (m)	['vɔlt]
amperio (m)	ampere (m)	[am'pɛr]
caballo (m) de fuerza	hestekraft (m/f)	['hɛstə‚kraft]

cantidad (f)	mengde (m)	['mɛŋdə]
un poco de …	få …	['fɔ …]
mitad (f)	halvdel (m)	['haldel]
docena (f)	dusin (n)	[dʉ'sin]
pieza (f)	stykke (n)	['stʏkə]

dimensión (f)	størrelse (m)	['stœrəlsə]
escala (f) (del mapa)	målestokk (m)	['moːlə‚stɔk]

mínimo (adj)	minimal	[mini'mal]
el más pequeño (adj)	minste	['minstə]
medio (adj)	middel-	['midəl-]
máximo (adj)	maksimal	[maksi'mal]
el más grande (adj)	største	['stœəstə]

23. Contenedores

tarro (m) de vidrio	glaskrukke (m/f)	['glas‚krʉkə]
lata (f)	boks (m)	['bɔks]
cubo (m)	bøtte (m/f)	['bœtə]
barril (m)	tønne (m)	['tœnə]

palangana (f)	vaskefat (n)	['vaskə‚fat]
tanque (m)	tank (m)	['tank]
petaca (f) (de alcohol)	lommelerke (m/f)	['lumə‚lærkə]
bidón (m) de gasolina	bensinkanne (m/f)	[bɛn'sin‚kanə]
cisterna (f)	tank (m)	['tank]

taza (f) (mug de cerámica)	krus (n)	['krʉs]
taza (f) (~ de café)	kopp (m)	['kɔp]

platillo (m)	tefat (n)	['te‚fɑt]
vaso (m) (~ de agua)	glass (n)	['glɑs]
copa (f) (~ de vino)	vinglass (n)	['vin‚glɑs]
olla (f)	gryte (m/f)	['grytə]
botella (f)	flaske (m)	['flɑskə]
cuello (m) de botella	flaskehals (m)	['flɑskə‚hɑls]
garrafa (f)	karaffel (m)	[kɑ'rɑfəl]
jarro (m) (~ de agua)	mugge (m/f)	['mʉgə]
recipiente (m)	beholder (m)	[be'holər]
tarro (m)	pott, potte (m)	['pɔt], ['pɔtə]
florero (m)	vase (m)	['vɑsə]
frasco (m) (~ de perfume)	flakong (m)	[flɑ'kɔŋ]
frasquito (m)	flaske (m/f)	['flɑskə]
tubo (m)	tube (m)	['tʉbə]
saco (m) (~ de azúcar)	sekk (m)	['sɛk]
bolsa (f) (~ plástica)	pose (m)	['pʉsə]
paquete (m) (~ de cigarrillos)	pakke (m/f)	['pɑkə]
caja (f)	eske (m/f)	['ɛskə]
cajón (m) (~ de madera)	kasse (m/f)	['kɑsə]
cesta (f)	kurv (m)	['kʉrv]

24. Materiales

material (m)	materiale (n)	[materi'ɑlə]
madera (f)	tre (n)	['trɛ]
de madera (adj)	tre-, av tre	['trɛ-], [ɑː 'trɛ]
vidrio (m)	glass (n)	['glɑs]
de vidrio (adj)	glass-	['glɑs-]
piedra (f)	stein (m)	['stæjn]
de piedra (adj)	stein-	['stæjn-]
plástico (m)	plast (m)	['plɑst]
de plástico (adj)	plast-	['plɑst-]
goma (f)	gummi (m)	['gʉmi]
de goma (adj)	gummi-	['gʉmi-]
tela (f)	tøy (n)	['tøj]
de tela (adj)	tøy-	['tøj-]
papel (m)	papir (n)	[pɑ'pir]
de papel (adj)	papir-	[pɑ'pir-]
cartón (m)	papp, kartong (m)	['pɑp], [kɑːˈtɔŋ]
de cartón (adj)	papp-, kartong-	['pɑp-], [kɑːˈtɔŋ-]
polietileno (m)	polyetylen (n)	['pʉlyɛty‚len]
celofán (m)	cellofan (m)	[sɛlu'fɑn]

linóleo (m)	linoleum (m)	[li'nɔleum]
contrachapado (m)	kryssfiner (m)	['krʏsfi͵nɛr]

porcelana (f)	porselen (n)	[pɔşə'len]
de porcelana (adj)	porselens-	[pɔşə'lens-]
arcilla (f), barro (m)	leir (n)	['læjr]
de barro (adj)	leir-	['læjr-]
cerámica (f)	keramikk (m)	[çera'mik]
de cerámica (adj)	keramisk	[çe'ramisk]

25. Los metales

metal (m)	metall (n)	[me'tal]
metálico (adj)	metall-	[me'tal-]
aleación (f)	legering (m/f)	[le'geriŋ]

oro (m)	gull (n)	['gʉl]
de oro (adj)	av gull, gull-	[ɑ: 'gʉl], ['gʉl-]
plata (f)	sølv (n)	['søl]
de plata (adj)	sølv-, av sølv	['søl-], [ɑ: 'søl]

hierro (m)	jern (n)	['jæːɳ]
de hierro (adj)	jern-	['jæːɳ-]
acero (m)	stål (n)	['stɔl]
de acero (adj)	stål-	['stɔl-]
cobre (m)	kobber (n)	['kɔbər]
de cobre (adj)	kobber-	['kɔbər-]

aluminio (m)	aluminium (n)	[alu'minium]
de aluminio (adj)	aluminium-	[alu'minium-]
bronce (m)	bronse (m)	['brɔnsə]
de bronce (adj)	bronse-	['brɔnsə-]

latón (m)	messing (m)	['mɛsiŋ]
níquel (m)	nikkel (m)	['nikəl]
platino (m)	platina (m/n)	['platina]
mercurio (m)	kvikksølv (n)	['kvik͵søl]
estaño (m)	tinn (n)	['tin]
plomo (m)	bly (n)	['bly]
zinc (m)	sink (m/n)	['sink]

EL SER HUMANO

El ser humano. El cuerpo

26. El ser humano. Conceptos básicos

ser (m) humano	menneske (n)	['mɛnəskə]
hombre (m) (varón)	mann (m)	['mɑn]
mujer (f)	kvinne (m/f)	['kvinə]
niño -a (m, f)	barn (n)	['bɑːɳ]
niña (f)	jente (m/f)	['jɛntə]
niño (m)	gutt (m)	['gʉt]
adolescente (m)	tenåring (m)	['tɛnoːriŋ]
viejo, anciano (m)	eldre mann (m)	['ɛldrə ˌmɑn]
vieja, anciana (f)	eldre kvinne (m/f)	['ɛldrə ˌkvinə]

27. La anatomía humana

organismo (m)	organisme (m)	[ɔrgɑ'nismə]
corazón (m)	hjerte (n)	['jæːʈə]
sangre (f)	blod (n)	['blʉ]
arteria (f)	arterie (m)	[ɑːˈʈeriə]
vena (f)	vene (m)	['veːnə]
cerebro (m)	hjerne (m)	['jæːɳə]
nervio (m)	nerve (m)	['nærvə]
nervios (m pl)	nerver (m pl)	['nærvər]
vértebra (f)	ryggvirvel (m)	['rʏgˌvirvəl]
columna (f) vertebral	ryggrad (m)	['rʏgˌrɑd]
estómago (m)	magesekk (m)	['mɑgəˌsɛk]
intestinos (m pl)	innvoller, tarmer (m pl)	['inˌvɔlər], ['tɑrmər]
intestino (m)	tarm (m)	['tɑrm]
hígado (m)	lever (m)	['levər]
riñón (m)	nyre (m/n)	['nyrə]
hueso (m)	bein (n)	['bæjn]
esqueleto (m)	skjelett (n)	[ʂe'let]
costilla (f)	ribbein (n)	['ribˌbæjn]
cráneo (m)	hodeskalle (m)	['hʉdəˌskɑlə]
músculo (m)	muskel (m)	['mʉskəl]
bíceps (m)	biceps (m)	['bisɛps]
tríceps (m)	triceps (m)	['trisɛps]
tendón (m)	sene (m/f)	['seːnə]
articulación (f)	ledd (n)	['led]

pulmones (m pl)	lunger (m pl)	['lʉŋər]
genitales (m pl)	kjønnsorganer (n pl)	['çœns‚ɔr'ganər]
piel (f)	hud (m/f)	['hʉd]

28. La cabeza

cabeza (f)	hode (n)	['hʉdə]
cara (f)	ansikt (n)	['ansikt]
nariz (f)	nese (m/f)	['nesə]
boca (f)	munn (m)	['mʉn]

ojo (m)	øye (n)	['øjə]
ojos (m pl)	øyne (n pl)	['øjnə]
pupila (f)	pupill (m)	[pʉ'pil]
ceja (f)	øyenbryn (n)	['øjən‚bryn]
pestaña (f)	øyenvipp (m)	['øjən‚vip]
párpado (m)	øyelokk (m)	['øjə‚lɔk]

lengua (f)	tunge (m/f)	['tʉŋə]
diente (m)	tann (m/f)	['tan]
labios (m pl)	lepper (m/f pl)	['lepər]
pómulos (m pl)	kinnbein (n pl)	['çin‚bæjn]
encía (f)	tannkjøtt (n)	['tan‚çœt]
paladar (m)	gane (m)	['ganə]

ventanas (f pl)	nesebor (n pl)	['nesə‚bʉr]
mentón (m)	hake (m/f)	['hakə]
mandíbula (f)	kjeve (m)	['çɛvə]
mejilla (f)	kinn (n)	['çin]

frente (f)	panne (m/f)	['panə]
sien (f)	tinning (m)	['tiniŋ]
oreja (f)	øre (n)	['ørə]
nuca (f)	bakhode (n)	['bak‚hodə]
cuello (m)	hals (m)	['hals]
garganta (f)	strupe, hals (m)	['strʉpə], ['hals]

pelo, cabello (m)	hår (n pl)	['hɔr]
peinado (m)	frisyre (m)	[fri'syrə]
corte (m) de pelo	hårfasong (m)	['hoːrfɑ‚sɔŋ]
peluca (f)	parykk (m)	[pɑ'rʏk]

bigote (m)	mustasje (m)	[mʉ'staʂə]
barba (f)	skjegg (n)	['ʂɛg]
tener (~ la barba)	å ha	[ɔ 'ha]
trenza (f)	flette (m/f)	['fletə]
patillas (f pl)	bakkenbarter (pl)	['bakən‚baːʈər]

pelirrojo (adj)	rødhåret	['rø‚hoːrət]
gris, canoso (adj)	grå	['grɔ]
calvo (adj)	skallet	['skalət]
calva (f)	skallet flekk (m)	['skalət ‚flek]
cola (f) de caballo	hestehale (m)	['hɛstə‚halə]
flequillo (m)	pannelugg (m)	['panə‚lʉg]

29. El cuerpo

mano (f)	hånd (m/f)	['hɔn]
brazo (m)	arm (m)	['arm]

dedo (m)	finger (m)	['fiŋər]
dedo (m) del pie	tå (m/f)	['tɔ]
dedo (m) pulgar	tommel (m)	['tɔməl]
dedo (m) meñique	lillefinger (m)	['lilə‚fiŋər]
uña (f)	negl (m)	['nɛjl]

puño (m)	knyttneve (m)	['knʏt‚nevə]
palma (f)	håndflate (m/f)	['hɔn‚flatə]
muñeca (f)	håndledd (n)	['hɔn‚led]
antebrazo (m)	underarm (m)	['ʉnər‚arm]
codo (m)	albue (m)	['al‚bʉə]
hombro (m)	skulder (m)	['skʉldər]

pierna (f)	bein (n)	['bæjn]
planta (f)	fot (m)	['fʊt]
rodilla (f)	kne (n)	['knɛ]
pantorrilla (f)	legg (m)	['leg]
cadera (f)	hofte (m)	['hɔftə]
talón (m)	hæl (m)	['hæl]

cuerpo (m)	kropp (m)	['krɔp]
vientre (m)	mage (m)	['magə]
pecho (m)	bryst (n)	['brʏst]
seno (m)	bryst (n)	['brʏst]
lado (m), costado (m)	side (m/f)	['sidə]
espalda (f)	rygg (m)	['rʏg]
zona (f) lumbar	korsrygg (m)	['kɔːʂ‚rʏg]
cintura (f), talle (m)	liv (n), midje (m/f)	['liv], ['midjə]

ombligo (m)	navle (m)	['navlə]
nalgas (f pl)	rumpeballer (m pl)	['rʉmpə‚balər]
trasero (m)	bak (m)	['bak]

lunar (m)	føflekk (m)	['fø‚flek]
marca (f) de nacimiento	fødselsmerke (n)	['føtsəls‚mærke]
tatuaje (m)	tatovering (m/f)	[tatʊ'vɛriŋ]
cicatriz (f)	arr (n)	['ar]

La ropa y los accesorios

30. La ropa exterior. Los abrigos

ropa (f)	klær (n)	['klær]
ropa (f) de calle	yttertøy (n)	['ytəˌtøj]
ropa (f) de invierno	vinterklær (n pl)	['vintərˌklær]
abrigo (m)	frakk (m), kåpe (m/f)	['frɑk], ['koːpə]
abrigo (m) de piel	pels (m), pelskåpe (m/f)	['pɛls], ['pɛlsˌkoːpə]
abrigo (m) corto de piel	pelsjakke (m/f)	['pɛlsˌjakə]
chaqueta (f) plumón	dunjakke (m/f)	['dʉnˌjakə]
cazadora (f)	jakke (m/f)	['jakə]
impermeable (m)	regnfrakk (m)	['ræjnˌfrɑk]
impermeable (adj)	vanntett	['vɑnˌtɛt]

31. Ropa de hombre y mujer

camisa (f)	skjorte (m/f)	['ʂœːtə]
pantalones (m pl)	bukse (m)	['bʉksə]
jeans, vaqueros (m pl)	jeans (m)	['dʒins]
chaqueta (f), saco (m)	dressjakke (m/f)	['drɛsˌjakə]
traje (m)	dress (m)	['drɛs]
vestido (m)	kjole (m)	['çʉlə]
falda (f)	skjørt (n)	['ʂøːt]
blusa (f)	bluse (m)	['blʉsə]
rebeca (f), chaqueta (f) de punto	strikket trøye (m/f)	['strikə 'trøjə]
chaqueta (f)	blazer (m)	['blæsər]
camiseta (f) (T-shirt)	T-skjorte (m/f)	['teˌʂœːtə]
pantalones (m pl) cortos	shorts (m)	['ʂɔːts]
traje (m) deportivo	treningsdrakt (m/f)	['treniŋsˌdrakt]
bata (f) de baño	badekåpe (m/f)	['badəˌkoːpə]
pijama (m)	pyjamas (m)	[py'ʂamas]
suéter (m)	sweater (m)	['svɛtər]
pulóver (m)	pullover (m)	[pʉ'lɔvər]
chaleco (m)	vest (m)	['vɛst]
frac (m)	livkjole (m)	['livˌçʉlə]
esmoquin (m)	smoking (m)	['smɔkiŋ]
uniforme (m)	uniform (m)	[ʉni'form]
ropa (f) de trabajo	arbeidsklær (n pl)	['ɑrbæjdsˌklær]
mono (m)	kjeledress, overall (m)	['çeləˌdrɛs], ['ɔvɛrˌɔl]
bata (f) (p. ej. ~ blanca)	kittel (m)	['çitəl]

32. La ropa. La ropa interior

ropa (f) interior	undertøy (n)	['ʉnəˌtøj]
bóxer (m)	underbukse (m/f)	['ʉnərˌbʉksə]
bragas (f pl)	truse (m/f)	['trʉsə]
camiseta (f) interior	undertrøye (m/f)	['ʉnəˌtrøjə]
calcetines (m pl)	sokker (m pl)	['sɔkər]
camisón (m)	nattkjole (m)	['natˌçulə]
sostén (m)	behå (m)	['beˌhɔ]
calcetines (m pl) altos	knestrømper (m/f pl)	['knɛˌstrømpər]
pantimedias (f pl)	strømpebukse (m/f)	['strømpəˌbʉksə]
medias (f pl)	strømper (m/f pl)	['strømpər]
traje (m) de baño	badedrakt (m/f)	['badəˌdrakt]

33. Gorras

gorro (m)	hatt (m)	['hat]
sombrero (m) de fieltro	hatt (m)	['hat]
gorra (f) de béisbol	baseball cap (m)	['bɛjsbɔl kɛp]
gorra (f) plana	sikspens (m)	['sikspens]
boina (f)	alpelue, baskerlue (m/f)	['alpəˌlʉə], ['baskəˌlʉə]
capuchón (m)	hette (m/f)	['hɛtə]
panamá (m)	panamahatt (m)	['panamaˌhat]
gorro (m) de punto	strikket lue (m/f)	['strikəˌlʉə]
pañuelo (m)	skaut (n)	['skaʊt]
sombrero (m) de mujer	hatt (m)	['hat]
casco (m) (~ protector)	hjelm (m)	['jɛlm]
gorro (m) de campaña	båtlue (m/f)	['bɔtˌlʉə]
casco (m) (~ de moto)	hjelm (m)	['jɛlm]
bombín (m)	bowlerhatt, skalk (m)	['bɔulerˌhat], ['skalk]
sombrero (m) de copa	flosshatt (m)	['flɔsˌhat]

34. El calzado

calzado (m)	skotøy (n)	['skʊtøj]
botas (f pl)	skor (m pl)	['skʊr]
zapatos (m pl) (~ de tacón bajo)	pumps (m pl)	['pʉmps]
botas (f pl) altas	støvler (m pl)	['støvlər]
zapatillas (f pl)	tøfler (m pl)	['tøflər]
tenis (m pl)	tennissko (m pl)	['tɛnisˌskʊ]
zapatillas (f pl) de lona	canvas sko (m pl)	['kanvas ˌskʊ]
sandalias (f pl)	sandaler (m pl)	[san'dalər]
zapatero (m)	skomaker (m)	['skʊˌmakər]
tacón (m)	hæl (m)	['hæl]

par (m)	par (n)	['pɑr]
cordón (m)	skolisse (m/f)	['skʉˌlisə]
encordonar (vt)	å snøre	[ɔ 'snørə]
calzador (m)	skohorn (n)	['skʉˌhuːŋ]
betún (m)	skokrem (m)	['skʉˌkrɛm]

35. Los textiles. Las telas

algodón (m)	bomull (m/f)	['bʊˌmʉl]
de algodón (adj)	bomulls-	['bʊˌmʉls-]
lino (m)	lin (n)	['lin]
de lino (adj)	lin-	['lin-]
seda (f)	silke (m)	['silkə]
de seda (adj)	silke-	['silkə-]
lana (f)	ull (m/f)	['ʉl]
de lana (adj)	ull-, av ull	['ʉl-], ['ɑː ʉl]
terciopelo (m)	fløyel (m)	['fløjəl]
gamuza (f)	semsket skinn (n)	['sɛmsketˌsin]
pana (f)	kordfløyel (m/n)	['kɔːdˌfløjəl]
nilón (m)	nylon (n)	['nyˌlɔn]
de nilón (adj)	nylon-	['nyˌlɔn-]
poliéster (m)	polyester (m)	[pʊly'ɛstər]
de poliéster (adj)	polyester-	[pʊly'ɛstər-]
piel (f) (cuero)	lær, skinn (n)	['lær], ['ʂin]
de piel (de cuero)	lær-, av lær	['lær-], ['ɑː lær]
piel (f) (~ de zorro, etc.)	pels (m)	['pɛls]
de piel (abrigo ~)	pels-	['pɛls-]

36. Accesorios personales

guantes (m pl)	hansker (m pl)	['hɑnskər]
manoplas (f pl)	votter (m pl)	['vɔtər]
bufanda (f)	skjerf (n)	['ʂærf]
gafas (f pl)	briller (m pl)	['brilər]
montura (f)	innfatning (m/f)	['inˌfɑtniŋ]
paraguas (m)	paraply (m)	[pɑrɑ'ply]
bastón (m)	stokk (m)	['stɔk]
cepillo (m) de pelo	hårbørste (m)	['hɔrˌbœʂtə]
abanico (m)	vifte (m/f)	['viftə]
corbata (f)	slips (n)	['slips]
pajarita (f)	sløyfe (m/f)	['ʂløjfə]
tirantes (m pl)	bukseseler (m pl)	['bʉksə'selər]
moquero (m)	lommetørkle (n)	['lʊməˌtœrklə]
peine (m)	kam (m)	['kɑm]
pasador (m) de pelo	hårspenne (m/f/n)	['hɔːrˌspɛnə]

horquilla (f)	hårnål (m/f)	['hoːrˌnol]
hebilla (f)	spenne (m/f/n)	['spɛnə]
cinturón (m)	belte (m)	['bɛltə]
correa (f) (de bolso)	skulderreim, rem (m/f)	['skʉldəˌræjm], ['rem]
bolsa (f)	veske (m/f)	['vɛskə]
bolso (m)	håndveske (m/f)	['hɔnˌvɛskə]
mochila (f)	ryggsekk (m)	['rʏgˌsɛk]

37. La ropa. Miscelánea

moda (f)	mote (m)	['mʉtə]
de moda (adj)	moteriktig	['mʉtəˌrikti]
diseñador (m) de moda	moteskaper (m)	['mʉtəˌskapər]
cuello (m)	krage (m)	['kragə]
bolsillo (m)	lomme (m/f)	['lʉmə]
de bolsillo (adj)	lomme-	['lʉmə-]
manga (f)	erme (n)	['ærmə]
presilla (f)	hempe (m)	['hɛmpə]
bragueta (f)	gylf, buksesmekk (m)	['gylf], ['bʉksəˌsmɛk]
cremallera (f)	glidelås (m/n)	['glidəˌlɔs]
cierre (m)	hekte (m/f), knepping (m)	['hɛktə], ['knɛpiŋ]
botón (m)	knapp (m)	['knap]
ojal (m)	klapphull (n)	['klapˌhʉl]
saltar (un botón)	å falle av	[ɔ 'falə aː]
coser (vi, vt)	å sy	[ɔ 'sy]
bordar (vt)	å brodere	[ɔ brʉ'derə]
bordado (m)	broderi (n)	[brʉde'ri]
aguja (f)	synål (m/f)	['syˌnɔl]
hilo (m)	tråd (m)	['trɔ]
costura (f)	søm (m)	['søm]
ensuciarse (vr)	å skitne seg til	[ɔ 'ʂitnə sæj til]
mancha (f)	flekk (m)	['flek]
arrugarse (vr)	å bli skrukkete	[ɔ 'bli 'skrʉketə]
rasgar (vt)	å rive	[ɔ 'rivə]
polilla (f)	møll (m/n)	['møl]

38. Productos personales. Cosméticos

pasta (f) de dientes	tannpasta (m)	['tanˌpasta]
cepillo (m) de dientes	tannbørste (m)	['tanˌbœʂtə]
limpiarse los dientes	å pusse tennene	[ɔ 'pʉsə 'tɛnənə]
maquinilla (f) de afeitar	høvel (m)	['høvəl]
crema (f) de afeitar	barberkrem (m)	[bar'bɛrˌkrɛm]
afeitarse (vr)	å barbere seg	[ɔ bar'berə sæj]
jabón (m)	såpe (m/f)	['soːpə]

champú (m)	sjampo (m)	['ʂɑmˌpʊ]
tijeras (f pl)	saks (m/f)	['sɑks]
lima (f) de uñas	neglefil (m/f)	['nɛjləˌfil]
cortaúñas (m pl)	negleklipper (m)	['nɛjləˌklipər]
pinzas (f pl)	pinsett (m)	[pin'sɛt]
cosméticos (m pl)	kosmetikk (m)	[kʊsme'tik]
mascarilla (f)	ansiktsmaske (m/f)	['ɑnsiktsˌmɑskə]
manicura (f)	manikyr (m)	[mɑni'kyr]
hacer la manicura	å få manikyr	[ɔ 'fɔ mɑni'kyr]
pedicura (f)	pedikyr (m)	[pedi'kyr]
bolsa (f) de maquillaje	sminkeveske (m/f)	['sminkəˌvɛskə]
polvos (m pl)	pudder (n)	['pʉdər]
polvera (f)	pudderdåse (m)	['pʉdərˌdoːsə]
colorete (m), rubor (m)	rouge (m)	['ruːʂ]
perfume (m)	parfyme (m)	[pɑr'fymə]
agua (f) de tocador	eau de toilette (m)	['ɔː də twɑ'let]
loción (f)	lotion (m)	['loʊʂɛn]
agua (f) de Colonia	eau de cologne (m)	['ɔː də kɔ'lɔɲ]
sombra (f) de ojos	øyeskygge (m)	['øjəˌʂygə]
lápiz (m) de ojos	eyeliner (m)	['ɑːjˌlɑjnər]
rímel (m)	maskara (m)	[mɑ'skɑrɑ]
pintalabios (m)	leppestift (m)	['lepəˌstift]
esmalte (m) de uñas	neglelakk (m)	['nɛjləˌlɑk]
fijador (m) para el pelo	hårlakk (m)	['hoːrˌlɑk]
desodorante (m)	deodorant (m)	[deʊdʊ'rɑnt]
crema (f)	krem (m)	['krɛm]
crema (f) de belleza	ansiktskrem (m)	['ɑnsiktsˌkrɛm]
crema (f) de manos	håndkrem (m)	['hɔnˌkrɛm]
crema (f) antiarrugas	antirynkekrem (m)	[ɑnti'rynkəˌkrɛm]
crema (f) de día	dagkrem (m)	['dɑgˌkrɛm]
crema (f) de noche	nattkrem (m)	['nɑtˌkrɛm]
de día (adj)	dag-	['dɑg-]
de noche (adj)	natt-	['nɑt-]
tampón (m)	tampong (m)	[tɑm'pɔŋ]
papel (m) higiénico	toalettpapir (n)	[tʊɑ'let pɑ'pir]
secador (m) de pelo	hårføner (m)	['hoːrˌfønər]

39. Las joyas

joyas (f pl)	smykker (n pl)	['smʏkər]
precioso (adj)	edel-	['ɛdəl-]
contraste (m)	stempel (n)	['stɛmpəl]
anillo (m)	ring (m)	['riŋ]
anillo (m) de boda	giftering (m)	['jiftəˌriŋ]
pulsera (f)	armbånd (n)	['ɑrmˌbɔn]
pendientes (m pl)	øreringer (m pl)	['ørəˌriŋər]

collar (m) (~ de perlas)	halssmykke (n)	['hɑlsˌsmʏkə]
corona (f)	krone (m/f)	['krʊnə]
collar (m) de abalorios	perlekjede (m/n)	['pærləˌçɛːdə]
diamante (m)	diamant (m)	[diɑ'mɑnt]
esmeralda (f)	smaragd (m)	[smɑ'rɑgd]
rubí (m)	rubin (m)	[rʉ'bin]
zafiro (m)	safir (m)	[sɑ'fir]
perla (f)	perler (m pl)	['pærlər]
ámbar (m)	rav (n)	['rɑv]

40. Los relojes

reloj (m)	armbåndsur (n)	['ɑrmbɔnsˌʉr]
esfera (f)	urskive (m/f)	['ʉːˌʂivə]
aguja (f)	viser (m)	['visər]
pulsera (f)	armbånd (n)	['ɑrmˌbɔn]
correa (f) (del reloj)	rem (m/f)	['rem]
pila (f)	batteri (n)	[bɑtɛ'ri]
descargarse (vr)	å bli utladet	[ɔ 'bli 'ʉtˌlɑdət]
cambiar la pila	å skifte batteriene	[ɔ 'ʂiftə bɑtɛ'riene]
adelantarse (vr)	å gå for fort	[ɔ 'gɔ fɔ 'fɔːʈ]
retrasarse (vr)	å gå for sakte	[ɔ 'gɔ fɔ 'sɑktə]
reloj (m) de pared	veggur (n)	['vɛgˌʉr]
reloj (m) de arena	timeglass (n)	['timəˌglɑs]
reloj (m) de sol	solur (n)	['sʊlˌʉr]
despertador (m)	vekkerklokka (m/f)	['vɛkərˌklɔkɑ]
relojero (m)	urmaker (m)	['ʉrˌmɑkər]
reparar (vt)	å reparere	[ɔ repɑ'rerə]

La comida y la nutrición

41. La comida

carne (f)	kjøtt (n)	['çœt]
gallina (f)	høne (m/f)	['hønə]
pollo (m)	kylling (m)	['çyliŋ]
pato (m)	and (m/f)	['an]
ganso (m)	gås (m/f)	['gɔs]
caza (f) menor	vilt (n)	['vilt]
pava (f)	kalkun (m)	[kal'kʉn]
carne (f) de cerdo	svinekjøtt (n)	['svinə‚çœt]
carne (f) de ternera	kalvekjøtt (n)	['kalvə‚çœt]
carne (f) de carnero	fårekjøtt (n)	['foːrə‚çœt]
carne (f) de vaca	oksekjøtt (n)	['ɔksə‚çœt]
conejo (m)	kanin (m)	[ka'nin]
salchichón (m)	pølse (m/f)	['pølsə]
salchicha (f)	wienerpølse (m/f)	['vinər‚pølsə]
beicon (m)	bacon (n)	['bɛjkən]
jamón (m)	skinke (m)	['ʂinkə]
jamón (m) fresco	skinke (m)	['ʂinkə]
paté (m)	pate, paté (m)	[pa'te]
hígado (m)	lever (m)	['levər]
carne (f) picada	kjøttfarse (m)	['çœt‚farʂə]
lengua (f)	tunge (m/f)	['tʉŋə]
huevo (m)	egg (n)	['ɛg]
huevos (m pl)	egg (n pl)	['ɛg]
clara (f)	eggehvite (m)	['ɛgə‚vitə]
yema (f)	plomme (m/f)	['plʉmə]
pescado (m)	fisk (m)	['fisk]
mariscos (m pl)	sjømat (m)	['ʂø‚mat]
crustáceos (m pl)	krepsdyr (n pl)	['krɛps‚dyr]
caviar (m)	kaviar (m)	['kavi‚ar]
cangrejo (m) de mar	krabbe (m)	['krabə]
camarón (m)	reke (m/f)	['rekə]
ostra (f)	østers (m)	['østəʂ]
langosta (f)	langust (m)	[laŋ'gʉst]
pulpo (m)	blekksprut (m)	['blek‚sprʉt]
calamar (m)	blekksprut (m)	['blek‚sprʉt]
esturión (m)	stør (m)	['stør]
salmón (m)	laks (m)	['laks]
fletán (m)	kveite (m/f)	['kvæjtə]
bacalao (m)	torsk (m)	['tɔʂk]

caballa (f)	makrell (m)	[mɑˈkrɛl]
atún (m)	tunfisk (m)	[ˈtʉnˌfisk]
anguila (f)	ål (m)	[ˈɔl]
trucha (f)	ørret (m)	[ˈøret]
sardina (f)	sardin (m)	[sɑːˈdin]
lucio (m)	gjedde (m/f)	[ˈjɛdə]
arenque (m)	sild (m/f)	[ˈsil]
pan (m)	brød (n)	[ˈbrø]
queso (m)	ost (m)	[ˈʊst]
azúcar (m)	sukker (n)	[ˈsʉkər]
sal (f)	salt (n)	[ˈsɑlt]
arroz (m)	ris (m)	[ˈris]
macarrones (m pl)	pasta, makaroni (m)	[ˈpɑstɑ], [mɑkɑˈrʊni]
tallarines (m pl)	nudler (m pl)	[ˈnʉdlər]
mantequilla (f)	smør (n)	[ˈsmør]
aceite (m) vegetal	vegetabilsk olje (m)	[vegetɑˈbilsk ˌɔljə]
aceite (m) de girasol	solsikkeolje (m)	[ˈsʊlsikəˌɔljə]
margarina (f)	margarin (m)	[mɑrgɑˈrin]
olivas, aceitunas (f pl)	olivener (m pl)	[ʊˈlivenər]
aceite (m) de oliva	olivenolje (m)	[ʊˈlivənˌɔljə]
leche (f)	melk (m/f)	[ˈmɛlk]
leche (f) condensada	kondensert melk (m/f)	[kʊndənˈseːt ˌmɛlk]
yogur (m)	jogurt (m)	[ˈjɔgʉːt]
nata (f) agria	rømme, syrnet fløte (m)	[ˈrœmə], [ˈsyːnet ˈfløtə]
nata (f) líquida	fløte (m)	[ˈfløtə]
mayonesa (f)	majones (m)	[mɑjɔˈnɛs]
crema (f) de mantequilla	krem (m)	[ˈkrɛm]
cereales (m pl) integrales	gryn (n)	[ˈgryn]
harina (f)	mel (n)	[ˈmel]
conservas (f pl)	hermetikk (m)	[hɛrmeˈtik]
copos (m pl) de maíz	cornflakes (m)	[ˈkɔːnˌflejks]
miel (f)	honning (m)	[ˈhɔniŋ]
confitura (f)	syltetøy (n)	[ˈsyltəˌtøj]
chicle (m)	tyggegummi (m)	[ˈtygəˌgʉmi]

42. Las bebidas

agua (f)	vann (n)	[ˈvɑn]
agua (f) potable	drikkevann (n)	[ˈdrikəˌvɑn]
agua (f) mineral	mineralvann (n)	[minəˈrɑlˌvɑn]
sin gas	uten kullsyre	[ˈʉtən kʉlˈsyrə]
gaseoso (adj)	kullsyret	[kʉlˈsyrət]
con gas	med kullsyre	[me kʉlˈsyrə]
hielo (m)	is (m)	[ˈis]

con hielo	med is	[me 'is]
sin alcohol	alkoholfri	['alkʉhʉlˌfri]
bebida (f) sin alcohol	alkoholfri drikk (m)	['alkʉhʉlˌfri drik]
refresco (m)	leskedrikk (m)	['leskəˌdrik]
limonada (f)	limonade (m)	[limɔ'nadə]
bebidas (f pl) alcohólicas	rusdrikker (m pl)	['rʉsˌdrikər]
vino (m)	vin (m)	['vin]
vino (m) blanco	hvitvin (m)	['vitˌvin]
vino (m) tinto	rødvin (m)	['røˌvin]
licor (m)	likør (m)	[li'kør]
champaña (f)	champagne (m)	[ʂam'panjə]
vermú (m)	vermut (m)	['værmʉt]
whisky (m)	whisky (m)	['viski]
vodka (m)	vodka (m)	['vɔdka]
ginebra (f)	gin (m)	['dʒin]
coñac (m)	konjakk (m)	['kʊnjak]
ron (m)	rom (m)	['rʊm]
café (m)	kaffe (m)	['kafə]
café (m) solo	svart kaffe (m)	['svaːʈ 'kafə]
café (m) con leche	kaffe (m) med melk	['kafə me 'mɛlk]
capuchino (m)	cappuccino (m)	[kapʊ'tʃinɔ]
café (m) soluble	pulverkaffe (m)	['pʉlvərˌkafə]
leche (f)	melk (m/f)	['mɛlk]
cóctel (m)	cocktail (m)	['kɔkˌtɛjl]
batido (m)	milkshake (m)	['milkˌʂɛjk]
zumo (m), jugo (m)	jus, juice (m)	['dʒʉs]
jugo (m) de tomate	tomatjuice (m)	[tʊ'matˌdʒʉs]
zumo (m) de naranja	appelsinjuice (m)	[apel'sinˌdʒʉs]
zumo (m) fresco	nypresset juice (m)	['nyˌprɛsə 'dʒʉs]
cerveza (f)	øl (m/n)	['øl]
cerveza (f) rubia	lettøl (n)	['letˌøl]
cerveza (f) negra	mørkt øl (n)	['mœrktˌøl]
té (m)	te (m)	['te]
té (m) negro	svart te (m)	['svaːʈ ˌte]
té (m) verde	grønn te (m)	['grœn ˌte]

43. Las verduras

legumbres (f pl)	grønnsaker (m pl)	['grœnˌsakər]
verduras (f pl)	grønnsaker (m pl)	['grœnˌsakər]
tomate (m)	tomat (m)	[tʊ'mat]
pepino (m)	agurk (m)	[a'gʉrk]
zanahoria (f)	gulrot (m/f)	['gʉlˌrʊt]
patata (f)	potet (m/f)	[pʊ'tet]
cebolla (f)	løk (m)	['løk]

ajo (m)	hvitløk (m)	['vit̩løk]
col (f)	kål (m)	['kɔl]
coliflor (f)	blomkål (m)	['blɔm̩kɔl]
col (f) de Bruselas	rosenkål (m)	['rʉsen̩kɔl]
brócoli (m)	brokkoli (m)	['brɔkɔli]
remolacha (f)	rødbete (m/f)	['rø̩betə]
berenjena (f)	aubergine (m)	[ɔber'şin]
calabacín (m)	squash (m)	['skvɔş]
calabaza (f)	gresskar (n)	['grɛskɑr]
nabo (m)	nepe (m/f)	['nepə]
perejil (m)	persille (m/f)	[pæ'şilə]
eneldo (m)	dill (m)	['dil]
lechuga (f)	salat (m)	[sɑ'lɑt]
apio (m)	selleri (m/n)	[sɛle̩ri]
espárrago (m)	asparges (m)	[ɑ'spɑrşəs]
espinaca (f)	spinat (m)	[spi'nɑt]
guisante (m)	erter (m pl)	['æːtər]
habas (f pl)	bønner (m/f pl)	['bœnər]
maíz (m)	mais (m)	['mais]
fréjol (m)	bønne (m/f)	['bœnə]
pimiento (m) dulce	pepper (m)	['pɛpər]
rábano (m)	reddik (m)	['rɛdik]
alcachofa (f)	artisjokk (m)	[ˌɑːt̺i'şɔk]

44. Las frutas. Las nueces

fruto (m)	frukt (m/f)	['frʉkt]
manzana (f)	eple (n)	['ɛplə]
pera (f)	pære (m/f)	['pærə]
limón (m)	sitron (m)	[si'trʊn]
naranja (f)	appelsin (m)	[apel'sin]
fresa (f)	jordbær (n)	['juːr̩bær]
mandarina (f)	mandarin (m)	[mɑndɑ'rin]
ciruela (f)	plomme (m/f)	['plʊmə]
melocotón (m)	fersken (m)	['fæşkən]
albaricoque (m)	aprikos (m)	[apri'kʊs]
frambuesa (f)	bringebær (n)	['briŋəˌbær]
piña (f)	ananas (m)	['ɑnɑnɑs]
banana (f)	banan (m)	[bɑ'nɑn]
sandía (f)	vannmelon (m)	['vɑnmeˌlʊn]
uva (f)	drue (m)	['drʉə]
guinda (f)	kirsebær (n)	['çişəˌbær]
cereza (f)	morell (m)	[mʊ'rɛl]
melón (m)	melon (m)	[me'lun]
pomelo (m)	grapefrukt (m/f)	['grɛjpˌfrʉkt]
aguacate (m)	avokado (m)	[avɔ'kadɔ]
papaya (f)	papaya (m)	[pɑ'pɑjɑ]

mango (m)	mango (m)	['maŋu]
granada (f)	granateple (n)	[gra'nat‚ɛplə]
grosella (f) roja	rips (m)	['rips]
grosella (f) negra	solbær (n)	['sʊl‚bær]
grosella (f) espinosa	stikkelsbær (n)	['stikəls‚bær]
arándano (m)	blåbær (n)	['blɔ‚bær]
zarzamoras (f pl)	bjørnebær (m)	['bjœːŋə‚bær]
pasas (f pl)	rosin (m)	[rʊ'sin]
higo (m)	fiken (m)	['fikən]
dátil (m)	daddel (m)	['dadəl]
cacahuete (m)	jordnøtt (m)	['juːr‚nœt]
almendra (f)	mandel (m)	['mandəl]
nuez (f)	valnøtt (m/f)	['val‚nœt]
avellana (f)	hasselnøtt (m/f)	['hasəl‚nœt]
nuez (f) de coco	kokosnøtt (m/f)	['kʊkʊs‚nœt]
pistachos (m pl)	pistasier (m pl)	[pi'staşiər]

45. El pan. Los dulces

pasteles (m pl)	bakevarer (m/f pl)	['bakə‚varər]
pan (m)	brød (n)	['brø]
galletas (f pl)	kjeks (m)	['çɛks]
chocolate (m)	sjokolade (m)	[şʊkʊ'ladə]
de chocolate (adj)	sjokolade-	[şʊkʊ'ladə-]
caramelo (m)	sukkertøy (n), karamell (m)	['sʉkəːtøj], [kara'mɛl]
tarta (f) (pequeña)	kake (m/f)	['kakə]
tarta (f) (~ de cumpleaños)	bløtkake (m/f)	['bløt‚kakə]
tarta (f) (~ de manzana)	pai (m)	['paj]
relleno (m)	fyll (m/n)	['fyl]
confitura (f)	syltetøy (n)	['syltə‚tøj]
mermelada (f)	marmelade (m)	[marme'ladə]
gofre (m)	vaffel (m)	['vafəl]
helado (m)	iskrem (m)	['iskrɛm]
pudin (m)	pudding (m)	['pʉdiŋ]

46. Los platos

plato (m)	rett (m)	['rɛt]
cocina (f)	kjøkken (n)	['çœkən]
receta (f)	oppskrift (m)	['ɔp‚skrift]
porción (f)	porsjon (m)	[pɔ'şʊn]
ensalada (f)	salat (m)	[sa'lat]
sopa (f)	suppe (m/f)	['sʉpə]
caldo (m)	buljong (m)	[bu'ljɔŋ]
bocadillo (m)	smørbrød (n)	['smør‚brø]

huevos (m pl) fritos	speilegg (n)	['spæjlⳌɛg]
hamburguesa (f)	hamburger (m)	['hambʊrgər]
bistec (m)	biff (m)	['bif]
guarnición (f)	tilbehør (n)	['tilbəⳌhør]
espagueti (m)	spagetti (m)	[spɑ'gɛti]
puré (m) de patatas	potetmos (m)	[pʊ'tetⳌmʊs]
pizza (f)	pizza (m)	['pitsɑ]
gachas (f pl)	grøt (m)	['grøt]
tortilla (f) francesa	omelett (m)	[ɔmə'let]
cocido en agua (adj)	kokt	['kʊkt]
ahumado (adj)	røkt	['røkt]
frito (adj)	stekt	['stɛkt]
seco (adj)	tørket	['tœrkət]
congelado (adj)	frossen, dypfryst	['frɔsən], ['dypⳌfrʏst]
marinado (adj)	syltet	['sʏltət]
azucarado, dulce (adj)	søt	['søt]
salado (adj)	salt	['sɑlt]
frío (adj)	kald	['kɑl]
caliente (adj)	het, varm	['het], ['vɑrm]
amargo (adj)	bitter	['bitər]
sabroso (adj)	lekker	['lekər]
cocer en agua	å koke	[ɔ 'kʊkə]
preparar (la cena)	å lage	[ɔ 'lɑgə]
freír (vt)	å steke	[ɔ 'stekə]
calentar (vt)	å varme opp	[ɔ 'vɑrmə ɔp]
salar (vt)	å salte	[ɔ 'sɑltə]
poner pimienta	å pepre	[ɔ 'pɛprə]
rallar (vt)	å rive	[ɔ 'rivə]
piel (f)	skall (n)	['skɑl]
pelar (vt)	å skrelle	[ɔ 'skrɛlə]

47. Las especias

sal (f)	salt (n)	['sɑlt]
salado (adj)	salt	['sɑlt]
salar (vt)	å salte	[ɔ 'sɑltə]
pimienta (f) negra	svart pepper (m)	['svɑ:t 'pɛpər]
pimienta (f) roja	rød pepper (m)	['rø 'pɛpər]
mostaza (f)	sennep (m)	['sɛnəp]
rábano (m) picante	pepperrot (m/f)	['pɛpərⳌrʊt]
condimento (m)	krydder (n)	['krʏdər]
especia (f)	krydder (n)	['krʏdər]
salsa (f)	saus (m)	['saʊs]
vinagre (m)	eddik (m)	['ɛdik]
anís (m)	anis (m)	['ɑnis]
albahaca (f)	basilik (m)	[bɑsi'lik]

clavo (m)	nellik (m)	['nɛlik]
jengibre (m)	ingefær (m)	['iŋəˌfær]
cilantro (m)	koriander (m)	[kʊri'andər]
canela (f)	kanel (m)	[ka'nel]
sésamo (m)	sesam (m)	['sesam]
hoja (f) de laurel	laurbærblad (n)	['laʊrbærˌbla]
paprika (f)	paprika (m)	['paprika]
comino (m)	karve, kummin (m)	['karvə], ['kʉmin]
azafrán (m)	safran (m)	[sa'fran]

48. Las comidas

comida (f)	mat (m)	['mat]
comer (vi, vt)	å spise	[ɔ 'spisə]
desayuno (m)	frokost (m)	['frʊkɔst]
desayunar (vi)	å spise frokost	[ɔ 'spisə ˌfrʊkɔst]
almuerzo (m)	lunsj, lunch (m)	['lʉnʂ]
almorzar (vi)	å spise lunsj	[ɔ 'spisə ˌlʉnʂ]
cena (f)	middag (m)	['miˌda]
cenar (vi)	å spise middag	[ɔ 'spisə 'miˌda]
apetito (m)	appetitt (m)	[ape'tit]
¡Que aproveche!	God appetitt!	['gʊ ape'tit]
abrir (vt)	å åpne	[ɔ 'ɔpnə]
derramar (líquido)	å spille	[ɔ 'spilə]
derramarse (líquido)	å bli spilt	[ɔ 'bli 'spilt]
hervir (vi)	å koke	[ɔ 'kʊkə]
hervir (vt)	å koke	[ɔ 'kʊkə]
hervido (agua ~a)	kokt	['kʊkt]
enfriar (vt)	å svalne	[ɔ 'svalnə]
enfriarse (vr)	å avkjøles	[ɔ 'avˌçœləs]
sabor (m)	smak (m)	['smak]
regusto (m)	bismak (m)	['bismak]
adelgazar (vi)	å være på diet	[ɔ 'værə pɔ di'et]
dieta (f)	diett (m)	[di'et]
vitamina (f)	vitamin (n)	[vita'min]
caloría (f)	kalori (m)	[kalʊ'ri]
vegetariano (m)	vegetarianer (m)	[vegetari'anər]
vegetariano (adj)	vegetarisk	[vege'tarisk]
grasas (f pl)	fett (n)	['fɛt]
proteínas (f pl)	proteiner (n pl)	[prɔte'inər]
carbohidratos (m pl)	kullhydrater (n pl)	['kʉlhyˌdratər]
loncha (f)	skive (m/f)	['ʂivə]
pedazo (m)	stykke (n)	['stykə]
miga (f)	smule (m)	['smʉlə]

49. Los cubiertos

cuchara (f)	skje (m)	['ʂe]
cuchillo (m)	kniv (m)	['kniv]
tenedor (m)	gaffel (m)	['gafəl]
taza (f)	kopp (m)	['kɔp]
plato (m)	tallerken (m)	[tɑ'lærkən]
platillo (m)	tefat (n)	['te‚fɑt]
servilleta (f)	serviett (m)	[sɛrvi'ɛt]
mondadientes (m)	tannpirker (m)	['tɑn‚pirkər]

50. El restaurante

restaurante (m)	restaurant (m)	[rɛstʊ'rɑŋ]
cafetería (f)	kafé, kaffebar (m)	[kɑ'fe], ['kɑfə‚bɑr]
bar (m)	bar (m)	['bɑr]
salón (m) de té	tesalong (m)	['tesɑ‚lɔŋ]
camarero (m)	servitør (m)	['særvi'tør]
camarera (f)	servitrise (m/f)	[særvi'trisə]
barman (m)	bartender (m)	['bɑː‚tɛndər]
carta (f), menú (m)	meny (m)	[me'ny]
carta (f) de vinos	vinkart (n)	['vin‚kɑːt]
reservar una mesa	å reservere bord	[ɔ resɛr'verə 'bʊr]
plato (m)	rett (m)	['rɛt]
pedir (vt)	å bestille	[ɔ be'stilə]
hacer un pedido	å bestille	[ɔ be'stilə]
aperitivo (m)	aperitiff (m)	[ɑperi'tif]
entremés (m)	forrett (m)	['fɔrɛt]
postre (m)	dessert (m)	[de'sɛːr]
cuenta (f)	regning (m/f)	['rɛjniŋ]
pagar la cuenta	å betale regningen	[ɔ be'tɑlə 'rɛjniŋən]
dar la vuelta	å gi tilbake veksel	[ɔ ji til'bɑkə 'vɛksəl]
propina (f)	driks (m)	['driks]

La familia nuclear, los parientes y los amigos

51. La información personal. Los formularios

nombre (m)	navn (n)	['nɑvn]
apellido (m)	etternavn (n)	['ɛtəˌŋavn]
fecha (f) de nacimiento	fødselsdato (m)	['føtsəlsˌdatʊ]
lugar (m) de nacimiento	fødested (n)	['fødəˌsted]
nacionalidad (f)	nasjonalitet (m)	[naʂʊnali'tet]
domicilio (m)	bosted (n)	['bʊˌsted]
país (m)	land (n)	['lan]
profesión (f)	yrke (n), profesjon (m)	['yrkə], [prʊfe'ʂʊn]
sexo (m)	kjønn (n)	['çœn]
estatura (f)	høyde (m)	['højdə]
peso (m)	vekt (m)	['vɛkt]

52. Los familiares. Los parientes

madre (f)	mor (m/f)	['mʊr]
padre (m)	far (m)	['far]
hijo (m)	sønn (m)	['sœn]
hija (f)	datter (m/f)	['datər]
hija (f) menor	yngste datter (m/f)	['yŋstə 'datər]
hijo (m) menor	yngste sønn (m)	['yŋstə 'sœn]
hija (f) mayor	eldste datter (m/f)	['ɛlstə 'datər]
hijo (m) mayor	eldste sønn (m)	['ɛlstə 'sœn]
hermano (m)	bror (m)	['brʊr]
hermano (m) mayor	eldre bror (m)	['ɛldrəˌbrʊr]
hermano (m) menor	lillebror (m)	['liləˌbrʊr]
hermana (f)	søster (m/f)	['søstər]
hermana (f) mayor	eldre søster (m/f)	['ɛldrəˌsøstər]
hermana (f) menor	lillesøster (m/f)	['liləˌsøstər]
primo (m)	fetter (m/f)	['fɛtər]
prima (f)	kusine (m)	[kʉ'sinə]
mamá (f)	mamma (m)	['mama]
papá (m)	pappa (m)	['papa]
padres (pl)	foreldre (pl)	[fɔr'ɛldrə]
niño -a (m, f)	barn (n)	['bɑːɳ]
niños (pl)	barn (n pl)	['bɑːɳ]
abuela (f)	bestemor (m)	['bɛstəˌmʊr]
abuelo (m)	bestefar (m)	['bɛstəˌfar]
nieto (m)	barnebarn (n)	['bɑːɳəˌbɑːɳ]

nieta (f)	barnebarn (n)	['bɑːnəˌbɑːŋ]
nietos (pl)	barnebarn (n pl)	['bɑːnəˌbɑːŋ]
tío (m)	onkel (m)	['ʊnkəl]
tía (f)	tante (m/f)	['tɑntə]
sobrino (m)	nevø (m)	[ne'vø]
sobrina (f)	niese (m/f)	[ni'esə]
suegra (f)	svigermor (m/f)	['svigərˌmʊr]
suegro (m)	svigerfar (m)	['svigərˌfɑr]
yerno (m)	svigersønn (m)	['svigərˌsœn]
madrastra (f)	stemor (m/f)	['steˌmʊr]
padrastro (m)	stefar (m)	['steˌfɑr]
niño (m) de pecho	brystbarn (n)	['brʏstˌbɑːŋ]
bebé (m)	spedbarn (n)	['speˌbɑːŋ]
chico (m)	lite barn (n)	['litə 'bɑːŋ]
mujer (f)	kone (m/f)	['kʊnə]
marido (m)	mann (m)	['mɑn]
esposo (m)	ektemann (m)	['ɛktəˌmɑn]
esposa (f)	hustru (m)	['hʉstrʉ]
casado (adj)	gift	['jift]
casada (adj)	gift	['jift]
soltero (adj)	ugift	[ʉː'jift]
soltero (m)	ungkar (m)	['ʉŋˌkɑr]
divorciado (adj)	fraskilt	['frɑˌsilt]
viuda (f)	enke (m)	['ɛnkə]
viudo (m)	enkemann (m)	['ɛnkəˌmɑn]
pariente (m)	slektning (m)	['şlektniŋ]
pariente (m) cercano	nær slektning (m)	['nær 'şlektniŋ]
pariente (m) lejano	fjern slektning (m)	['fjæːɳ 'şlektniŋ]
parientes (pl)	slektninger (m pl)	['şlektniŋər]
huérfano (m), huérfana (f)	foreldreløst barn (n)	[fɔr'ɛldrəløst ˌbɑːŋ]
tutor (m)	formynder (m)	['fɔrˌmʏnər]
adoptar (un niño)	å adoptere	[ɔ ɑdɔp'terə]
adoptar (una niña)	å adoptere	[ɔ ɑdɔp'terə]

53. Los amigos. Los compañeros del trabajo

amigo (m)	venn (m)	['vɛn]
amiga (f)	venninne (m/f)	[vɛ'ninə]
amistad (f)	vennskap (n)	['vɛnˌskɑp]
ser amigo	å være venner	[ɔ 'værə 'vɛnər]
amigote (m)	venn (m)	['vɛn]
amiguete (f)	venninne (m/f)	[vɛ'ninə]
compañero (m)	partner (m)	['pɑːʈnər]
jefe (m)	sjef (m)	['şɛf]
superior (m)	overordnet (m)	['ɔvərˌɔrdnet]

propietario (m)	eier (m)	['æjər]
subordinado (m)	underordnet (m)	['ʉnərˌɔrdnet]
colega (m, f)	kollega (m)	[kʉ'lega]
conocido (m)	bekjent (m)	[be'çɛnt]
compañero (m) de viaje	medpassasjer (m)	['meˌpasa'ṣɛr]
condiscípulo (m)	klassekamerat (m)	['klasəˌkamə'rɑːt]
vecino (m)	nabo (m)	['nɑbʉ]
vecina (f)	nabo (m)	['nɑbʉ]
vecinos (pl)	naboer (m pl)	['nɑbʉər]

54. El hombre. La mujer

mujer (f)	kvinne (m/f)	['kvinə]
muchacha (f)	jente (m/f)	['jɛntə]
novia (f)	brud (m/f)	['brʉd]
guapa (adj)	vakker	['vɑkər]
alta (adj)	høy	['høj]
esbelta (adj)	slank	['ṣlɑnk]
de estatura mediana	liten av vekst	['litən ɑː 'vɛkst]
rubia (f)	blondine (m)	[blɔn'dinə]
morena (f)	brunette (m)	[brʉ'nɛtə]
de señora (adj)	dame-	['damə-]
virgen (f)	jomfru (m/f)	['ʉmfrʉ]
embarazada (adj)	gravid	[gra'vid]
hombre (m) (varón)	mann (m)	['man]
rubio (m)	blond mann (m)	['blɔnˌman]
moreno (m)	mørkhåret mann (m)	['mœrkˌhoːret man]
alto (adj)	høy	['høj]
de estatura mediana	liten av vekst	['litən ɑː 'vɛkst]
grosero (adj)	grov	['grɔv]
rechoncho (adj)	undersetsig	['ʉnəˌṣɛtsi]
robusto (adj)	robust	[rʉ'bʉst]
fuerte (adj)	sterk	['stærk]
fuerza (f)	kraft, styrke (m)	['kraft], ['styrkə]
gordo (adj)	tykk	['tʏk]
moreno (adj)	mørkhudet	['mœrkˌhʉdət]
esbelto (adj)	slank	['ṣlɑnk]
elegante (adj)	elegant	[ɛle'gant]

55. La edad

edad (f)	alder (m)	['aldər]
juventud (f)	ungdom (m)	['ʉŋˌdɔm]
joven (adj)	ung	['ʉŋ]

menor (adj)	yngre	['ʏŋrə]
mayor (adj)	eldre	['ɛldrə]

joven (m)	unge mann (m)	['ʉŋə ˌmɑn]
adolescente (m)	tenåring (m)	['tɛnoːriŋ]
muchacho (m)	kar (m)	['kɑr]

anciano (m)	gammel mann (m)	['gɑməl ˌmɑn]
anciana (f)	gammel kvinne (m/f)	['gɑməl ˌkvinə]

adulto	voksen	['vɔksən]
de edad media (adj)	middelaldrende	['midəlˌɑldrɛnə]
anciano, mayor (adj)	eldre	['ɛldrə]
viejo (adj)	gammel	['gɑməl]

jubilación (f)	pensjon (m)	[pɑn'ʂʉn]
jubilarse	å gå av med pensjon	[ɔ 'gɔ ɑː me pɑn'ʂʉn]
jubilado (m)	pensjonist (m)	[pɑnʂʉ'nist]

56. Los niños

niño -a (m, f)	barn (n)	['bɑːɳ]
niños (pl)	barn (n pl)	['bɑːɳ]
gemelos (pl)	tvillinger (m pl)	['tvilɪŋər]

cuna (f)	vogge (m/f)	['vɔgə]
sonajero (m)	rangle (m/f)	['rɑŋlə]
pañal (m)	bleie (m/f)	['blæjə]

chupete (m)	smokk (m)	['smʉk]
cochecito (m)	barnevogn (m/f)	['bɑːnəˌvɔŋn]
jardín (m) de infancia	barnehage (m)	['bɑːnəˌhɑgə]
niñera (f)	babysitter (m)	['bɛbyˌsitər]

infancia (f)	barndom (m)	['bɑːɳˌdɔm]
muñeca (f)	dukke (m/f)	['dʉkə]
juguete (m)	leketøy (n)	['lekəˌtøj]
mecano (m)	byggesett (n)	['bʏgəˌsɛt]

bien criado (adj)	veloppdragen	['vɛlˌɔp'drɑgən]
mal criado (adj)	uoppdragen	[ʉop'drɑgən]
mimado (adj)	bortskjemt	['bʉːtʂɛmt]

hacer travesuras	å være stygg	[ɔ 'værə 'stʏg]
travieso (adj)	skøyeraktig	['skøjəˌrɑkti]
travesura (f)	skøyeraktighet (m)	['skøjəˌrɑktihet]
travieso (m)	skøyer (m)	['skøjər]

obediente (adj)	lydig	['lydi]
desobediente (adj)	ulydig	[ʉ'lydi]

dócil (adj)	føyelig	['føjli]
inteligente (adj)	klok	['klʉk]
niño (m) prodigio	vidunderbarn (n)	['vidˌʉndərˌbɑːɳ]

57. El matrimonio. La vida familiar

besar (vt)	å kysse	[ɔ 'çysə]
besarse (vr)	å kysse hverandre	[ɔ 'çysə ˌverandrə]
familia (f)	familie (m)	[fɑ'miliə]
familiar (adj)	familie-	[fɑ'miliə-]
pareja (f)	par (n)	['pɑr]
matrimonio (m)	ekteskap (n)	['ɛktəˌskɑp]
hogar (m) familiar	hjemmets arne (m)	['jɛmets 'ɑːŋə]
dinastía (f)	dynasti (n)	[dinɑs'ti]
cita (f)	stevnemøte (n)	['stɛvnəˌmøtə]
beso (m)	kyss (n)	['çys]
amor (m)	kjærlighet (m)	['çæːḷiˌhet]
querer (amar)	å elske	[ɔ 'ɛlskə]
querido (adj)	elskling	['ɛlskliŋ]
ternura (f)	ømhet (m)	['ømˌhet]
tierno (afectuoso)	øm	['øm]
fidelidad (f)	troskap (m)	['trʊˌskɑp]
fiel (adj)	trofast	['trʊfɑst]
cuidado (m)	omsorg (m)	['ɔmˌsɔrg]
cariñoso (un padre ~)	omsorgsfull	['ɔmˌsɔrgsfʉl]
recién casados (pl)	nygifte (n)	['nyˌjiftə]
luna (f) de miel	hvetebrødsdager (m pl)	['vetɛbrøsˌdɑgər]
estar casada	å gifte seg	[ɔ 'jiftə sæj]
casarse (con una mujer)	å gifte seg	[ɔ 'jiftə sæj]
boda (f)	bryllup (n)	['brʏlʉp]
bodas (f pl) de oro	gullbryllup (n)	['gʉlˌbrʏlʉp]
aniversario (m)	årsdag (m)	['oːṣˌdɑ]
amante (m)	elsker (m)	['ɛlskər]
amante (f)	elskerinne (m/f)	['ɛlskəˌrinə]
adulterio (m)	utroskap (m)	['ʉˌtrɔskɑp]
cometer adulterio	å være utro	[ɔ 'værə 'ʉˌtrʊ]
celoso (adj)	sjalu	[ṣɑ'lʉː]
tener celos	å være sjalu	[ɔ 'værə ṣɑ'lʉː]
divorcio (m)	skilsmisse (m)	['ṣilsˌmisə]
divorciarse (vr)	å skille seg	[ɔ 'ṣilə sæj]
reñir (vi)	å krangle	[ɔ 'krɑŋlə]
reconciliarse (vr)	å forsone seg	[ɔ fɔ'ṣʉnə sæj]
juntos (adv)	sammen	['samən]
sexo (m)	sex (m)	['sɛks]
felicidad (f)	lykke (m/f)	['lʏkə]
feliz (adj)	lykkelig	['lʏkəli]
desgracia (f)	ulykke (m/f)	['ʉˌlʏkə]
desgraciado (adj)	ulykkelig	['ʉˌlʏkəli]

Las características de personalidad. Los sentimientos

58. Los sentimientos. Las emociones

sentimiento (m)	følelse (m)	['følelsə]
sentimientos (m pl)	følelser (m pl)	['føləlsər]
sentir (vt)	å kjenne	[ɔ 'çɛnə]
hambre (f)	sult (m)	['sʉlt]
tener hambre	å være sulten	[ɔ 'værə 'sʉltən]
sed (f)	tørst (m)	['tœʂt]
tener sed	å være tørst	[ɔ 'værə 'tœʂt]
somnolencia (f)	søvnighet (m)	['sœvni‚het]
tener sueño	å være søvnig	[ɔ 'værə 'sœvni]
cansancio (m)	tretthet (m)	['trɛt‚het]
cansado (adj)	trett	['trɛt]
estar cansado	å bli trett	[ɔ 'bli 'trɛt]
humor (m) (de buen ~)	humør (n)	[hʉ'mør]
aburrimiento (m)	kjedsomhet (m/f)	['çɛdsɔm‚het]
aburrirse (vr)	å kjede seg	[ɔ 'çedə sæj]
soledad (f)	avsondrethet (m/f)	['ɑfsɔndrɛt‚het]
aislarse (vr)	å isolere seg	[ɔ isʉ'lerə sæj]
inquietar (vt)	å bekymre, å uroe	[ɔ be'çymrə], [ɔ 'ʉːrʉə]
inquietarse (vr)	å bekymre seg	[ɔ be'çymrə sæj]
inquietud (f)	bekymring (m/f)	[be'çymriŋ]
preocupación (f)	uro (m/f)	['ʉrʉ]
preocupado (adj)	bekymret	[be'çymrət]
estar nervioso	å være nervøs	[ɔ 'værə nær'vøs]
darse al pánico	å få panikk	[ɔ 'fɔ pɑ'nik]
esperanza (f)	håp (n)	['hɔp]
esperar (tener esperanza)	å håpe	[ɔ 'hoːpə]
seguridad (f)	sikkerhet (m/f)	['sikər‚het]
seguro (adj)	sikker	['sikər]
inseguridad (f)	usikkerhet (m)	['ʉsikər‚het]
inseguro (adj)	usikker	['ʉ‚sikər]
borracho (adj)	beruset, full	[be'rʉsət], ['fʉl]
sobrio (adj)	edru	['ɛdrʉ]
débil (adj)	svak	['svɑk]
feliz (adj)	lykkelig	['lykəli]
asustar (vt)	å skremme	[ɔ 'skrɛmə]
furia (f)	raseri (n)	[rɑsɛ'ri]
rabia (f)	raseri (n)	[rɑsɛ'ri]
depresión (f)	depresjon (m)	[dɛpre'ʂun]
incomodidad (f)	ubehag (n)	['ʉbe‚hɑg]

comodidad (f)	komfort (m)	[kʊmˈfɔːr]
arrepentirse (vr)	å beklage	[ɔ beˈklagə]
arrepentimiento (m)	beklagelse (m)	[beˈklagəlsə]
mala suerte (f)	uhell (n)	[ˈʉˌhɛl]
tristeza (f)	sorg (m/f)	[ˈsɔr]
vergüenza (f)	skam (m/f)	[ˈskam]
júbilo (m)	glede (m/f)	[ˈgledə]
entusiasmo (m)	entusiasme (m)	[ɛntʉsiˈasmə]
entusiasta (m)	entusiast (m)	[ɛntʉsiˈast]
mostrar entusiasmo	å vise entusiasme	[ɔ ˈvisə ɛntʉsiˈasmə]

59. El carácter. La personalidad

carácter (m)	karakter (m)	[karakˈter]
defecto (m)	karakterbrist (m/f)	[karakˈterˌbrist]
mente (f)	sinn (n)	[ˈsin]
razón (f)	forstand (m)	[fɔˈʂtan]
consciencia (f)	samvittighet (m)	[samˈvitiˌhet]
hábito (m)	vane (m)	[ˈvanə]
habilidad (f)	evne (m/f)	[ˈɛvnə]
poder (~ nadar, etc.)	å kunne	[ɔ ˈkʉnə]
paciente (adj)	tålmodig	[tɔlˈmʊdi]
impaciente (adj)	utålmodig	[ˈʉtɔlˌmʊdi]
curioso (adj)	nysgjerrig	[ˈnyˌsæri]
curiosidad (f)	nysgjerrighet (m)	[ˈnyˌsæriˌhet]
modestia (f)	beskjedenhet (m)	[beˈʂedenˌhet]
modesto (adj)	beskjeden	[beˈʂedən]
inmodesto (adj)	ubeskjeden	[ˈʉbeˌʂedən]
pereza (f)	lathet (m)	[ˈlatˌhet]
perezoso (adj)	doven	[ˈdʊvən]
perezoso (m)	dovendyr (n)	[ˈdʊvənˌdyr]
astucia (f)	list (m/f)	[ˈlist]
astuto (adj)	listig	[ˈlisti]
desconfianza (f)	mistro (m/f)	[ˈmisˌtrɔ]
desconfiado (adj)	mistroende	[ˈmisˌtrʊenə]
generosidad (f)	gavmildhet (m)	[ˈgavmilˌhet]
generoso (adj)	generøs	[ʂeneˈrøs]
talentoso (adj)	talentfull	[taˈlentˌfʉl]
talento (m)	talent (n)	[taˈlent]
valiente (adj)	modig	[ˈmʊdi]
coraje (m)	mot (n)	[ˈmʊt]
honesto (adj)	ærlig	[ˈæːli]
honestidad (f)	ærlighet (m)	[ˈæːliˌhet]
prudente (adj)	forsiktig	[fɔˈʂikti]
valeroso (adj)	modig	[ˈmʊdi]

| serio (adj) | alvorlig | [al'vɔːli] |
| severo (adj) | streng | ['strɛŋ] |

decidido (adj)	besluttsom	[be'ʂlʉtˌsɔm]
indeciso (adj)	ubesluttsom	[ʉbe'ʂlʉtˌsɔm]
tímido (adj)	forsagt	['fɔˌʂakt]
timidez (f)	forsagthet (m)	['fɔʂaktˌhet]

confianza (f)	tillit (m)	['tilit]
creer (créeme)	å tro	[ɔ 'trʉ]
confiado (crédulo)	tillitsfull	['tilitsˌfʉl]

sinceramente (adv)	oppriktig	[ɔp'rikti]
sincero (adj)	oppriktig	[ɔp'rikti]
sinceridad (f)	oppriktighet (m)	[ɔp'riktiˌhet]
abierto (adj)	åpen	['ɔpən]

calmado (adj)	stille	['stilə]
franco (sincero)	oppriktig	[ɔp'rikti]
ingenuo (adj)	naiv	[na'iv]
distraído (adj)	forstrødd	['fʉˌstrød]
gracioso (adj)	morsom	['muʂɔm]

avaricia (f)	grådighet (m)	['groːdiˌhet]
avaro (adj)	grådig	['groːdi]
tacaño (adj)	gjerrig	['jæri]
malvado (adj)	ond	['ʉn]
terco (adj)	hårdnakket	['hɔːrˌnakət]
desagradable (adj)	ubehagelig	[ʉbe'hageli]

egoísta (m)	egoist (m)	[ɛgʉ'ist]
egoísta (adj)	egoistisk	[ɛgʉ'istisk]
cobarde (m)	feiging (m)	['fæjgiŋ]
cobarde (adj)	feig	['fæjg]

60. El sueño. Los sueños

dormir (vi)	å sove	[ɔ 'sɔvə]
sueño (m) (estado)	søvn (m)	['sœvn]
sueño (m) (dulces ~s)	drøm (m)	['drøm]
soñar (vi)	å drømme	[ɔ 'drœmə]
adormilado (adj)	søvnig	['sœvni]

cama (f)	seng (m/f)	['sɛŋ]
colchón (m)	madrass (m)	[ma'dras]
manta (f)	dyne (m/f)	['dynə]
almohada (f)	pute (m/f)	['pʉtə]
sábana (f)	laken (n)	['lakən]

insomnio (m)	søvnløshet (m)	['sœvnløsˌhet]
de insomnio (adj)	søvnløs	['sœvnˌløs]
somnífero (m)	sovetablett (n)	['sɔveˌtab'let]
tomar el somnífero	å ta en sovetablett	[ɔ 'ta en 'sɔveˌtab'let]
tener sueño	å være søvnig	[ɔ 'værə 'sœvni]

bostezar (vi)	å gjespe	[ɔ 'jɛspə]
irse a la cama	å gå til sengs	[ɔ 'gɔ til 'sɛŋs]
hacer la cama	å re opp sengen	[ɔ 're ɔp 'sɛŋən]
dormirse (vr)	å falle i søvn	[ɔ 'falə i 'sœvn]

pesadilla (f)	mareritt (n)	['marə‚rit]
ronquido (m)	snork (m)	['snɔrk]
roncar (vi)	å snorke	[ɔ 'snɔrkə]

despertador (m)	vekkerklokka (m/f)	['vɛkər‚klɔka]
despertar (vt)	å vekke	[ɔ 'vɛkə]
despertarse (vr)	å våkne	[ɔ 'vɔknə]
levantarse (vr)	å stå opp	[ɔ 'stɔː ɔp]
lavarse (vr)	å vaske seg	[ɔ 'vaskə sæj]

61. El humor. La risa. La alegría

humor (m)	humor (m/n)	['hʉmʊr]
sentido (m) del humor	sans (m) for humor	['sans fɔr 'hʉmʊr]
divertirse (vr)	å more seg	[ɔ 'mʊrə sæj]
alegre (adj)	glad, munter	['gla], ['mʉntər]
júbilo (m)	munterhet (m)	['mʉntər‚het]

sonrisa (f)	smil (m/n)	['smil]
sonreír (vi)	å smile	[ɔ 'smilə]
echarse a reír	å begynne å skratte	[ɔ be'jinə ɔ 'skratə]
reírse (vr)	å le, å skratte	[ɔ 'le], [ɔ 'skratə]
risa (f)	latter (m), skratt (m/n)	['latər], ['skrat]

anécdota (f)	anekdote (m)	[anek'dɔtə]
gracioso (adj)	morsom	['mʊşɔm]
ridículo (adj)	morsom	['mʊşɔm]

bromear (vi)	å spøke	[ɔ 'spøkə]
broma (f)	skjemt, spøk (m)	['şɛmt], ['spøk]
alegría (f) (emoción)	glede (m/f)	['gledə]
alegrarse (vr)	å glede seg	[ɔ 'gledə sæj]
alegre (~ de que ...)	glad	['gla]

62. La discusión y la conversación. Unidad 1

| comunicación (f) | kommunikasjon (m) | [kʊmʉnikə'şun] |
| comunicarse (vr) | å kommunisere | [ɔ kʊmʉni'serə] |

conversación (f)	samtale (m)	['sam‚talə]
diálogo (m)	dialog (m)	[dia'lɔg]
discusión (f) (debate)	diskusjon (m)	[diskʉ'şun]
debate (m)	debatt (m)	[de'bat]
debatir (vi)	å diskutere	[ɔ diskʉ'terə]

| interlocutor (m) | samtalepartner (m) | ['sam‚talə 'paːtnər] |
| tema (m) | emne (n) | ['ɛmnə] |

punto (m) de vista	synspunkt (n)	['sʏns͵pʉnt]
opinión (f)	mening (m/f)	['meniŋ]
discurso (m)	tale (m)	['tɑlə]

discusión (f) (del informe, etc.)	diskusjon (m)	[diskʉ'ʂʊn]
discutir (vt)	å drøfte, å diskutere	[ɔ 'drœftə], [ɔ diskʉ'terə]
conversación (f)	samtale (m)	['sɑm͵tɑlə]
conversar (vi)	å snakke, å samtale	[ɔ 'snɑkə], [ɔ 'sɑm͵tɑlə]
reunión (f)	møte (n)	['møtə]
encontrarse (vr)	å møtes	[ɔ 'møtəs]

proverbio (m)	ordspråk (n)	['uːr͵sprɔk]
dicho (m)	ordstev (n)	['uːr͵stev]
adivinanza (f)	gåte (m)	['goːtə]
contar una adivinanza	å utgjøre en gåte	[ɔ ʉt'jørə en 'goːtə]
contraseña (f)	passord (n)	['pɑs͵uːr]
secreto (m)	hemmelighet (m/f)	['hɛməli͵het]

juramento (m)	ed (m)	['ɛd]
jurar (vt)	å sverge	[ɔ 'sværgə]
promesa (f)	løfte (n), loven (m)	['lœftə], ['lɔvən]
prometer (vt)	å love	[ɔ 'lɔvə]

consejo (m)	råd (n)	['rɔd]
aconsejar (vt)	å råde	[ɔ 'roːdə]
seguir el consejo	å følge råd	[ɔ 'følə 'roːd]
escuchar (a los padres)	å adlyde	[ɔ 'ɑd͵lydə]

noticias (f pl)	nyhet (m)	['nyhet]
sensación (f)	sensasjon (m)	[sɛnsɑ'ʂʊn]
información (f)	opplysninger (m/f pl)	['ɔp͵lʏsniŋər]
conclusión (f)	slutning (m)	['ʂlʉtniŋ]
voz (f)	røst (m/f), stemme (m)	['røst], ['stɛmə]
cumplido (m)	kompliment (m)	[kʊmpli'mɑŋ]
amable (adj)	elskverdig	[ɛlsk'værdi]

palabra (f)	ord (n)	['uːr]
frase (f)	frase (m)	['frɑsə]
respuesta (f)	svar (n)	['svɑr]

verdad (f)	sannhet (m)	['sɑn͵het]
mentira (f)	løgn (m/f)	['løjn]

pensamiento (m)	tanke (m)	['tɑnkə]
idea (f)	ide (m)	[i'de]
fantasía (f)	fantasi (m)	[fɑntɑ'si]

63. La discusión y la conversación. Unidad 2

respetado (adj)	respektert	[rɛspɛk'tɛːt]
respetar (vt)	å respektere	[ɔ rɛspɛk'terə]
respeto (m)	respekt (m)	[rɛ'spɛkt]
Estimado ...	Kjære ...	['çærə ...]
presentar (~ a sus padres)	å introdusere	[ɔ intrɔdʉ'serə]

conocer a alguien	å stifte bekjentskap med ...	[ɔ 'stiftə be'çɛnˌskap me ...]
intención (f)	hensikt (m)	['hɛnˌsikt]
tener intención (de ...)	å ha til hensikt	[ɔ 'ha til 'hɛnˌsikt]
deseo (m)	ønske (n)	['ønskə]
desear (vt) (~ buena suerte)	å ønske	[ɔ 'ønskə]
sorpresa (f)	overraskelse (m/f)	['ɔvəˌraskəlsə]
sorprender (vt)	å forundre	[ɔ fɔ'rʉndrə]
sorprenderse (vr)	å bli forundret	[ɔ 'bli fɔ'rʉndrət]
dar (vt)	å gi	[ɔ 'ji]
tomar (vt)	å ta	[ɔ 'ta]
devolver (vt)	å gi tilbake	[ɔ 'ji til'bakə]
retornar (vt)	å returnere	[ɔ retʉr'nerə]
disculparse (vr)	å unnskylde seg	[ɔ 'ʉnˌsylə sæj]
disculpa (f)	unnskyldning (m/f)	['ʉnˌsyldniŋ]
perdonar (vt)	å tilgi	[ɔ 'tilˌji]
hablar (vi)	å tale	[ɔ 'talə]
escuchar (vt)	å lye, å lytte	[ɔ 'lye], [ɔ 'lytə]
escuchar hasta el final	å høre på	[ɔ 'hørə pɔ]
comprender (vt)	å forstå	[ɔ fɔ'ʂtɔ]
mostrar (vt)	å vise	[ɔ 'visə]
mirar a ...	å se på ...	[ɔ 'se pɔ ...]
llamar (vt)	å kalle	[ɔ 'kalə]
distraer (molestar)	å distrahere	[ɔ distra'erə]
molestar (vt)	å forstyrre	[ɔ fɔ'ʂtyrə]
pasar (~ un mensaje)	å rekke	[ɔ 'rɛkə]
petición (f)	begjæring (m/f)	[be'jæriŋ]
pedir (vt)	å be, å bede	[ɔ 'be], [ɔ 'bedə]
exigencia (f)	krav (n)	['krav]
exigir (vt)	å kreve	[ɔ 'krevə]
motejar (vr)	å erte	[ɔ 'ɛːʈə]
burlarse (vr)	å håne	[ɔ 'hoːnə]
burla (f)	hån (m)	['hɔn]
apodo (m)	kallenavn, tilnavn (n)	['kaləˌnavn], ['tilˌnavn]
alusión (f)	insinuasjon (m)	[insinʉa'ʂʊn]
aludir (vi)	å insinuere	[ɔ insinʉ'erə]
sobrentender (vt)	å bety	[ɔ 'bety]
descripción (f)	beskrivelse (m)	[be'skrivəlsə]
describir (vt)	å beskrive	[ɔ be'skrivə]
elogio (m)	ros (m)	['rʊs]
elogiar (vt)	å rose, å berømme	[ɔ 'rʊsə], [ɔ be'rœmə]
decepción (f)	skuffelse (m)	['skʉfəlsə]
decepcionar (vt)	å skuffe	[ɔ 'skʉfə]
estar decepcionado	å bli skuffet	[ɔ 'bli 'skʉfət]
suposición (f)	antagelse (m)	[an'tagəlsə]
suponer (vt)	å anta, å formode	[ɔ 'anˌta], [ɔ fɔr'mʊdə]

| advertencia (f) | advarsel (m) | ['ɑdˌvɑʂəl] |
| prevenir (vt) | å advare | [ɔ 'ɑdˌvɑrə] |

64. La discusión y la conversación. Unidad 3

| convencer (vt) | å overtale | [ɔ 'ɔvəˌtɑlə] |
| calmar (vt) | å berolige | [ɔ be'rʉliə] |

silencio (m) (~ es oro)	taushet (m)	['tɑʉsˌhet]
callarse (vr)	å tie	[ɔ 'tie]
susurrar (vi, vt)	å hviske	[ɔ 'viskə]
susurro (m)	hvisking (m/f)	['viskiŋ]

| francamente (adv) | oppriktig | [ɔp'rikti] |
| en mi opinión ... | etter min mening ... | ['ɛtər min 'meniŋ ...] |

detalle (m) (de la historia)	detalj (m)	[de'tɑlj]
detallado (adj)	detaljert	[detɑ'ljɛːt]
detalladamente (adv)	i detaljer	[i de'tɑljer]

| pista (f) | vink (n) | ['vink] |
| dar una pista | å gi et vink | [ɔ 'ji et 'vink] |

mirada (f)	blikk (n)	['blik]
echar una mirada	å kaste et blikk	[ɔ 'kɑstə et 'blik]
fija (mirada ~)	stiv	['stiv]
parpadear (vi)	å blinke	[ɔ 'blinkə]
guiñar un ojo	å blinke	[ɔ 'blinkə]
asentir con la cabeza	å nikke	[ɔ 'nikə]

suspiro (m)	sukk (n)	['sʉk]
suspirar (vi)	å sukke	[ɔ 'sʉkə]
estremecerse (vr)	å gyse	[ɔ 'jisə]
gesto (m)	gest (m)	['gɛst]
tocar (con la mano)	å røre	[ɔ 'rørə]
asir (~ de la mano)	å gripe	[ɔ 'gripə]
palmear (~ la espalda)	å klappe	[ɔ 'klɑpə]

¡Cuidado!	Pass på!	['pɑs 'pɔ]
¿De veras?	Virkelig!	['virkəli]
¿Estás seguro?	Er du sikker?	[ɛr dʉ 'sikər]
¡Suerte!	Lykke til!	['lʏkə til]
¡Ya veo!	Jeg forstår!	['jæ fɔ'ʂtoːr]
¡Es una lástima!	Det var synd!	[de vɑr 'sʏn]

65. El acuerdo. El rechazo

acuerdo (m)	samtykke (n)	['sɑmˌtʏkə]
estar de acuerdo	å samtykke	[ɔ 'sɑmˌtʏkə]
aprobación (f)	godkjennelse (m)	['gʉˌçɛnəlsə]
aprobar (vt)	å godkjenne	[ɔ 'gʉˌçɛnə]
rechazo (m)	avslag (n)	['ɑfˌslɑg]

negarse (vr)	å vegre seg	[ɔ 'vɛgrə sæj]
¡Excelente!	Det er fint!	['de ær 'fint]
¡De acuerdo!	Godt!	['gɔt]
¡Vale!	OK! Enig!	[ɔ'kɛj], ['ɛni]
prohibido (adj)	forbudt	[fɔr'bʉt]
está prohibido	det er forbudt	[de ær fɔr'bʉt]
es imposible	det er umulig	[de ær ʉ'mʉli]
incorrecto (adj)	uriktig, ikke riktig	['ʉˌrikti], ['ikə ˌrikti]
rechazar (vt)	å avslå	[ɔ 'afˌslɔ]
apoyar (la decisión)	å støtte	[ɔ 'stœtə]
aceptar (vt)	å akseptere	[ɔ aksɛp'terə]
confirmar (vt)	å bekrefte	[ɔ be'krɛftə]
confirmación (f)	bekreftelse (m)	[be'krɛftəlsə]
permiso (m)	tillatelse (m)	['tiˌlatəlsə]
permitir (vt)	å tillate	[ɔ 'tiˌlatə]
decisión (f)	beslutning (m)	[be'ʂlʉtniŋ]
no decir nada	å tie	[ɔ 'tie]
condición (f)	betingelse (m)	[be'tiŋəlsə]
excusa (f) (pretexto)	foregivende (n)	['fɔrəˌjivnə]
elogio (m)	ros (m)	['rʊs]
elogiar (vt)	å rose, å berømme	[ɔ 'rʊsə], [ɔ be'rœmə]

66. El éxito. La buena suerte. El fracaso

éxito (m)	suksess (m)	[sʉk'sɛ]
con éxito (adv)	med suksess	[me sʉk'sɛ]
exitoso (adj)	vellykket	['velˌlʏkət]
suerte (f)	hell (n), lykke (m/f)	['hɛl], ['lʏkə]
¡Suerte!	Lykke til!	['lʏkə til]
de suerte (día ~)	heldig, lykkelig	['hɛldi], ['lʏkəli]
afortunado (adj)	heldig	['hɛldi]
fiasco (m)	mislykkelse, fiasko (m)	['misˌlʏkəlsə], [fi'askʊ]
infortunio (m)	uhell (n), utur (m)	['ʉˌhɛl], ['ʉˌtʉr]
mala suerte (f)	uhell (n)	['ʉˌhɛl]
fracasado (adj)	mislykket	['misˌlʏkət]
catástrofe (f)	katastrofe (m)	[kata'strɔfə]
orgullo (m)	stolthet (m)	['stɔltˌhet]
orgulloso (adj)	stolt	['stɔlt]
estar orgulloso	å være stolt	[ɔ 'værə 'stɔlt]
ganador (m)	seierherre (m)	['sæjərˌhɛrə]
ganar (vi)	å seire, å vinne	[ɔ 'sæjrə], [ɔ 'vinə]
perder (vi)	å tape	[ɔ 'tapə]
tentativa (f)	forsøk (n)	['fɔ'ʂøk]
intentar (tratar)	å prøve, å forsøke	[ɔ 'prøvə], [ɔ fɔ'ʂøkə]
chance (f)	sjanse (m)	['ʂansə]

67. Las discusiones. Las emociones negativas

grito (m)	skrik (n)	['skrik]
gritar (vi)	å skrike	[ɔ 'skrikə]
comenzar a gritar	å begynne å skrike	[ɔ be'jinə ɔ 'skrikə]
disputa (f), riña (f)	krangel (m)	['kraŋəl]
reñir (vi)	å krangle	[ɔ 'kraŋlə]
escándalo (m) (riña)	skandale (m)	[skan'dalə]
causar escándalo	å gjøre skandale	[ɔ 'jørə skan'dalə]
conflicto (m)	konflikt (m)	[kʊn'flikt]
malentendido (m)	misforståelse (m)	[misfɔ'ʂtɔəlsə]
insulto (m)	fornærmelse (m)	[fɔ:'nærməlsə]
insultar (vt)	å fornærme	[ɔ fɔ:'nærmə]
insultado (adj)	fornærmet	[fɔ:'nærmət]
ofensa (f)	fornærmelse (m)	[fɔ:'nærməlsə]
ofender (vt)	å fornærme	[ɔ fɔ:'nærmə]
ofenderse (vr)	å bli fornærmet	[ɔ 'bli fɔ:'nærmət]
indignación (f)	forargelse (m)	[fɔ'rargəlsə]
indignarse (vr)	å bli indignert	[ɔ 'bli indi'gnɛ:t]
queja (f)	klage (m)	['klagə]
quejarse (vr)	å klage	[ɔ 'klagə]
disculpa (f)	unnskyldning (m/f)	['ʉn̩ˌsyldniŋ]
disculparse (vr)	å unnskylde seg	[ɔ 'ʉn̩ˌsylə sæj]
pedir perdón	å be om forlatelse	[ɔ 'be ɔm fɔ:'latəlsə]
crítica (f)	kritikk (m)	[kri'tik]
criticar (vt)	å kritisere	[ɔ kriti'serə]
acusación (f)	anklagelse (m)	['anˌklagəlsə]
acusar (vt)	å anklage	[ɔ 'anˌklagə]
venganza (f)	hevn (m)	['hɛvn]
vengar (vt)	å hevne	[ɔ 'hɛvnə]
pagar (vt)	å hevne	[ɔ 'hɛvnə]
desprecio (m)	forakt (m)	[fɔ'rakt]
despreciar (vt)	å forakte	[ɔ fɔ'raktə]
odio (m)	hat (n)	['hat]
odiar (vt)	å hate	[ɔ 'hatə]
nervioso (adj)	nervøs	[nær'vøs]
estar nervioso	å være nervøs	[ɔ 'værə nær'vøs]
enfadado (adj)	vred, sint	['vred], ['sint]
enfadar (vt)	å gjøre sint	[ɔ 'jørə ˌsint]
humillación (f)	ydmykelse (m)	['ydˌmykəlsə]
humillar (vt)	å ydmyke	[ɔ 'ydˌmykə]
humillarse (vr)	å ydmyke seg	[ɔ 'ydˌmykə sæj]
choque (m)	sjokk (n)	['ʂɔk]
chocar (vi)	å sjokkere	[ɔ ʂɔ'kerə]
molestia (f) (problema)	knipe (m/f)	['knipə]

desagradable (adj)	ubehagelig	[ʉbeˈhɑgeli]
miedo (m)	redsel, frykt (m)	[ˈrɛtsəl], [ˈfrʏkt]
terrible (tormenta, etc.)	fryktelig	[ˈfrʏkteli]
de miedo (historia ~)	uhyggelig, skremmende	[ˈʉhygəli], [ˈskrɛmənə]
horror (m)	redsel (m)	[ˈrɛtsəl]
horrible (adj)	forferdelig	[fɔrˈfærdəli]
empezar a temblar	å begynne å ryste	[ɔ beˈjinə ɔ ˈrystə]
llorar (vi)	å gråte	[ɔ ˈgroːtə]
comenzar a llorar	å begynne å gråte	[ɔ beˈjinə ɔ ˈgroːtə]
lágrima (f)	tåre (m/f)	[ˈtoːrə]
culpa (f)	skyld (m/f)	[ˈʂyl]
remordimiento (m)	skyldfølelse (m)	[ˈʂylˌfølelsə]
deshonra (f)	skam, vanære (m/f)	[ˈskɑm], [ˈvɑnærə]
protesta (f)	protest (m)	[prʉˈtɛst]
estrés (m)	stress (m/n)	[ˈstrɛs]
molestar (vt)	å forstyrre	[ɔ fɔˈʂtyrə]
estar furioso	å være sint	[ɔ ˈværə ˌsint]
enfadado (adj)	vred, sint	[ˈvred], [ˈsint]
terminar (vt)	å avbryte	[ɔ ˈɑvˌbrytə]
regañar (vt)	å sverge	[ɔ ˈsværgə]
asustarse (vr)	å bli skremt	[ɔ ˈbli ˈskrɛmt]
golpear (vt)	å slå	[ɔ ˈʂlɔ]
pelear (vi)	å slåss	[ɔ ˈʂlɔs]
resolver (~ la discusión)	å løse	[ɔ ˈløsə]
descontento (adj)	misfornøyd, utilfreds	[ˈmisˌfɔːˈnøjd], [ˈʉtilˌfrɛds]
furioso (adj)	rasende	[ˈrɑsenə]
¡No está bien!	Det er ikke bra!	[de ær ikə ˈbrɑ]
¡Está mal!	Det er dårlig!	[de ær ˈdoːli]

La medicina

68. Las enfermedades

enfermedad (f)	sykdom (m)	['syk‚dɔm]
estar enfermo	å være syk	[ɔ 'værə 'syk]
salud (f)	helse (m/f)	['hɛlsə]
resfriado (m) (coriza)	snue (m)	['snʉə]
angina (f)	angina (m)	[an'gina]
resfriado (m)	forkjølelse (m)	[fɔr'çœləlsə]
resfriarse (vr)	å forkjøle seg	[ɔ fɔr'çœlə sæj]
bronquitis (f)	bronkitt (m)	[brɔn'kit]
pulmonía (f)	lungebetennelse (m)	['lʉŋə be'tɛnəlsə]
gripe (f)	influensa (m)	[inflʉ'ɛnsa]
miope (adj)	nærsynt	['næ‚sʏnt]
présbita (adj)	langsynt	['laŋsʏnt]
estrabismo (m)	skjeløydhet (m)	['ʂɛløjd‚het]
estrábico (m) (adj)	skjeløyd	['ʂɛl‚øjd]
catarata (f)	grå stær, katarakt (m)	['grɔ ‚stær], [kata'rakt]
glaucoma (m)	glaukom (n)	[glaʊ'kɔm]
insulto (m)	hjerneslag (n)	['jæːnə‚slag]
ataque (m) cardiaco	infarkt (n)	[in'farkt]
infarto (m) de miocardio	myokardieinfarkt (n)	['miɔ'kardiə in'farkt]
parálisis (f)	paralyse, lammelse (m)	['para'lyse], ['laməlsə]
paralizar (vt)	å lamme	[ɔ 'lamə]
alergia (f)	allergi (m)	[alæː'gi]
asma (f)	astma (m)	['astma]
diabetes (f)	diabetes (m)	[dia'betəs]
dolor (m) de muelas	tannpine (m/f)	['tan‚pinə]
caries (f)	karies (m)	['karies]
diarrea (f)	diaré (m)	[dia'rɛ]
estreñimiento (m)	forstoppelse (m)	[fɔ'stɔpəlsə]
molestia (f) estomacal	magebesvær (m)	['magə‚be'svær]
envenenamiento (m)	matforgiftning (m/f)	['mat‚fɔr'jiftniŋ]
envenenarse (vr)	å få matforgiftning	[ɔ 'fɔ mat‚fɔr'jiftniŋ]
artritis (f)	artritt (m)	[aːʈ'rit]
raquitismo (m)	rakitt (m)	[ra'kit]
reumatismo (m)	revmatisme (m)	[revma'tismə]
ateroesclerosis (f)	arteriosklerose (m)	[aː'ʈeriʊskle‚rʊsə]
gastritis (f)	magekatarr, gastritt (m)	['magəka‚tar], [‚ga'strit]
apendicitis (f)	appendisitt (m)	[apɛndi'sit]

colecistitis (f)	galleblærebetennelse (m)	['galə‚blærə be'tɛnəlsə]
úlcera (f)	magesår (n)	['magə‚sɔr]
sarampión (m)	meslinger (m pl)	['mɛs‚liŋər]
rubeola (f)	røde hunder (m pl)	['rødə 'hʉnər]
ictericia (f)	gulsott (m/f)	['gʉl‚sʊt]
hepatitis (f)	hepatitt (m)	[hepɑ'tit]
esquizofrenia (f)	schizofreni (m)	[ʂisʊfre'ni]
rabia (f) (hidrofobia)	rabies (m)	['rabiəs]
neurosis (f)	nevrose (m)	[nev'rʊsə]
conmoción (f) cerebral	hjernerystelse (m)	['jæːnə‚rystəlsə]
cáncer (m)	kreft, cancer (m)	['krɛft], ['kansər]
esclerosis (f)	sklerose (m)	[skle'rʊsə]
esclerosis (m) múltiple	multippel sklerose (m)	[mʉl'tipəl skle'rʊsə]
alcoholismo (m)	alkoholisme (m)	[alkʊhʊ'lismə]
alcohólico (m)	alkoholiker (m)	[alkʊ'hʊlikər]
sífilis (f)	syfilis (m)	['syfilis]
SIDA (m)	AIDS, aids (m)	['ɛjds]
tumor (m)	svulst, tumor (m)	['svʉlst], [tʉ'mʊr]
maligno (adj)	ondartet, malign	['ʊn‚ɑːtət], [mɑ'lign]
benigno (adj)	godartet	['gʊ‚ɑːtət]
fiebre (f)	feber (m)	['febər]
malaria (f)	malaria (m)	[mɑ'lɑriɑ]
gangrena (f)	koldbrann (m)	['kɔlbrɑn]
mareo (m)	sjøsyke (m)	['ʂø‚sykə]
epilepsia (f)	epilepsi (m)	[ɛpilep'si]
epidemia (f)	epidemi (m)	[ɛpide'mi]
tifus (m)	tyfus (m)	['tyfʉs]
tuberculosis (f)	tuberkulose (m)	[tʉbærkʉ'lɔsə]
cólera (f)	kolera (m)	['kʊlerɑ]
peste (f)	pest (m)	['pɛst]

69. Los síntomas. Los tratamientos. Unidad 1

síntoma (m)	symptom (n)	[sʏmp'tʊm]
temperatura (f)	temperatur (m)	[tɛmpərɑ'tʉr]
fiebre (f)	høy temperatur (m)	['høj tɛmpərɑ'tʉr]
pulso (m)	puls (m)	['pʉls]
mareo (m) (vértigo)	svimmelhet (m)	['svimǝl‚het]
caliente (adj)	varm	['vɑrm]
escalofrío (m)	skjelving (m/f)	['ʂɛlviŋ]
pálido (adj)	blek	['blek]
tos (f)	hoste (m)	['hʊstə]
toser (vi)	å hoste	[ɔ 'hʊstə]
estornudar (vi)	å nyse	[ɔ 'nysə]
desmayo (m)	besvimelse (m)	[bɛ'svimǝlsə]

desmayarse (vr)	å besvime	[ɔ beˈsvimə]
moradura (f)	blåmerke (n)	[ˈblɔˌmærkə]
chichón (m)	bule (m)	[ˈbʉlə]
golpearse (vr)	å slå seg	[ɔ ˈʂlɔ sæj]
magulladura (f)	blåmerke (n)	[ˈblɔˌmærkə]
magullarse (vr)	å slå seg	[ɔ ˈʂlɔ sæj]
cojear (vi)	å halte	[ɔ ˈhaltə]
dislocación (f)	forvridning (m)	[fɔrˈvridniŋ]
dislocar (vt)	å forvri	[ɔ fɔrˈvri]
fractura (f)	brudd (n), fraktur (m)	[ˈbrʉd], [frakˈtʉr]
tener una fractura	å få brudd	[ɔ ˈfɔ ˈbrʉd]
corte (m) (tajo)	skjæresår (n)	[ˈʂæːrəˌsɔr]
cortarse (vr)	å skjære seg	[ɔ ˈʂæːrə sæj]
hemorragia (f)	blødning (m/f)	[ˈblødniŋ]
quemadura (f)	brannsår (n)	[ˈbranˌsɔr]
quemarse (vr)	å brenne seg	[ɔ ˈbrɛnə sæj]
pincharse (~ el dedo)	å stikke	[ɔ ˈstikə]
pincharse (vr)	å stikke seg	[ɔ ˈstikə sæj]
herir (vt)	å skade	[ɔ ˈskadə]
herida (f)	skade (n)	[ˈskadə]
lesión (f) (herida)	sår (n)	[ˈsɔr]
trauma (m)	traume (m)	[ˈtraʊmə]
delirar (vi)	å snakke i villelse	[ɔ ˈsnakə i ˈvilǝlsə]
tartamudear (vi)	å stamme	[ɔ ˈstamə]
insolación (f)	solstikk (n)	[ˈsʊlˌstik]

70. Los síntomas. Los tratamientos. Unidad 2

dolor (m)	smerte (m)	[ˈsmæːʈə]
astilla (f)	flis (m/f)	[ˈflis]
sudor (m)	svette (m)	[ˈsvɛtə]
sudar (vi)	å svette	[ɔ ˈsvɛtə]
vómito (m)	oppkast (n)	[ˈɔpˌkast]
convulsiones (f pl)	kramper (m pl)	[ˈkrampər]
embarazada (adj)	gravid	[graˈvid]
nacer (vi)	å fødes	[ɔ ˈfødə]
parto (m)	fødsel (m)	[ˈføtsəl]
dar a luz	å føde	[ɔ ˈfødə]
aborto (m)	abort (m)	[aˈbɔːt]
respiración (f)	åndedrett (n)	[ˈɔndəˌdrɛt]
inspiración (f)	innånding (m/f)	[ˈinˌɔniŋ]
espiración (f)	utånding (m/f)	[ˈʉtˌɔndiŋ]
espirar (vi)	å puste ut	[ɔ ˈpʉstə ʉt]
inspirar (vi)	å ånde inn	[ɔ ˈɔndə ˌin]
inválido (m)	handikappet person (m)	[ˈhandiˌkapət pæˈʂʉn]
mutilado (m)	krøpling (m)	[ˈkrøpliŋ]

drogadicto (m)	narkoman (m)	[nɑrkʉˈmɑn]
sordo (adj)	døv	[ˈdøv]
mudo (adj)	stum	[ˈstʉm]
sordomudo (adj)	døvstum	[ˈdøfˌstʉm]

loco (adj)	gal	[ˈgɑl]
loco (m)	gal mann (m)	[ˈgɑl ˌmɑn]
loca (f)	gal kvinne (m/f)	[ˈgɑl ˌkvinə]
volverse loco	å bli sinnssyk	[ɔ ˈbli ˈsinˌsyk]

gen (m)	gen (m)	[ˈgen]
inmunidad (f)	immunitet (m)	[imʉniˈtet]
hereditario (adj)	arvelig	[ˈɑrvəli]
de nacimiento (adj)	medfødt	[ˈmeːˌføt]

virus (m)	virus (m)	[ˈvirʉs]
microbio (m)	mikrobe (m)	[miˈkrʉbə]
bacteria (f)	bakterie (m)	[bɑkˈteriə]
infección (f)	infeksjon (m)	[infɛkˈʂʉn]

71. Los síntomas. Los tratamientos. Unidad 3

hospital (m)	sykehus (n)	[ˈsykəˌhʉs]
paciente (m)	pasient (m)	[pɑsiˈɛnt]

diagnosis (f)	diagnose (m)	[diaˈgnʉsə]
cura (f)	kur (m)	[ˈkʉr]
tratamiento (m)	behandling (m/f)	[beˈhɑndliŋ]
curarse (vr)	å bli behandlet	[ɔ ˈbli beˈhɑndlət]
tratar (vt)	å behandle	[ɔ beˈhɑndlə]
cuidar (a un enfermo)	å skjøtte	[ɔ ˈʂøtə]
cuidados (m pl)	sykepleie (m/f)	[ˈsykəˌplæjə]

operación (f)	operasjon (m)	[ɔpərɑˈʂʉn]
vendar (vt)	å forbinde	[ɔ forˈbinə]
vendaje (m)	forbinding (m)	[forˈbiniŋ]

vacunación (f)	vaksinering (m/f)	[vɑksiˈneriŋ]
vacunar (vt)	å vaksinere	[ɔ vɑksiˈnerə]
inyección (f)	injeksjon (m), sprøyte (m/f)	[injɛkˈʂʉn], [ˈsprøjtə]
aplicar una inyección	å gi en sprøyte	[ɔ ˈji en ˈsprøjtə]

ataque (m)	anfall (n)	[ˈɑnˌfɑl]
amputación (f)	amputasjon (m)	[ɑmpʉtɑˈʂʉn]
amputar (vt)	å amputere	[ɔ ɑmpʉˈterə]
coma (m)	koma (m)	[ˈkʉmɑ]
estar en coma	å ligge i koma	[ɔ ˈligə i ˈkʉmɑ]
revitalización (f)	intensivavdeling (m/f)	[ˈintenˌsiv ˈɑvˌdeliŋ]

recuperarse (vr)	å bli frisk	[ɔ ˈbli ˈfrisk]
estado (m) (de salud)	tilstand (m)	[ˈtilˌstɑn]
consciencia (f)	bevissthet (m)	[beˈvistˌhet]
memoria (f)	minne (n), hukommelse (m)	[ˈminə], [hʉˈkɔməlsə]
extraer (un diente)	å trekke ut	[ɔ ˈtrɛkə ʉt]

| empaste (m) | fylling (m/f) | ['fʏliŋ] |
| empastar (vt) | å plombere | [ɔ plʊm'berə] |

| hipnosis (f) | hypnose (m) | [hʏp'nʊsə] |
| hipnotizar (vt) | å hypnotisere | [ɔ hʏpnʊti'serə] |

72. Los médicos

médico (m)	lege (m)	['legə]
enfermera (f)	sykepleierske (m/f)	['sykə‚plæjęʂkə]
médico (m) personal	personlig lege (m)	[pæ'ʂʉnli 'legə]

dentista (m)	tannlege (m)	['tɑn‚legə]
oftalmólogo (m)	øyelege (m)	['øjə‚legə]
internista (m)	terapeut (m)	[terɑ'pɛut]
cirujano (m)	kirurg (m)	[çi'rʉrg]

psiquiatra (m)	psykiater (m)	[syki'ɑtər]
pediatra (m)	barnelege (m)	['bɑ:ɳə‚legə]
psicólogo (m)	psykolog (m)	[sykʉ'lɔg]
ginecólogo (m)	gynekolog (m)	[gynekʉ'lɔg]
cardiólogo (m)	kardiolog (m)	[kɑ:ɖiʉ'lɔg]

73. La medicina. Las drogas. Los accesorios

medicamento (m), droga (f)	medisin (m)	[medi'sin]
remedio (m)	middel (n)	['midəl]
prescribir (vt)	å ordinere	[ɔ ɔrdi'nerə]
receta (f)	resept (m)	[re'sɛpt]

tableta (f)	tablett (m)	[tɑb'let]
ungüento (m)	salve (m/f)	['sɑlvə]
ampolla (f)	ampulle (m)	[ɑm'pʉlə]
mixtura (f), mezcla (f)	mikstur (m)	[miks'tʉr]
sirope (m)	sirup (m)	['sirʉp]
píldora (f)	pille (m/f)	['pilə]
polvo (m)	pulver (n)	['pʉlvər]

venda (f)	gasbind (n)	['gɑs‚bin]
algodón (m) (discos de ~)	vatt (m/n)	['vɑt]
yodo (m)	jod (m/n)	['ʉd]

tirita (f), curita (f)	plaster (n)	['plɑstər]
pipeta (f)	pipette (m)	[pi'pɛtə]
termómetro (m)	termometer (n)	[tɛrmʉ'metər]
jeringa (f)	sprøyte (m/f)	['sprøjtə]

| silla (f) de ruedas | rullestol (m) | ['rʉlə‚stʊl] |
| muletas (f pl) | krykker (m/f pl) | ['krʏkər] |

| anestésico (m) | smertestillende middel (n) | ['smæ:ʈə‚stilenə 'midəl] |
| purgante (m) | laksativ (n) | [lɑksɑ'tiv] |

alcohol (m)	sprit (m)	['sprit]
hierba (f) medicinal	legeurter (m/f pl)	['legəˌʉːʈər]
de hierbas (té ~)	urte-	['ʉːʈə-]

74. El tabaquismo. Los productos del tabaco

tabaco (m)	tobakk (m)	[tʉˈbɑk]
cigarrillo (m)	sigarett (m)	[sigɑˈrɛt]
cigarro (m)	sigar (m)	[siˈgɑr]
pipa (f)	pipe (m/f)	[ˈpipə]
paquete (m)	pakke (m/f)	[ˈpɑkə]
cerillas (f pl)	fyrstikker (m/f pl)	[ˈfyˌstikər]
caja (f) de cerillas	fyrstikkeske (m)	[ˈfyʂtikˌɛskə]
encendedor (m)	tenner (m)	[ˈtɛnər]
cenicero (m)	askebeger (n)	[ˈɑskəˌbegər]
pitillera (f)	sigarettetui (n)	[sigɑˈrɛt ɛtʉˈi]
boquilla (f)	munnstykke (n)	[ˈmʉnˌstykə]
filtro (m)	filter (n)	[ˈfiltər]
fumar (vi, vt)	å røyke	[ɔ ˈrøjkə]
encender un cigarrillo	å tenne en sigarett	[ɔ ˈtɛnə en sigɑˈrɛt]
tabaquismo (m)	røyking, røkning (m)	[ˈrøjkiŋ], [ˈrøkniŋ]
fumador (m)	røyker (m)	[ˈrøjkər]
colilla (f)	stump (m)	[ˈstʉmp]
humo (m)	røyk (m)	[ˈrøjk]
ceniza (f)	aske (m/f)	[ˈɑskə]

EL AMBIENTE HUMANO

La ciudad

75. La ciudad. La vida en la ciudad

ciudad (f)	by (m)	['by]
capital (f)	hovedstad (m)	['hʊvəd,stad]
aldea (f)	landsby (m)	['lans,by]
plano (m) de la ciudad	bykart (n)	['by,kɑ:t]
centro (m) de la ciudad	sentrum (n)	['sɛntrum]
suburbio (m)	forstad (m)	['fɔ,stad]
suburbano (adj)	forstads-	['fɔ,stads-]
arrabal (m)	utkant (m)	['ʉt,kant]
afueras (f pl)	omegner (m pl)	['ɔm,æjnər]
barrio (m)	kvarter (n)	[kvɑ:ter]
zona (f) de viviendas	boligkvarter (n)	['bʊli,kvɑ:'ter]
tráfico (m)	trafikk (m)	[trɑ'fik]
semáforo (m)	trafikklys (n)	[trɑ'fik,lys]
transporte (m) urbano	offentlig transport (m)	['ɔfentli trɑns'pɔ:t]
cruce (m)	veikryss (n)	['væjkrys]
paso (m) de peatones	fotgjengerovergang (m)	['fʊtjɛŋər 'ɔvər,gɑŋ]
paso (m) subterráneo	undergang (m)	['ʉnər,gɑŋ]
cruzar (vt)	å gå over	[ɔ 'gɔ 'ɔvər]
peatón (m)	fotgjenger (m)	['fʊtjɛŋər]
acera (f)	fortau (n)	['fɔ:,taʊ]
puente (m)	bro (m/f)	['brʊ]
muelle (m)	kai (m/f)	['kaj]
fuente (f)	fontene (m)	['fʊntnə]
alameda (f)	allé (m)	[a'le:]
parque (m)	park (m)	['park]
bulevar (m)	bulevard (m)	[bule'vɑr]
plaza (f)	torg (n)	['tɔr]
avenida (f)	aveny (m)	[ave'ny]
calle (f)	gate (m/f)	['gatə]
callejón (m)	sidegate (m/f)	['sidə,gatə]
callejón (m) sin salida	blindgate (m/f)	['blin,gatə]
casa (f)	hus (n)	['hʉs]
edificio (m)	bygning (m/f)	['bygniŋ]
rascacielos (m)	skyskraper (m)	['ʂy,skrapər]
fachada (f)	fasade (m)	[fa'sadə]
techo (m)	tak (n)	['tak]

ventana (f)	vindu (n)	['vindʉ]
arco (m)	bue (m)	['bʉːə]
columna (f)	søyle (m)	['søjlə]
esquina (f)	hjørne (n)	['jœːŋə]

escaparate (f)	utstillingsvindu (n)	['ʉtˌstiliŋs 'vindʉ]
letrero (m) (~ luminoso)	skilt (n)	['ʂilt]
cartel (m)	plakat (m)	[pla'kat]
cartel (m) publicitario	reklameplakat (m)	[rɛ'klaməˌpla'kat]
valla (f) publicitaria	reklametavle (m/f)	[rɛ'klaməˌtavlə]

basura (f)	søppel (m/f/n), avfall (n)	['sœpəl], ['avˌfal]
cajón (m) de basura	søppelkasse (m/f)	['sœpəlˌkasə]
tirar basura	å kaste søppel	[ɔ 'kastə 'sœpəl]
basurero (m)	søppelfylling (m/f), deponi (n)	['sœpəlˌfʏliŋ], [ˌdepo'ni]

cabina (f) telefónica	telefonboks (m)	[tele'fʊnˌbɔks]
farola (f)	lyktestolpe (m)	['lʏktəˌstɔlpə]
banco (m) (del parque)	benk (m)	['bɛŋk]

policía (m)	politi (m)	[pʊli'ti]
policía (f) (~ nacional)	politi (n)	[pʊli'ti]
mendigo (m)	tigger (m)	['tigər]
persona (f) sin hogar	hjemløs	['jɛmˌløs]

76. Las instituciones urbanas

tienda (f)	forretning, butikk (m)	[fɔ'rɛtniŋ], [bʉ'tik]
farmacia (f)	apotek (n)	[apʊ'tek]
óptica (f)	optikk (m)	[ɔp'tik]
centro (m) comercial	kjøpesenter (n)	['çœpəˌsɛntər]
supermercado (m)	supermarked (n)	['sʉpəˌmarket]

panadería (f)	bakeri (n)	[bake'ri]
panadero (m)	baker (m)	['bakər]
pastelería (f)	konditori (n)	[kʊnditɔ'ri]
tienda (f) de comestibles	matbutikk (m)	['matbʉˌtik]
carnicería (f)	slakterbutikk (m)	['ʂlaktəbʉˌtik]

verdulería (f)	grønnsaksbutikk (m)	['grœnˌsaks bʉ'tik]
mercado (m)	marked (n)	['markəd]

cafetería (f)	kafé, kaffebar (m)	[ka'fe], ['kafəˌbar]
restaurante (m)	restaurant (m)	[rɛstʊ'raŋ]
cervecería (f)	pub (m)	['pʉb]
pizzería (f)	pizzeria (m)	[pitsə'ria]

peluquería (f)	frisørsalong (m)	[fri'sør saˌlɔŋ]
oficina (f) de correos	post (m)	['pɔst]
tintorería (f)	renseri (n)	[rɛnse'ri]
estudio (m) fotográfico	fotostudio (n)	['fotoˌstʉdiɔ]

zapatería (f)	skobutikk (m)	['skʊˌbʉ'tik]
librería (f)	bokhandel (m)	['bʊkˌhandəl]

tienda (f) deportiva	idrettsbutikk (m)	['idrɛts bʉ'tik]
arreglos (m pl) de ropa	reparasjon (m) av klær	[repɑrɑ'ʂʉn ɑːˌklær]
alquiler (m) de ropa	leie (m/f) av klær	['læjə ɑːˌklær]
videoclub (m)	filmutleie (m/f)	['filmˌʉt'læje]
circo (m)	sirkus (m/n)	['sirkʉs]
zoológico (m)	zoo, dyrepark (m)	['sʉː], [dyrə'pɑrk]
cine (m)	kino (m)	['çinʉ]
museo (m)	museum (n)	[mʉ'seum]
biblioteca (f)	bibliotek (n)	[bibliʉ'tek]
teatro (m)	teater (n)	[te'ɑtər]
ópera (f)	opera (m)	['ʊperɑ]
club (m) nocturno	nattklubb (m)	['nɑtˌklʉb]
casino (m)	kasino (n)	[kɑ'sinʉ]
mezquita (f)	moské (m)	[mʉ'ske]
sinagoga (f)	synagoge (m)	[synɑ'gʊgə]
catedral (f)	katedral (m)	[kɑte'drɑl]
templo (m)	tempel (n)	['tɛmpəl]
iglesia (f)	kirke (m/f)	['çirkə]
instituto (m)	institutt (n)	[insti'tʉt]
universidad (f)	universitet (n)	[ʉnivæʂi'tet]
escuela (f)	skole (m/f)	['skʉlə]
prefectura (f)	prefektur (n)	[prɛfɛk'tʉr]
alcaldía (f)	rådhus (n)	['rɔdˌhʉs]
hotel (m)	hotell (n)	[hʉ'tɛl]
banco (m)	bank (m)	['bɑnk]
embajada (f)	ambassade (m)	[ɑmbɑ'sɑdə]
agencia (f) de viajes	reisebyrå (n)	['ræjsə byˌro]
oficina (f) de información	opplysningskontor (n)	[ɔp'lysniŋs kʉn'tʉr]
oficina (f) de cambio	vekslingskontor (n)	['vɛkʂliŋs kʉn'tʉr]
metro (m)	tunnelbane, T-bane (m)	['tʉnəlˌbɑnə], ['tɛːˌbɑnə]
hospital (m)	sykehus (n)	['sykəˌhʉs]
gasolinera (f)	bensinstasjon (m)	[bɛn'sinˌstɑ'ʂʉn]
aparcamiento (m)	parkeringsplass (m)	[pɑr'keriŋsˌplɑs]

77. El transporte urbano

autobús (m)	buss (m)	['bʉs]
tranvía (m)	trikk (m)	['trik]
trolebús (m)	trolleybuss (m)	['trɔliˌbʉs]
itinerario (m)	rute (m/f)	['rʉtə]
número (m)	nummer (n)	['nʉmər]
ir en ...	å kjøre med ...	[ɔ 'çœːrə me ...]
tomar (~ el autobús)	å gå på ...	[ɔ 'gɔ pɔ ...]
bajar (~ del tren)	å gå av ...	[ɔ 'gɔ ɑː ...]
parada (f)	holdeplass (m)	['hɔləˌplɑs]

próxima parada (f)	neste holdeplass (m)	['nɛstə 'hɔlə‚plas]
parada (f) final	endestasjon (m)	['ɛnə‚sta'ʂʉn]
horario (m)	rutetabell (m)	['rʉtə‚ta'bɛl]
esperar (aguardar)	å vente	[ɔ 'vɛntə]
billete (m)	billett (m)	[bi'let]
precio (m) del billete	billettpris (m)	[bi'let‚pris]
cajero (m)	kasserer (m)	[kɑ'serər]
control (m) de billetes	billettkontroll (m)	[bi'let kʉn‚trɔl]
revisor (m)	billett inspektør (m)	[bi'let inspɛk'tør]
llegar tarde (vi)	å komme for sent	[ɔ 'kɔmə fɔ'ʂɛnt]
perder (~ el tren)	å komme for sent til ...	[ɔ 'kɔmə fɔ'ʂɛnt til ...]
tener prisa	å skynde seg	[ɔ 'ʂynə sæj]
taxi (m)	drosje (m/f), taxi (m)	['drɔʂɛ], ['taksi]
taxista (m)	taxisjåfør (m)	['taksi ʂɔ'før]
en taxi	med taxi	[me 'taksi]
parada (f) de taxi	taxiholdeplass (m)	['taksi 'hɔlə‚plas]
llamar un taxi	å taxi bestellen	[ɔ 'taksi be'stɛlən]
tomar un taxi	å ta taxi	[ɔ 'ta ‚taksi]
tráfico (m)	trafikk (m)	[tra'fik]
atasco (m)	trafikkork (m)	[tra'fik‚kɔrk]
horas (f pl) de punta	rushtid (m/f)	['rʉʂ‚tid]
aparcar (vi)	å parkere	[ɔ par'kerə]
aparcar (vt)	å parkere	[ɔ par'kerə]
aparcamiento (m)	parkeringsplass (m)	[par'keriŋs‚plas]
metro (m)	tunnelbane, T-bane (m)	['tʉnəl‚banə], ['tɛː‚banə]
estación (f)	stasjon (m)	[sta'ʂʉn]
ir en el metro	å kjøre med T-bane	[ɔ 'çœːrə me 'tɛː‚banə]
tren (m)	tog (n)	['tɔg]
estación (f)	togstasjon (m)	['tɔg‚sta'ʂʉn]

78. El turismo. La excursión

monumento (m)	monument (n)	[mɔnʉ'mɛnt]
fortaleza (f)	festning (m/f)	['fɛstniŋ]
palacio (m)	palass (n)	[pa'las]
castillo (m)	borg (m)	['bɔrg]
torre (f)	tårn (n)	['tɔːɳ]
mausoleo (m)	mausoleum (n)	[maʉsʉ'leum]
arquitectura (f)	arkitektur (m)	[arkitɛk'tʉr]
medieval (adj)	middelalderlig	['midəl‚aldɛːli]
antiguo (adj)	gammel	['gaməl]
nacional (adj)	nasjonal	[naʂʉ'nal]
conocido (adj)	kjent	['çɛnt]
turista (m)	turist (m)	[tʉ'rist]
guía (m) (persona)	guide (m)	['gajd]
excursión (f)	utflukt (m/f)	['ʉt‚flʉkt]

| mostrar (vt) | å vise | [ɔ 'visə] |
| contar (una historia) | å fortelle | [ɔ fɔ:'tɛlə] |

encontrar (hallar)	å finne	[ɔ 'finə]
perderse (vr)	å gå seg bort	[ɔ 'gɔ sæj 'bʊ:t]
plano (m) (~ de metro)	kart, linjekart (n)	['kɑ:t], ['linjə'kɑ:t]
mapa (m) (~ de la ciudad)	kart (n)	['kɑ:t]

recuerdo (m)	suvenir (m)	[sʉve'nir]
tienda (f) de regalos	suvenirbutikk (m)	[sʉve'nir bʉ'tik]
hacer fotos	å fotografere	[ɔ fɔtɔgrɑ'ferə]
fotografiarse (vr)	å bli fotografert	[ɔ 'bli fɔtɔgrɑ'fɛ:t]

79. Las compras

comprar (vt)	å kjøpe	[ɔ 'çœ:pə]
compra (f)	innkjøp (n)	['in͵çœp]
hacer compras	å gå shopping	[ɔ 'gɔ ͵ʂɔpiŋ]
compras (f pl)	shopping (m)	['ʂɔpiŋ]

| estar abierto (tienda) | å være åpen | [ɔ 'værə 'ɔpən] |
| estar cerrado | å være stengt | [ɔ 'værə 'stɛŋt] |

calzado (m)	skotøy (n)	['skʊtøj]
ropa (f)	klær (n)	['klær]
cosméticos (m pl)	kosmetikk (m)	[kʊsme'tik]
productos alimenticios	matvarer (m/f pl)	['mɑt͵vɑrər]
regalo (m)	gave (m/f)	['gɑvə]

| vendedor (m) | forselger (m) | [fɔ'ʂɛlər] |
| vendedora (f) | forselger (m) | [fɔ'ʂɛlər] |

caja (f)	kasse (m/f)	['kɑsə]
espejo (m)	speil (m)	['spæjl]
mostrador (m)	disk (m)	['disk]
probador (m)	prøverom (n)	['prøvə͵rʊm]

probar (un vestido)	å prøve	[ɔ 'prøvə]
quedar (una ropa, etc.)	å passe	[ɔ 'pɑsə]
gustar (vi)	å like	[ɔ 'likə]

precio (m)	pris (m)	['pris]
etiqueta (f) de precio	prislapp (m)	['pris͵lɑp]
costar (vt)	å koste	[ɔ 'kɔstə]
¿Cuánto?	Hvor mye?	[vʊr 'mye]
descuento (m)	rabatt (m)	[rɑ'bɑt]

no costoso (adj)	billig	['bili]
barato (adj)	billig	['bili]
caro (adj)	dyr	['dyr]
Es caro	Det er dyrt	[de ær 'dy:t]

| alquiler (m) | utleie (m/f) | ['ʉt͵læje] |
| alquilar (vt) | å leie | [ɔ 'læjə] |

| crédito (m) | kreditt (m) | [krɛˈdit] |
| a crédito (adv) | på kreditt | [pɔ krɛˈdit] |

80. El dinero

dinero (m)	penger (m pl)	[ˈpɛŋər]
cambio (m)	veksling (m/f)	[ˈvɛkʂliŋ]
curso (m)	kurs (m)	[ˈkʉʂ]
cajero (m) automático	minibank (m)	[ˈminiˌbɑnk]
moneda (f)	mynt (m)	[ˈmʏnt]

| dólar (m) | dollar (m) | [ˈdɔlɑr] |
| euro (m) | euro (m) | [ˈɛʉrʉ] |

lira (f)	lira (m)	[ˈlire]
marco (m) alemán	mark (m/f)	[ˈmɑrk]
franco (m)	franc (m)	[ˈfrɑn]
libra esterlina (f)	pund sterling (m)	[ˈpʉn stɛːˈliŋ]
yen (m)	yen (m)	[ˈjɛn]

deuda (f)	skyld (m/f), gjeld (m)	[ˈʂyl], [ˈjɛl]
deudor (m)	skyldner (m)	[ˈʂylnər]
prestar (vt)	å låne ut	[ɔ ˈloːnə ʉt]
tomar prestado	å låne	[ɔ ˈloːnə]

banco (m)	bank (m)	[ˈbɑnk]
cuenta (f)	konto (m)	[ˈkɔntʉ]
ingresar (~ en la cuenta)	å sette inn	[ɔ ˈsɛtə in]
ingresar en la cuenta	å sette inn på kontoen	[ɔ ˈsɛtə in pɔ ˈkɔntʉən]
sacar de la cuenta	å ta ut fra kontoen	[ɔ ˈtɑ ʉt frɑ ˈkɔntʉən]

tarjeta (f) de crédito	kredittkort (n)	[krɛˈditˌkɔːt]
dinero (m) en efectivo	kontanter (m pl)	[kʉnˈtɑntər]
cheque (m)	sjekk (m)	[ˈʂɛk]
sacar un cheque	å skrive en sjekk	[ɔ ˈskrivə en ˈʂɛk]
talonario (m)	sjekkbok (m/f)	[ˈʂɛkˌbʉk]

cartera (f)	lommebok (m)	[ˈlʊməˌbʊk]
monedero (m)	pung (m)	[ˈpʉŋ]
caja (f) fuerte	safe, seif (m)	[ˈsɛjf]

heredero (m)	arving (m)	[ˈɑrviŋ]
herencia (f)	arv (m)	[ˈɑrv]
fortuna (f)	formue (m)	[ˈfɔrˌmʉə]

arriendo (m)	leie (m)	[ˈlæje]
alquiler (m) (dinero)	husleie (m/f)	[ˈhʉsˌlæje]
alquilar (~ una casa)	å leie	[ɔ ˈlæje]

precio (m)	pris (m)	[ˈpris]
coste (m)	kostnad (m)	[ˈkɔstnɑd]
suma (f)	sum (m)	[ˈsʉm]
gastar (vt)	å bruke	[ɔ ˈbrʉkə]
gastos (m pl)	utgifter (m/f pl)	[ˈʉtˌjiftər]

economizar (vi, vt)	å spare	[ɔ 'sparə]
económico (adj)	sparsom	['spaʂɔm]
pagar (vi, vt)	å betale	[ɔ be'talə]
pago (m)	betaling (m/f)	[be'taliŋ]
cambio (m) (devolver el ~)	vekslepenger (pl)	['vɛkʂləˌpɛŋər]
impuesto (m)	skatt (m)	['skat]
multa (f)	bot (m/f)	['bʊt]
multar (vt)	å bøtelegge	[ɔ 'bøtəˌlegə]

81. La oficina de correos

oficina (f) de correos	post (m)	['pɔst]
correo (m) (cartas, etc.)	post (m)	['pɔst]
cartero (m)	postbud (n)	['pɔstˌbʉd]
horario (m) de apertura	åpningstider (m/f pl)	['ɔpniŋsˌtidər]
carta (f)	brev (n)	['brev]
carta (f) certificada	rekommandert brev (n)	[rekʊman'dɛːt ˌbrev]
tarjeta (f) postal	postkort (n)	['pɔstˌkɔːt]
telegrama (m)	telegram (n)	[tele'gram]
paquete (m) postal	postpakke (m/f)	['pɔstˌpakə]
giro (m) postal	pengeoverføring (m/f)	['pɛŋə 'ɔvərˌføriŋ]
recibir (vt)	å motta	[ɔ 'mɔta]
enviar (vt)	å sende	[ɔ 'sɛnə]
envío (m)	avsending (m)	['afˌsɛniŋ]
dirección (f)	adresse (m)	[a'drɛsə]
código (m) postal	postnummer (n)	['pɔstˌnʉmər]
expedidor (m)	avsender (m)	['afˌsɛnər]
destinatario (m)	mottaker (m)	['mɔtˌtakər]
nombre (m)	fornavn (n)	['fɔrˌnavn]
apellido (m)	etternavn (n)	['ɛtəˌnavn]
tarifa (f)	tariff (m)	[ta'rif]
ordinario (adj)	vanlig	['vanli]
económico (adj)	økonomisk	[økʊ'nɔmisk]
peso (m)	vekt (m)	['vɛkt]
pesar (~ una carta)	å veie	[ɔ 'væje]
sobre (m)	konvolutt (m)	[kʊnvʊ'lʉt]
sello (m)	frimerke (n)	['friˌmærkə]
poner un sello	å sette på frimerke	[ɔ 'sɛtə pɔ 'friˌmærkə]

La vivienda. La casa. El hogar

82. La casa. La vivienda

casa (f)	hus (n)	['hʉs]
en casa (adv)	hjemme	['jɛmə]
patio (m)	gård (m)	['gɔːr]
verja (f)	gjerde (n)	['jærə]
ladrillo (m)	tegl (n), murstein (m)	['tæjl], ['mʉˌstæjn]
de ladrillo (adj)	tegl-	['tæjl-]
piedra (f)	stein (m)	['stæjn]
de piedra (adj)	stein-	['stæjn-]
hormigón (m)	betong (m)	[be'tɔŋ]
de hormigón (adj)	betong-	[be'tɔŋ-]
nuevo (adj)	ny	['ny]
viejo (adj)	gammel	['gaməl]
deteriorado (adj)	falleferdig	['faləˌfæːdi]
moderno (adj)	moderne	[mʉ'dɛːnə]
de muchos pisos	fleretasjes-	['flerɛˌtaʂɛs-]
alto (adj)	høy	['høj]
piso (m), planta (f)	etasje (m)	[ɛ'taʂə]
de una sola planta	enetasjes	['ɛnɛˌtaʂɛs]
piso (m) bajo	første etasje (m)	['fœʂtə ɛ'taʂə]
piso (m) alto	øverste etasje (m)	['øvəʂtə ɛ'taʂə]
techo (m)	tak (n)	['tɑk]
chimenea (f)	skorstein (m/f)	['skɔˌʂtæjn]
tejas (f pl)	takstein (m)	['tɑkˌstæjn]
de tejas (adj)	taksteins-	['tɑkˌstæjns-]
desván (m)	loft (n)	['lɔft]
ventana (f)	vindu (n)	['vindʉ]
vidrio (m)	glass (n)	['glɑs]
alféizar (m)	vinduskarm (m)	['vindʉsˌkɑrm]
contraventanas (f pl)	vinduslemmer (m pl)	['vindʉsˌlemər]
pared (f)	mur, vegg (m)	['mʉr], ['vɛg]
balcón (m)	balkong (m)	[bɑl'kɔŋ]
gotera (f)	nedløpsrør (n)	['nedløpsˌrør]
arriba (estar ~)	oppe	['ɔpə]
subir (vi)	å gå ovenpå	[ɔ 'gɔ 'ɔvənˌpɔ]
descender (vi)	å gå ned	[ɔ 'gɔ ne]
mudarse (vr)	å flytte	[ɔ 'flʏtə]

83. La casa. La entrada. El ascensor

entrada (f)	inngang (m)	['inˌgaŋ]
escalera (f)	trapp (m/f)	['trɑp]
escalones (m pl)	trinn (n pl)	['trin]
baranda (f)	gelender (n)	[ge'lendər]
vestíbulo (m)	hall, lobby (m)	['hɑl], ['lɔbi]

buzón (m)	postkasse (m/f)	['pɔstˌkɑsə]
contenedor (m) de basura	søppelkasse (m/f)	['sœpəlˌkɑsə]
bajante (f) de basura	søppelsjakt (m/f)	['sœpəlˌʂɑkt]

ascensor (m)	heis (m)	['hæjs]
ascensor (m) de carga	lasteheis (m)	['lɑstə'hæjs]
cabina (f)	heiskorg (m/f)	['hæjsˌkɔrg]
ir en el ascensor	å ta heisen	[ɔ 'tɑ ˌhæjsən]

apartamento (m)	leilighet (m/f)	['læjliˌhet]
inquilinos (pl)	beboere (m pl)	[be'buerə]
vecino (m)	nabo (m)	['nɑbʉ]
vecina (f)	nabo (m)	['nɑbʉ]
vecinos (pl)	naboer (m pl)	['nɑbʉər]

84. La casa. La puerta. La cerradura

puerta (f)	dør (m/f)	['dœr]
portón (m)	grind (m/f), port (m)	['grin], ['pɔːt]
tirador (m)	dørhåndtak (n)	['dœrˌhɔntɑk]
abrir el cerrojo	å låse opp	[ɔ 'loːsə ɔp]

abrir (vt)	å åpne	[ɔ 'ɔpnə]
cerrar (vt)	å lukke	[ɔ 'lʉkə]

llave (f)	nøkkel (m)	['nøkəl]
manojo (m) de llaves	knippe (n)	['knipə]

crujir (vi)	å knirke	[ɔ 'knirkə]
crujido (m)	knirk (m/n)	['knirk]
gozne (m)	hengsel (m/n)	['hɛŋsel]
felpudo (m)	dørmatte (m/f)	['dœrˌmɑtə]

cerradura (f)	dørlås (m/n)	['dœrˌlɔs]
ojo (m) de cerradura	nøkkelhull (n)	['nøkəlˌhʉl]
cerrojo (m)	slå (m/f)	['ʂlɔ]
pestillo (m)	slå (m/f)	['ʂlɔ]
candado (m)	hengelås (m/n)	['hɛŋeˌlɔs]

tocar el timbre	å ringe	[ɔ 'riŋə]
campanillazo (m)	ringing (m/f)	['riŋiŋ]
timbre (m)	ringeklokke (m/f)	['riŋəˌklɔkə]
botón (m)	ringeklokke knapp (m)	['riŋəˌklɔkə 'knɑp]
toque (m) a la puerta	kakking (m/f)	['kɑkiŋ]
tocar la puerta	å kakke	[ɔ 'kɑkə]

código (m)	kode (m)	[ˈkʊdə]
cerradura (f) de contraseña	kodelås (m/n)	[ˈkʊdəˌlɔs]
telefonillo (m)	dørtelefon (m)	[ˈdœrˌteleˈfʊn]
número (m)	nummer (n)	[ˈnʉmər]
placa (f) de puerta	dørskilt (n)	[ˈdœˌʂilt]
mirilla (f)	kikhull (n)	[ˈçikˌhʉl]

85. La casa de campo

aldea (f)	landsby (m)	[ˈlɑnsˌby]
huerta (f)	kjøkkenhage (m)	[ˈçœkənˌhɑgə]
empalizada (f)	gjerde (n)	[ˈjærə]
valla (f)	stakitt (m/n)	[stɑˈkit]
puertecilla (f)	port, stakittport (m)	[ˈpɔːt], [stɑˈkitˌpɔːt]

granero (m)	kornlåve (m)	[ˈkʊːɳˌloːvə]
sótano (m)	jordkjeller (m)	[ˈjuːrˌçɛlər]
cobertizo (m)	skur, skjul (n)	[ˈskʉr], [ˈʂʉl]
pozo (m)	brønn (m)	[ˈbrœn]

estufa (f)	ovn (m)	[ˈɔvn]
calentar la estufa	å fyre	[ɔ ˈfyrə]
leña (f)	ved (m)	[ˈve]
leño (m)	vedstykke (n), vedskie (f)	[ˈvɛdˌstʏkə], [ˈvɛˌʂiə]

veranda (f)	veranda (m)	[væˈrɑndɑ]
terraza (f)	terrasse (m)	[tɛˈrɑsə]
porche (m)	yttertrapp (m/f)	[ˈytəˌtrɑp]
columpio (m)	gynge (m/f)	[ˈjiŋə]

86. El castillo. El palacio

castillo (m)	borg (m)	[ˈbɔrg]
palacio (m)	palass (n)	[pɑˈlɑs]
fortaleza (f)	festning (m/f)	[ˈfɛstniŋ]

muralla (f)	mur (m)	[ˈmʉr]
torre (f)	tårn (n)	[ˈtɔːɳ]
torre (f) principal	kjernetårn (n)	[ˈçæːɳəˈtɔːɳ]

rastrillo (m)	fallgitter (n)	[ˈfɑlˌgitər]
pasaje (m) subterráneo	underjordisk gang (m)	[ˈʉnərˌjuːrdisk ˈgɑŋ]
foso (m) del castillo	vollgrav (m/f)	[ˈvɔlˌgrɑv]

| cadena (f) | kjede (m) | [ˈçɛːde] |
| aspillera (f) | skyteskår (n) | [ˈʂytəˌskɔr] |

| magnífico (adj) | praktfull | [ˈprɑktˌfʉl] |
| majestuoso (adj) | majestetisk | [mɑjeˈstɛtisk] |

| inexpugnable (adj) | uinntakelig | [ʉənˈtɑkəli] |
| medieval (adj) | middelalderlig | [ˈmidəlˌɑldɛːli] |

87. El apartamento

apartamento (m)	leilighet (m/f)	['læjli‚het]
habitación (f)	rom (n)	['rʊm]
dormitorio (m)	soverom (n)	['sɔvə‚rʊm]
comedor (m)	spisestue (m/f)	['spisə‚stʉə]
salón (m)	dagligstue (m/f)	['dɑgli‚stʉə]
despacho (m)	arbeidsrom (n)	['ɑrbæjds‚rʊm]
antecámara (f)	entré (m)	[ɑn'trɛː]
cuarto (m) de baño	bad, baderom (n)	['bɑd], ['bɑdə‚rʊm]
servicio (m)	toalett, WC (n)	[tʊɑ'let], [vɛ'sɛ]
techo (m)	tak (n)	['tɑk]
suelo (m)	gulv (n)	['gʉlv]
rincón (m)	hjørne (n)	['jœːɳə]

88. El apartamento. La limpieza

hacer la limpieza	å rydde	[ɔ 'rʏdə]
quitar (retirar)	å stue unna	[ɔ 'stʉə 'ʉnɑ]
polvo (m)	støv (n)	['støv]
polvoriento (adj)	støvet	['støvət]
limpiar el polvo	å tørke støv	[ɔ 'tœrkə 'støv]
aspirador (m), aspiradora (f)	støvsuger (m)	['støf‚sʉgər]
limpiar con la aspiradora	å støvsuge	[ɔ 'støf‚sʉgə]
barrer (vi, vt)	å sope, å feie	[ɔ 'sopə], [ɔ 'fæje]
barreduras (f pl)	søppel (m/f/n)	['sœpəl]
orden (m)	orden (m)	['ɔrdən]
desorden (m)	uorden (m)	['ʉː‚ɔrdən]
fregona (f)	mopp (m)	['mɔp]
trapo (m)	klut (m)	['klʉt]
escoba (f)	feiekost (m)	['fæjə‚kʊst]
cogedor (m)	feiebrett (n)	['fæjə‚brɛt]

89. Los muebles. El interior

muebles (m pl)	møbler (n pl)	['møblər]
mesa (f)	bord (n)	['bʊr]
silla (f)	stol (m)	['stʊl]
cama (f)	seng (m/f)	['sɛŋ]
sofá (m)	sofa (f)	['sʊfɑ]
sillón (m)	lenestol (m)	['lenə‚stʊl]
librería (f)	bokskap (n)	['bʊk‚skɑp]
estante (m)	hylle (m/f)	['hʏlə]
armario (m)	klesskap (n)	['kle‚skɑp]
percha (f)	knaggbrett (n)	['knɑg‚brɛt]

perchero (m) de pie	stumtjener (m)	['stʉmˌtjenər]
cómoda (f)	kommode (m)	[kʊˈmʉdə]
mesa (f) de café	kaffebord (n)	[ˈkafəˌbʊr]
espejo (m)	speil (n)	[ˈspæjl]
tapiz (m)	teppe (n)	[ˈtɛpə]
alfombra (f)	lite teppe (n)	[ˈlitə ˈtɛpə]
chimenea (f)	peis (m), ildsted (n)	[ˈpæjs], [ˈilsted]
vela (f)	lys (n)	[ˈlys]
candelero (m)	lysestake (m)	[ˈlysəˌstakə]
cortinas (f pl)	gardiner (m/f pl)	[gɑːˈdinər]
empapelado (m)	tapet (n)	[tɑˈpet]
estor (m) de láminas	persienne (m)	[pæʂiˈenə]
lámpara (f) de mesa	bordlampe (m/f)	[ˈbʊrˌlampə]
aplique (m)	vegglampe (m/f)	[ˈvɛgˌlampə]
lámpara (f) de pie	gulvlampe (m/f)	[ˈgʉlvˌlampə]
lámpara (f) de araña	lysekrone (m/f)	[ˈlysəˌkrʉnə]
pata (f) (~ de la mesa)	bein (n)	[ˈbæjn]
brazo (m)	armlene (n)	[ˈarmˌlene]
espaldar (m)	rygg (m)	[ˈryg]
cajón (m)	skuff (m)	[ˈskʉf]

90. Los accesorios de cama

ropa (f) de cama	sengetøy (n)	[ˈsɛŋəˌtøj]
almohada (f)	pute (m/f)	[ˈpʉtə]
funda (f)	putevar, putetrekk (n)	[ˈpʉtəˌvar], [ˈpʉtəˌtrɛk]
manta (f)	dyne (m/f)	[ˈdynə]
sábana (f)	laken (n)	[ˈlakən]
sobrecama (f)	sengeteppe (n)	[ˈsɛŋəˌtɛpə]

91. La cocina

cocina (f)	kjøkken (n)	[ˈçœkən]
gas (m)	gass (m)	[ˈgas]
cocina (f) de gas	gasskomfyr (m)	[ˈgas kɔmˌfyr]
cocina (f) eléctrica	elektrisk komfyr (m)	[ɛˈlektrisk kɔmˌfyr]
horno (m)	bakeovn (m)	[ˈbakəˌovn]
horno (m) microondas	mikrobølgeovn (m)	[ˈmikrʉˌbølgəˈovn]
frigorífico (m)	kjøleskap (n)	[ˈçœləˌskap]
congelador (m)	fryser (m)	[ˈfrysər]
lavavajillas (m)	oppvaskmaskin (m)	[ˈɔpvask maˌʂin]
picadora (f) de carne	kjøttkvern (m/f)	[ˈçœtˌkvɛːn]
exprimidor (m)	juicepresse (m/f)	[ˈdʒʉsˌprɛsə]
tostador (m)	brødrister (m)	[ˈbrøˌristər]
batidora (f)	mikser (m)	[ˈmiksər]

cafetera (f) (aparato de cocina)	kaffetrakter (m)	[ˈkafəˌtraktər]
cafetera (f) (para servir)	kaffekanne (m/f)	[ˈkafəˌkanə]
molinillo (m) de café	kaffekvern (m/f)	[ˈkafəˌkvɛːn]
hervidor (m) de agua	tekjele (m)	[ˈteˌçelə]
tetera (f)	tekanne (m/f)	[ˈteˌkanə]
tapa (f)	lokk (n)	[ˈlɔk]
colador (m) de té	tesil (m)	[ˈteˌsil]
cuchara (f)	skje (m)	[ˈʂe]
cucharilla (f)	teskje (m)	[ˈteˌʂe]
cuchara (f) de sopa	spiseskje (m)	[ˈspisəˌʂɛ]
tenedor (m)	gaffel (m)	[ˈgafəl]
cuchillo (m)	kniv (m)	[ˈkniv]
vajilla (f)	servise (n)	[særˈvisə]
plato (m)	tallerken (m)	[taˈlærkən]
platillo (m)	tefat (n)	[ˈteˌfat]
vaso (m) de chupito	shotglass (n)	[ˈʂɔtˌglas]
vaso (m) (~ de agua)	glass (n)	[ˈglas]
taza (f)	kopp (m)	[ˈkɔp]
azucarera (f)	sukkerskål (m/f)	[ˈsʉkərˌskɔl]
salero (m)	saltbøsse (m/f)	[ˈsaltˌbøsə]
pimentero (m)	pepperbøsse (m/f)	[ˈpɛpərˌbøsə]
mantequera (f)	smørkopp (m)	[ˈsmœrˌkɔp]
cacerola (f)	gryte (m/f)	[ˈgrytə]
sartén (f)	steikepanne (m/f)	[ˈstæjkəˌpanə]
cucharón (m)	sleiv (m/f)	[ˈʂlæjv]
colador (m)	dørslag (n)	[ˈdœʂlag]
bandeja (f)	brett (n)	[ˈbrɛt]
botella (f)	flaske (m)	[ˈflaskə]
tarro (m) de vidrio	glasskrukke (m/f)	[ˈglasˌkrʉkə]
lata (f)	boks (m)	[ˈbɔks]
abrebotellas (m)	flaskeåpner (m)	[ˈflaskəˌɔpnər]
abrelatas (m)	konservåpner (m)	[ˈkʉnsəvˌɔpnər]
sacacorchos (m)	korketrekker (m)	[ˈkɔrkəˌtrɛkər]
filtro (m)	filter (n)	[ˈfiltər]
filtrar (vt)	å filtrere	[ɔ filˈtrerə]
basura (f)	søppel (m/f/n)	[ˈsœpəl]
cubo (m) de basura	søppelbøtte (m/f)	[ˈsœpəlˌbœtə]

92. El baño

cuarto (m) de baño	bad, baderom (n)	[ˈbad], [ˈbadəˌrʉm]
agua (f)	vann (n)	[ˈvan]
grifo (m)	kran (m/f)	[ˈkran]
agua (f) caliente	varmt vann (n)	[ˈvarmt ˌvan]

agua (f) fría	kaldt vann (n)	['kalt van]
pasta (f) de dientes	tannpasta (m)	['tan‚pasta]
limpiarse los dientes	å pusse tennene	[ɔ 'pɵsə 'tɛnənə]
cepillo (m) de dientes	tannbørste (m)	['tan‚bœʂtə]

afeitarse (vr)	å barbere seg	[ɔ bar'berə sæj]
espuma (f) de afeitar	barberskum (n)	[bar'bɛ‚skʊm]
maquinilla (f) de afeitar	høvel (m)	['høvəl]

lavar (vt)	å vaske	[ɔ 'vaskə]
darse un baño	å vaske seg	[ɔ 'vaskə sæj]
ducha (f)	dusj (m)	['dɵʂ]
darse una ducha	å ta en dusj	[ɔ 'ta en 'dɵʂ]

bañera (f)	badekar (n)	['badə‚kar]
inodoro (m)	toalettstol (m)	[tʊɑ'let‚stʊl]
lavabo (m)	vaskeservant (m)	['vaskə‚sɛr'vant]

| jabón (m) | såpe (m/f) | ['soːpə] |
| jabonera (f) | såpeskål (m/f) | ['soːpə‚skɔl] |

esponja (f)	svamp (m)	['svamp]
champú (m)	sjampo (m)	['ʂam‚pʊ]
toalla (f)	håndkle (n)	['hɔn‚kle]
bata (f) de baño	badekåpe (m/f)	['badə‚koːpə]

colada (f), lavado (m)	vask (m)	['vask]
lavadora (f)	vaskemaskin (m)	['vaskə ma‚ʂin]
lavar la ropa	å vaske tøy	[ɔ 'vaskə 'tøj]
detergente (m) en polvo	vaskepulver (n)	['vaskə‚pɵlvər]

93. Los aparatos domésticos

televisor (m)	TV (m), TV-apparat (n)	['tɛvɛ], ['tɛve apa'rat]
magnetófono (m)	båndopptaker (m)	['bɔn‚ɔptakər]
vídeo (m)	video (m)	['videʊ]
radio (m)	radio (m)	['radiʊ]
reproductor (m) (~ MP3)	spiller (m)	['spilər]

proyector (m) de vídeo	videoprojektor (m)	['videʊ prɔ'jɛktɔr]
sistema (m) home cinema	hjemmekino (m)	['jɛmə‚çinʊ]
reproductor (m) de DVD	DVD-spiller (m)	[deve'de ‚spilər]
amplificador (m)	forsterker (m)	[fɔ'ʂtærkər]
videoconsola (f)	spillkonsoll (m)	['spil kʊn'sɔl]

cámara (f) de vídeo	videokamera (n)	['videʊ ‚kamera]
cámara (f) fotográfica	kamera (n)	['kamera]
cámara (f) digital	digitalkamera (n)	[digi'tal ‚kamera]

aspirador (m), aspiradora (f)	støvsuger (m)	['støf‚sɵgər]
plancha (f)	strykejern (n)	['strykə jæːn]
tabla (f) de planchar	strykebrett (n)	['strykə‚brɛt]
teléfono (m)	telefon (m)	[tele'fʊn]
teléfono (m) móvil	mobiltelefon (m)	[mʊ'bil tele'fʊn]

máquina (f) de escribir	skrivemaskin (m)	['skrivə mɑˌʂin]
máquina (f) de coser	symaskin (m)	['siːmɑˌʂin]

micrófono (m)	mikrofon (m)	[mikrʉ'fun]
auriculares (m pl)	hodetelefoner (n pl)	['hɔdəteləˌfunər]
mando (m) a distancia	fjernkontroll (m)	['fjæːɳ kʉn'trɔl]

CD (m)	CD-rom (m)	['sɛdɛˌrʊm]
casete (m)	kassett (m)	[kɑ'sɛt]
disco (m) de vinilo	plate, skive (m/f)	['plɑtə], ['ʂivə]

94. Los arreglos. La renovación

renovación (f)	renovering (m/f)	[renʊ'veriŋ]
renovar (vt)	å renovere	[ɔ renʊ'verə]
reparar (vt)	å reparere	[ɔ repɑ'rerə]
poner en orden	å bringe orden	[ɔ 'briŋə 'ɔrdən]
rehacer (vt)	å gjøre om	[ɔ 'jørə ɔm]

pintura (f)	maling (m/f)	['mɑliŋ]
pintar (las paredes)	å male	[ɔ 'mɑlə]
pintor (m)	maler (m)	['mɑlər]
brocha (f)	pensel (m)	['pɛnsəl]

cal (f)	kalkmaling (m/f)	['kɑlkˌmɑliŋ]
encalar (vt)	å hvitmale	[ɔ 'vitˌmɑlə]

empapelado (m)	tapet (n)	[tɑ'pet]
empapelar (vt)	å tapetsere	[ɔ tɑpet'serə]
barniz (m)	ferniss (m)	['fæːˌɳis]
cubrir con barniz	å lakkere	[ɔ lɑ'kerə]

95. La plomería

agua (f)	vann (n)	['vɑn]
agua (f) caliente	varmt vann (n)	['vɑrmt ˌvɑn]
agua (f) fría	kaldt vann (n)	['kɑlt vɑn]
grifo (m)	kran (m/f)	['krɑn]

gota (f)	dråpe (m)	['droːpə]
gotear (el grifo)	å dryppe	[ɔ 'drʏpə]
gotear (cañería)	å lekke	[ɔ 'lekə]
escape (m) de agua	lekk (m)	['lek]
charco (m)	pøl, pytt (m)	['pøl], ['pʏt]

tubo (m)	rør (n)	['rør]
válvula (f)	ventil (m)	[vɛn'til]
estar atascado	å bli tilstoppet	[ɔ 'bli til'stɔpət]

instrumentos (m pl)	verktøy (n pl)	['værkˌtøj]
llave (f) inglesa	skiftenøkkel (m)	['ʂiftəˌnøkəl]
destornillar (vt)	å skru ut	[ɔ 'skrʉ ʉt]

atornillar (vt)	å skru fast	[ɔ 'skrʉ 'fast]
desatascar (vt)	å rense	[ɔ 'rɛnsə]
fontanero (m)	rørlegger (m)	['rør̩leɡər]
sótano (m)	kjeller (m)	['çɛlər]
alcantarillado (m)	avløp (n)	['av̩løp]

96. El fuego. El incendio

incendio (m)	ild (m)	['il]
llama (f)	flamme (m)	['flamə]
chispa (f)	gnist (m)	['gnist]
humo (m)	røyk (m)	['røjk]
antorcha (f)	fakkel (m)	['fakəl]
hoguera (f)	bål (n)	['bɔl]

gasolina (f)	bensin (m)	[bɛn'sin]
queroseno (m)	parafin (m)	[para'fin]
inflamable (adj)	brennbar	['brɛn̩bar]
explosivo (adj)	eksplosiv	['ɛksplʉ̩siv]
PROHIBIDO FUMAR	RØYKING FORBUDT	['røjkiŋ fɔr'bʉt]

seguridad (f)	sikkerhet (m/f)	['sikər̩het]
peligro (m)	fare (m)	['farə]
peligroso (adj)	farlig	['fɑːli̩]

prenderse fuego	å ta fyr	[ɔ 'ta ˌfyr]
explosión (f)	eksplosjon (m)	[ɛksplʉ'ʂʊn]
incendiar (vt)	å sette fyr	[ɔ 'sɛtə ˌfyr]
incendiario (m)	brannstifter (m)	['bran̩stiftər]
incendio (m) provocado	brannstiftelse (m)	['bran̩stiftəlsə]

estar en llamas	å flamme	[ɔ 'flamə]
arder (vi)	å brenne	[ɔ 'brɛnə]
incendiarse (vr)	å brenne ned	[ɔ 'brɛnə ne]

llamar a los bomberos	å ringe bransvesenet	[ɔ 'riŋə 'bransˌvesənə]
bombero (m)	brannmann (m)	['bran̩man]
coche (m) de bomberos	brannbil (m)	['bran̩bil]
cuerpo (m) de bomberos	brannkorps (n)	['bran̩kɔrps]
escalera (f) telescópica	teleskopstige (m)	['teleˈskʊpˌstiːə]

manguera (f)	slange (m)	['ʂlaŋə]
extintor (m)	brannslukker (n)	['branˌʂlʉkər]
casco (m)	hjelm (m)	['jɛlm]
sirena (f)	sirene (m/f)	[si'renə]

gritar (vi)	å skrike	[ɔ 'skrikə]
pedir socorro	å rope på hjelp	[ɔ 'rʉpə pɔ 'jɛlp]
socorrista (m)	redningsmann (m)	['rɛdniŋsˌman]
salvar (vt)	å redde	[ɔ 'rɛdə]

llegar (vi)	å ankomme	[ɔ 'anˌkɔmə]
apagar (~ el incendio)	å slokke	[ɔ 'ʂløkə]
agua (f)	vann (n)	['van]

arena (f)	sand (m)	['sɑn]
ruinas (f pl)	ruiner (m pl)	[rʉ'inər]
colapsarse (vr)	å falle sammen	[ɔ 'falə 'sɑmən]
hundirse (vr)	å styrte ned	[ɔ 'sty:[ə ne]
derrumbarse (vr)	å styrte inn	[ɔ 'sty:[ə in]
trozo (m) (~ del muro)	del (m)	['del]
ceniza (f)	aske (m/f)	['ɑskə]
morir asfixiado	å kveles	[ɔ 'kveləs]
perecer (vi)	å omkomme	[ɔ 'ɔm,kɔmə]

LAS ACTIVIDADES DE LA GENTE

El trabajo. Los negocios. Unidad 1

97. La banca

banco (m)	bank (m)	['bɑnk]
sucursal (f)	avdeling (m)	['ɑv‚deliŋ]
consultor (m)	konsulent (m)	[kʉnsʉ'lent]
gerente (m)	forstander (m)	[fɔ'ʂtɑndər]
cuenta (f)	bankkonto (m)	['bɑnk‚kɔntʉ]
numero (m) de la cuenta	kontonummer (n)	['kɔntʉ‚nʉmər]
cuenta (f) corriente	sjekkonto (m)	['ʂɛk‚kɔntʉ]
cuenta (f) de ahorros	sparekonto (m)	['spɑrə‚kɔntʉ]
abrir una cuenta	å åpne en konto	[ɔ 'ɔpnə en 'kɔntʉ]
cerrar la cuenta	å lukke kontoen	[ɔ 'lʉkə 'kɔntʉən]
ingresar en la cuenta	å sette inn på kontoen	[ɔ 'sɛtə in pɔ 'kɔntʉən]
sacar de la cuenta	å ta ut fra kontoen	[ɔ 'tɑ ʉt frɑ 'kɔntʉən]
depósito (m)	innskudd (n)	['in‚skʉd]
hacer un depósito	å sette inn	[ɔ 'sɛtə in]
giro (m) bancario	overføring (m/f)	['ɔvər‚førin]
hacer un giro	å overføre	[ɔ 'ɔvər‚førə]
suma (f)	sum (m)	['sʉm]
¿Cuánto?	Hvor mye?	[vʉr 'mye]
firma (f) (nombre)	underskrift (m/f)	['ʉnə‚skrift]
firmar (vt)	å underskrive	[ɔ 'ʉnə‚skrivə]
tarjeta (f) de crédito	kredittkort (n)	[krɛ'dit‚kɔːt]
código (m)	kode (m)	['kʉdə]
número (m) de tarjeta de crédito	kredittkortnummer (n)	[krɛ'dit‚kɔːt 'nʉmər]
cajero (m) automático	minibank (m)	['mini‚bɑnk]
cheque (m)	sjekk (m)	['ʂɛk]
sacar un cheque	å skrive en sjekk	[ɔ 'skrivə en 'ʂɛk]
talonario (m)	sjekkbok (m/f)	['ʂɛk‚bʉk]
crédito (m)	lån (n)	['lɔn]
pedir el crédito	å søke om lån	[ɔ ‚søkə ɔm 'lɔn]
obtener un crédito	å få lån	[ɔ 'fɔ 'lɔn]
conceder un crédito	å gi lån	[ɔ 'ji 'lɔn]
garantía (f)	garanti (m)	[gɑrɑn'ti]

98. El teléfono. Las conversaciones telefónicas

teléfono (m)	telefon (m)	[teleˈfʊn]
teléfono (m) móvil	mobiltelefon (m)	[mʊˈbil teleˈfʊn]
contestador (m)	telefonsvarer (m)	[teleˈfʊnˌsvarər]
llamar, telefonear	å ringe	[ɔ ˈriŋə]
llamada (f)	telefonsamtale (m)	[teleˈfʊn ˈsamˌtalə]
marcar un número	å slå et nummer	[ɔ ˈs̜lɔ et ˈnʉmər]
¿Sí?, ¿Dígame?	Hallo!	[haˈlʊ]
preguntar (vt)	å spørre	[ɔ ˈspøre]
responder (vi, vt)	å svare	[ɔ ˈsvarə]
oír (vt)	å høre	[ɔ ˈhørə]
bien (adv)	godt	[ˈgɔt]
mal (adv)	dårlig	[ˈdoːli]
ruidos (m pl)	støy (m)	[ˈstøj]
auricular (m)	telefonrør (n)	[teleˈfʊnˌrør]
descolgar (el teléfono)	å ta telefonen	[ɔ ˈta teleˈfʊnən]
colgar el auricular	å legge på røret	[ɔ ˈlegə pɔ ˈrørə]
ocupado (adj)	opptatt	[ˈɔpˌtat]
sonar (teléfono)	å ringe	[ɔ ˈriŋə]
guía (f) de teléfonos	telefonkatalog (m)	[teleˈfʊn kataˈlɔg]
local (adj)	lokal-	[lɔˈkal-]
llamada (f) local	lokalsamtale (m)	[lɔˈkal ˈsamˌtalə]
de larga distancia	riks-	[ˈriks-]
llamada (f) de larga distancia	rikssamtale (m)	[ˈriks ˈsamˌtalə]
internacional (adj)	internasjonal	[ˈintɛːɲas̜ʊˌnal]
llamada (f) internacional	internasjonal samtale (m)	[ˈintɛːɲas̜ʊˌnal ˈsamˌtalə]

99. El teléfono celular

teléfono (m) móvil	mobiltelefon (m)	[mʊˈbil teleˈfʊn]
pantalla (f)	skjerm (m)	[ˈs̜ærm]
botón (m)	knapp (m)	[ˈknap]
tarjeta SIM (f)	SIM-kort (n)	[ˈsimˌkɔːt]
pila (f)	batteri (n)	[batɛˈri]
descargarse (vr)	å bli utladet	[ɔ ˈbli ˈʉtˌladət]
cargador (m)	lader (m)	[ˈladər]
menú (m)	meny (m)	[meˈny]
preferencias (f pl)	innstillinger (m/f pl)	[ˈinˌstiliŋər]
melodía (f)	melodi (m)	[melɔˈdi]
seleccionar (vt)	å velge	[ɔ ˈvɛlgə]
calculadora (f)	regnemaskin (m)	[ˈrɛjnə maˌs̜in]
contestador (m)	telefonsvarer (m)	[teleˈfʊnˌsvarər]
despertador (m)	vekkerklokka (m/f)	[ˈvɛkərˌklɔka]

contactos (m pl)	kontakter (m pl)	[kʊn'taktər]
mensaje (m) de texto	SMS-beskjed (m)	[ɛsɛm'ɛs bɛˌʂɛ]
abonado (m)	abonnent (m)	[abɔ'nɛnt]

100. Los artículos de escritorio. La papelería

bolígrafo (m)	kulepenn (m)	['kʉːləˌpɛn]
pluma (f) estilográfica	fyllepenn (m)	['fʏləˌpɛn]
lápiz (m)	blyant (m)	['blyˌant]
marcador (m)	merkepenn (m)	['mærkəˌpɛn]
rotulador (m)	tusjpenn (m)	['tʉʂˌpɛn]
bloc (m) de notas	notatbok (m/f)	[nʊ'tatˌbʊk]
agenda (f)	dagbok (m/f)	['dɑgˌbʊk]
regla (f)	linjal (m)	[li'njɑl]
calculadora (f)	regnemaskin (m)	['rɛjnə mɑˌʂin]
goma (f) de borrar	viskelær (n)	['viskəˌlær]
chincheta (f)	tegnestift (m)	['tæjnəˌstift]
clip (m)	binders (m)	['bindɛʂ]
cola (f), pegamento (m)	lim (n)	['lim]
grapadora (f)	stiftemaskin (m)	['stiftə mɑˌʂin]
perforador (m)	hullemaskin (m)	['hʉlə mɑˌʂin]
sacapuntas (m)	blyantspisser (m)	['blyantˌspisər]

El trabajo. Los negocios. Unidad 2

101. Medios de comunicación de masas

periódico (m)	avis (m/f)	[ɑˈvis]
revista (f)	magasin, tidsskrift (n)	[mɑgɑˈsin], [ˈtidˌskrift]
prensa (f)	presse (m/f)	[ˈprɛsə]
radio (f)	radio (m)	[ˈrɑdiʉ]
estación (f) de radio	radiostasjon (m)	[ˈrɑdiʉˌstɑˈʂʉn]
televisión (f)	televisjon (m)	[ˈteleviˌʂʉn]

presentador (m)	programleder (m)	[prʉˈgrɑmˌledər]
presentador (m) de noticias	nyhetsoppleser (m)	[ˈnyhetsˈɔpˌlesər]
comentarista (m)	kommentator (m)	[kʉmənˈtɑtʉr]

periodista (m)	journalist (m)	[ʂuːŋɑˈlist]
corresponsal (m)	korrespondent (m)	[kʉrespɔnˈdɛnt]
corresponsal (m) fotográfico	pressefotograf (m)	[ˈprɛsə fotoˈgrɑf]
reportero (m)	reporter (m)	[reˈpɔːtər]

redactor (m)	redaktør (m)	[rɛdɑkˈtør]
redactor jefe (m)	sjefredaktør (m)	[ˈʂɛf rɛdɑkˈtør]

suscribirse (vr)	å abonnere	[ɔ abɔˈnerə]
suscripción (f)	abonnement (n)	[abɔnəˈmɑŋ]
suscriptor (m)	abonnent (m)	[abɔˈnɛnt]
leer (vi, vt)	å lese	[ɔ ˈlesə]
lector (m)	leser (m)	[ˈlesər]

tirada (f)	opplag (n)	[ˈɔpˌlɑg]
mensual (adj)	månedlig	[ˈmoːnədli]
semanal (adj)	ukentlig	[ˈʉkəntli]
número (m)	nummer (n)	[ˈnʉmər]
nuevo (~ número)	ny, fersk	[ˈny], [ˈfæʂk]

titular (m)	overskrift (m)	[ˈɔveˌskrift]
noticia (f)	notis (m)	[nʉˈtis]
columna (f)	rubrikk (m)	[rʉˈbrik]
artículo (m)	artikkel (m)	[ɑːˈtikəl]
página (f)	side (m/f)	[ˈsidə]

reportaje (m)	reportasje (m)	[repɔːˈtɑʂə]
evento (m)	hendelse (m)	[ˈhɛndəlsə]
sensación (f)	sensasjon (m)	[sɛnsɑˈʂʉn]
escándalo (m)	skandale (m)	[skɑnˈdɑlə]
escandaloso (adj)	skandaløs	[skɑndɑˈløs]
gran (~ escándalo)	stor	[ˈstʉr]

emisión (f)	program (n)	[prʉˈgrɑm]
entrevista (f)	intervju (n)	[intəˈvjʉː]

transmisión (f) en vivo	direktesending (m/f)	[di'rɛktəˌsɛniŋ]
canal (m)	kanal (m)	[ka'nal]

102. La agricultura

agricultura (f)	landbruk (n)	['lanˌbrʉk]
campesino (m)	bonde (m)	['bɔnə]
campesina (f)	bondekone (m/f)	['bɔnəˌkʉnə]
granjero (m)	gårdbruker, bonde (m)	['gɔːrˌbrʉkər], ['bɔnə]
tractor (m)	traktor (m)	['traktʊr]
cosechadora (f)	skurtresker (m)	['skʉːˌtrɛskər]
arado (m)	plog (m)	['plug]
arar (vi, vt)	å pløye	[ɔ 'pløjə]
labrado (m)	pløyemark (m/f)	['pløjəˌmark]
surco (m)	fure (m)	['fʉrə]
sembrar (vi, vt)	å så	[ɔ 'sɔ]
sembradora (f)	såmaskin (m)	['soːmaˌʂin]
siembra (f)	såing (m/f)	['soːiŋ]
guadaña (f)	ljå (m)	['ljoː]
segar (vi, vt)	å meie, å slå	[ɔ 'mæjə], [ɔ 'slɔ]
pala (f)	spade (m)	['spadə]
layar (vt)	å grave	[ɔ 'gravə]
azada (f)	hakke (m/f)	['hakə]
sachar, escardar	å hakke	[ɔ 'hakə]
mala hierba (f)	ugras (n)	[ʉ'gras]
regadera (f)	vannkanne (f)	['vanˌkanə]
regar (plantas)	å vanne	[ɔ 'vanə]
riego (m)	vanning (m/f)	['vaniŋ]
horquilla (f)	greip (m)	['græjp]
rastrillo (m)	rive (m/f)	['rivə]
fertilizante (m)	gjødsel (m/f)	['jøtsəl]
abonar (vt)	å gjødsle	[ɔ 'jøtslə]
estiércol (m)	møkk (m/f)	['møk]
campo (m)	åker (m)	['oːker]
prado (m)	eng (m/f)	['ɛŋ]
huerta (f)	kjøkkenhage (m)	['çœkənˌhagə]
jardín (m)	frukthage (m)	['frʉktˌhagə]
pacer (vt)	å beite	[ɔ 'bæjtə]
pastor (m)	gjeter, hyrde (m)	['jetər], ['hʏrdə]
pastadero (m)	beite (n), beitemark (m/f)	['bæjtə], ['bæjtəˌmark]
ganadería (f)	husdyrhold (n)	['hʉsdyrˌhɔl]
cría (f) de ovejas	sauehold (n)	['sauəˌhɔl]

plantación (f)	plantasje (m)	[plɑn'tɑʂə]
hilera (f) (~ de cebollas)	rad (m/f)	['rɑd]
invernadero (m)	drivhus (n)	['driv‚hʉs]
sequía (f)	tørke (m/f)	['tœrkə]
seco, árido (adj)	tørr	['tœr]
grano (m)	korn (n)	['kʊːɳ]
cereales (m pl)	cerealer (n pl)	[sere'ɑlər]
recolectar (vt)	å høste	[ɔ 'høstə]
molinero (m)	møller (m)	['mølər]
molino (m)	mølle (m/f)	['mølə]
moler (vt)	å male	[ɔ 'mɑlə]
harina (f)	mel (n)	['mel]
paja (f)	halm (m)	['hɑlm]

103. La construcción. El proceso de construcción

obra (f)	byggeplass (m)	['bygə‚plɑs]
construir (vt)	å bygge	[ɔ 'bygə]
albañil (m)	bygningsarbeider (m)	['bygniŋs 'ɑrˌbæjər]
proyecto (m)	prosjekt (n)	[prʊ'ʂɛkt]
arquitecto (m)	arkitekt (m)	[ɑrki'tɛkt]
obrero (m)	arbeider (m)	['ɑrˌbæjdər]
cimientos (m pl)	fundament (n)	[fʉndɑ'mɛnt]
techo (m)	tak (n)	['tɑk]
pila (f) de cimentación	pæl (m)	['pæl]
muro (m)	mur, vegg (m)	['mʉr], ['vɛg]
armadura (f)	armeringsjern (n)	[ɑr'meriŋs'jæːɳ]
andamio (m)	stillas (n)	[sti'lɑs]
hormigón (m)	betong (m)	[be'tɔŋ]
granito (m)	granitt (m)	[grɑ'nit]
piedra (f)	stein (m)	['stæjn]
ladrillo (m)	tegl (n), murstein (m)	['tæjl], ['mʉˌʂtæjn]
arena (f)	sand (m)	['sɑn]
cemento (m)	sement (m)	[se'mɛnt]
estuco (m)	puss (m)	['pʉs]
estucar (vt)	å pusse	[ɔ 'pʉsə]
pintura (f)	maling (m/f)	['mɑliŋ]
pintar (las paredes)	å male	[ɔ 'mɑlə]
barril (m)	tønne (m)	['tœnə]
grúa (f)	heisekran (m/f)	['hæjsəˌkrɑn]
levantar (vt)	å løfte	[ɔ 'lœftə]
bajar (vt)	å heise ned	[ɔ 'hæjsə ne]
bulldózer (m)	bulldoser (m)	['bʉlˌdʉsər]
excavadora (f)	gravemaskin (m)	['grɑvə mɑ'ʂin]

cuchara (f)	**skuffe** (m/f)	[ˈskʉfə]
cavar (vt)	**å grave**	[ɔ ˈgrɑvə]
casco (m)	**hjelm** (m)	[ˈjɛlm]

Las profesiones y los oficios

104. La búsqueda de trabajo. El despido

trabajo (m)	arbeid (n), jobb (m)	['arbæj], ['job]
empleados (pl)	ansatte (pl)	['an‚satə]
personal (m)	personale (n)	[pæʂu'nalə]
carrera (f)	karriere (m)	[kari'ɛrə]
perspectiva (f)	utsikter (m pl)	['ʉt‚siktər]
maestría (f)	mesterskap (n)	['mɛstæ‚skap]
selección (f)	utvelgelse (m)	['ʉt‚vɛlgəlsə]
agencia (f) de empleo	rekrutteringsbyrå (n)	['rekrʉ‚teriŋs by‚ro]
curriculum vitae (m)	CV (m/n)	['sɛvɛ]
entrevista (f)	jobbintervju (n)	['job ‚intər'vjʉ]
vacancia (f)	vakanse (m)	['vakansə]
salario (m)	lønn (m/f)	['lœn]
salario (m) fijo	fastlønn (m/f)	['fast‚lœn]
remuneración (f)	betaling (m/f)	[be'taliŋ]
puesto (m) (trabajo)	stilling (m/f)	['stiliŋ]
deber (m)	plikt (m/f)	['plikt]
gama (f) de deberes	arbeidsplikter (m/f pl)	['arbæjds‚pliktər]
ocupado (adj)	opptatt	['ɔp‚tat]
despedir (vt)	å avskjedige	[ɔ 'af‚ʂedigə]
despido (m)	avskjedigelse (m)	['afʂe‚digəlsə]
desempleo (m)	arbeidsløshet (m)	['arbæjdsløs‚het]
desempleado (m)	arbeidsløs (m)	['arbæjds‚løs]
jubilación (f)	pensjon (m)	[pan'ʂʉn]
jubilarse	å gå av med pensjon	[ɔ 'gɔ a: me pan'ʂʉn]

105. Los negociantes

director (m)	direktør (m)	[dirɛk'tør]
gerente (m)	forstander (m)	[fɔ'ʂtandər]
jefe (m)	boss (m)	['bɔs]
superior (m)	overordnet (m)	['ɔvər‚ɔrdnet]
superiores (m pl)	overordnede (pl)	['ɔvər‚ɔrdnedə]
presidente (m)	president (m)	[prɛsi'dɛnt]
presidente (m) (de compañía)	styreformann (m)	['styrə‚fɔrman]
adjunto (m)	stedfortreder (m)	['stedfɔ:‚tredər]
asistente (m)	assistent (m)	[asi'stɛnt]

secretario, -a (m, f)	sekretær (m)	[sɛkrə'tær]
secretario (m) particular	privatsekretær (m)	[pri'vɑt sɛkrə'tær]
hombre (m) de negocios	forretningsmann (m)	[fɔ'rɛtnɪŋsˌmɑn]
emprendedor (m)	entreprenør (m)	[ɛntreprə'nør]
fundador (m)	grunnlegger (m)	['grʉnˌlegər]
fundar (vt)	å grunnlegge, å stifte	[ɔ 'grʉnˌlegə], [ɔ 'stiftə]
institutor (m)	stifter (m)	['stiftər]
socio (m)	partner (m)	['pɑːʈnər]
accionista (m)	aksjonær (m)	[ɑkʂʉ'nær]
millonario (m)	millionær (m)	[milju'nær]
multimillonario (m)	milliardær (m)	[miljɑː'dær]
propietario (m)	eier (m)	['æjər]
terrateniente (m)	jordeier (m)	['juːrˌæjər]
cliente (m)	kunde (m)	['kʉndə]
cliente (m) habitual	fast kunde (m)	[ˌfɑst 'kʉndə]
comprador (m)	kjøper (m)	['çœːpər]
visitante (m)	besøkende (m)	[be'søkenə]
profesional (m)	yrkesmann (m)	['yrkəsˌmɑn]
experto (m)	ekspert (m)	[ɛks'pæːt]
especialista (m)	spesialist (m)	[spesiɑ'list]
banquero (m)	bankier (m)	[bɑnki'e]
broker (m)	mekler, megler (m)	['mɛklər]
cajero (m)	kasserer (m)	[kɑ'serər]
contable (m)	regnskapsfører (m)	['rɛjnskɑpsˌfører]
guardia (m) de seguridad	sikkerhetsvakt (m/f)	['sikərhɛtsˌvɑkt]
inversionista (m)	investor (m)	[in'vɛstʉr]
deudor (m)	skyldner (m)	['ʂylnər]
acreedor (m)	kreditor (m)	['krɛditʉr]
prestatario (m)	låntaker (m)	['lɔnˌtɑkər]
importador (m)	importør (m)	[impɔː'tør]
exportador (m)	eksportør (m)	[ɛkspɔː'tør]
productor (m)	produsent (m)	[prʉdʉ'sɛnt]
distribuidor (m)	distributør (m)	[distribʉ'tør]
intermediario (m)	mellommann (m)	['mɛlɔˌmɑn]
asesor (m) (~ fiscal)	konsulent (m)	[kʉnsʉ'lent]
representante (m)	representant (m)	[represɛn'tɑnt]
agente (m)	agent (m)	[ɑ'gɛnt]
agente (m) de seguros	forsikringsagent (m)	[fɔ'ʂikrɪŋs ɑ'gɛnt]

106. Los trabajos de servicio

cocinero (m)	kokk (m)	['kʊk]
jefe (m) de cocina	sjefkokk (m)	['ʂɛfˌkʊk]

panadero (m)	baker (m)	['bakər]
barman (m)	bartender (m)	['baːˌtɛndər]
camarero (m)	servitør (m)	['særvi'tør]
camarera (f)	servitrise (m/f)	[særvi'trisə]

abogado (m)	advokat (m)	[advʊ'kat]
jurista (m)	jurist (m)	[jʉ'rist]
notario (m)	notar (m)	[nʊ'tar]

electricista (m)	elektriker (m)	[ɛ'lektrikər]
fontanero (m)	rørlegger (m)	['rørˌlegər]
carpintero (m)	tømmermann (m)	['tœmərˌman]

masajista (m)	massør (m)	[ma'sør]
masajista (f)	massøse (m)	[ma'søsə]
médico (m)	lege (m)	['legə]

taxista (m)	taxisjåfør (m)	['taksi ʂɔ'før]
chofer (m)	sjåfør (m)	[ʂɔ'før]
repartidor (m)	bud (n)	['bʉd]

camarera (f)	stuepike (m/f)	['stʉəˌpikə]
guardia (m) de seguridad	sikkerhetsvakt (m/f)	['sikərhɛtsˌvakt]
azafata (f)	flyvertinne (m/f)	[flyvɛ:'tinə]

profesor (m) (~ de baile, etc.)	lærer (m)	['lærər]
bibliotecario (m)	bibliotekar (m)	[bibliʉ'tekar]
traductor (m)	oversetter (m)	['ɔvəˌsɛtər]
intérprete (m)	tolk (m)	['tɔlk]
guía (m)	guide (m)	['gajd]

peluquero (m)	frisør (m)	[fri'sør]
cartero (m)	postbud (n)	['pɔstˌbʉd]
vendedor (m)	forselger (m)	[fɔ'ʂɛlər]

jardinero (m)	gartner (m)	['gaːtnər]
servidor (m)	tjener (m)	['tjenər]
criada (f)	tjenestepike (m/f)	['tjenɛstəˌpikə]
mujer (f) de la limpieza	vaskedame (m/f)	['vaskəˌdamə]

107. La profesión militar y los rangos

soldado (m) raso	menig (m)	['meni]
sargento (m)	sersjant (m)	[sær'ʂant]
teniente (m)	løytnant (m)	['løjtˌnant]
capitán (m)	kaptein (m)	[kap'tæjn]

mayor (m)	major (m)	[ma'jɔr]
coronel (m)	oberst (m)	['ʊbɛʂt]
general (m)	general (m)	[gene'ral]
mariscal (m)	marskalk (m)	['marʂal]
almirante (m)	admiral (m)	[admi'ral]
militar (m)	militær (m)	[mili'tær]
soldado (m)	soldat (m)	[sʊl'dat]

oficial (m)	offiser (m)	[ɔfi'sɛr]
comandante (m)	befalshaver (m)	[be'fals͵havər]
guardafronteras (m)	grensevakt (m/f)	['grɛnsə͵vakt]
radio-operador (m)	radiooperatør (m)	['radiʉ ʉpəra'tør]
explorador (m)	oppklaringssoldat (m)	['ɔp͵klariŋ sʉl'dat]
zapador (m)	pioner (m)	[piʉ'ner]
tirador (m)	skytter (m)	['ʂytər]
navegador (m)	styrmann (m)	['styr͵man]

108. Los oficiales. Los sacerdotes

rey (m)	konge (m)	['kʊŋə]
reina (f)	dronning (m/f)	['drɔniŋ]
príncipe (m)	prins (m)	['prins]
princesa (f)	prinsesse (m/f)	[prin'sɛsə]
zar (m)	tsar (m)	['tsar]
zarina (f)	tsarina (m)	[tsa'rina]
presidente (m)	president (m)	[prɛsi'dɛnt]
ministro (m)	minister (m)	[mi'nistər]
primer ministro (m)	statsminister (m)	['stats mi'nistər]
senador (m)	senator (m)	[se'natʊr]
diplomático (m)	diplomat (m)	[diplʉ'mat]
cónsul (m)	konsul (m)	['kʊn͵sʉl]
embajador (m)	ambassadør (m)	[ambasa'dør]
consejero (m)	rådgiver (m)	['rɔd͵jivər]
funcionario (m)	embetsmann (m)	['ɛmbets͵man]
prefecto (m)	prefekt (m)	[prɛ'fɛkt]
alcalde (m)	borgermester (m)	[bɔrgər'mɛstər]
juez (m)	dommer (m)	['dɔmər]
fiscal (m)	anklager (m)	['an͵klagər]
misionero (m)	misjonær (m)	[miʂʉ'nær]
monje (m)	munk (m)	['mʉnk]
abad (m)	abbed (m)	['abed]
rabino (m)	rabbiner (m)	[ra'binər]
visir (m)	vesir (m)	[vɛ'sir]
sha (m)	sjah (m)	['ʂa]
jeque (m)	sjeik (m)	['ʂæjk]

109. Las profesiones agrícolas

apicultor (m)	birøkter (m)	['bi͵røktər]
pastor (m)	gjeter, hyrde (m)	['jetər], ['hyrdə]
agrónomo (m)	agronom (m)	[agrʊ'nʊm]

ganadero (m)	husdyrholder (m)	['hʉsdyrˌhɔldər]
veterinario (m)	dyrlege, veterinær (m)	['dyrˌlegə], [vetəri'nær]
granjero (m)	gårdbruker, bonde (m)	['gɔːrˌbrʉkər], ['bɔnə]
vinicultor (m)	vinmaker (m)	['vinˌmakər]
zoólogo (m)	zoolog (m)	[sʉː'lɔg]
vaquero (m)	cowboy (m)	['kawˌbɔj]

110. Las profesiones artísticas

actor (m)	skuespiller (m)	['skʉəˌspilər]
actriz (f)	skuespillerinne (m/f)	['skʉəˌspilə'rinə]
cantante (m)	sanger (m)	['saŋər]
cantante (f)	sangerinne (m/f)	[saŋə'rinə]
bailarín (m)	danser (m)	['dansər]
bailarina (f)	danserinne (m/f)	[danse'rinə]
artista (m)	skuespiller (m)	['skʉəˌspilər]
artista (f)	skuespillerinne (m/f)	['skʉəˌspilə'rinə]
músico (m)	musiker (m)	['mʉsikər]
pianista (m)	pianist (m)	[pia'nist]
guitarrista (m)	gitarspiller (m)	[gi'tarˌspilər]
director (m) de orquesta	dirigent (m)	[diri'gɛnt]
compositor (m)	komponist (m)	[kʊmpʊ'nist]
empresario (m)	impresario (m)	[impre'sariʊ]
director (m) de cine	regissør (m)	[rɛşi'sør]
productor (m)	produsent (m)	[prʊdʉ'sɛnt]
guionista (m)	manusforfatter (m)	['manʉs fɔr'fatər]
crítico (m)	kritiker (m)	['kritikər]
escritor (m)	forfatter (m)	[fɔr'fatər]
poeta (m)	poet, dikter (m)	['pɔɛt], ['diktər]
escultor (m)	skulptør (m)	[skʉlp'tør]
pintor (m)	kunstner (m)	['kʉnstnər]
malabarista (m)	sjonglør (m)	[şɔŋ'lør]
payaso (m)	klovn (m)	['klɔvn]
acróbata (m)	akrobat (m)	[akrʊ'bat]
ilusionista (m)	tryllekunstner (m)	['trʏləˌkʉnstnər]

111. Profesiones diversas

médico (m)	lege (m)	['legə]
enfermera (f)	sykepleierske (m/f)	['sykəˌplæjeşkə]
psiquiatra (m)	psykiater (m)	[syki'atər]
dentista (m)	tannlege (m)	['tanˌlegə]
cirujano (m)	kirurg (m)	[çi'rʉrg]

astronauta (m)	astronaut (m)	[ɑstrʊ'nɑʊt]
astrónomo (m)	astronom (m)	[ɑstrʊ'nʊm]

conductor (m) (chófer)	fører (m)	['førər]
maquinista (m)	lokfører (m)	['lʊk͵førər]
mecánico (m)	mekaniker (m)	[me'kɑnikər]

minero (m)	gruvearbeider (m)	['grʉvə'ɑr͵bæjdər]
obrero (m)	arbeider (m)	['ɑr͵bæjdər]
cerrajero (m)	låsesmed (m)	['loːsə͵sme]
carpintero (m)	snekker (m)	['snɛkər]
tornero (m)	dreier (m)	['dræjər]
albañil (m)	bygningsarbeider (m)	['bygniŋs 'ɑr͵bæjər]
soldador (m)	sveiser (m)	['svæjsər]

profesor (m) (título)	professor (m)	[prʊ'fɛsʊr]
arquitecto (m)	arkitekt (m)	[ɑrki'tɛkt]
historiador (m)	historiker (m)	[hi'stʊrikər]
científico (m)	vitenskapsmann (m)	['vitən͵skɑps mɑn]
físico (m)	fysiker (m)	['fysikər]
químico (m)	kjemiker (m)	['çemikər]

arqueólogo (m)	arkeolog (m)	[͵ɑrkeʊ'lɔg]
geólogo (m)	geolog (m)	[geʊ'lɔg]
investigador (m)	forsker (m)	['fɔʂkər]

niñera (f)	babysitter (m)	['bɛby͵sitər]
pedagogo (m)	lærer, pedagog (m)	[lærər], [pedɑ'gɔg]

redactor (m)	redaktør (m)	[rɛdɑk'tør]
redactor jefe (m)	sjefredaktør (m)	['ʂɛf rɛdɑk'tør]
corresponsal (m)	korrespondent (m)	[kʊrespɔn'dɛnt]
mecanógrafa (f)	maskinskriverske (m)	[mɑ'ʂin ͵skrivɛʂkə]

diseñador (m)	designer (m)	[de'sɑjnər]
especialista (m) en ordenadores	dataekspert (m)	['dɑtɑ eks'pɛːt]
programador (m)	programmerer (m)	[prʊgrɑ'merər]
ingeniero (m)	ingeniør (m)	[inʂə'njør]

marino (m)	sjømann (m)	['ʂø͵mɑn]
marinero (m)	matros (m)	[mɑ'trʊs]
socorrista (m)	redningsmann (m)	['rɛdniŋs͵mɑn]

bombero (m)	brannmann (m)	['brɑn͵mɑn]
policía (m)	politi (m)	[pʊli'ti]
vigilante (m) nocturno	nattvakt (m)	['nɑt͵vɑkt]
detective (m)	detektiv (m)	[detɛk'tiv]

aduanero (m)	tollbetjent (m)	['tɔlbe͵tjɛnt]
guardaespaldas (m)	livvakt (m/f)	['liv͵vɑkt]
guardia (m) de prisiones	fangevokter (m)	['fɑŋə͵vɔktər]
inspector (m)	inspektør (m)	[inspɛk'tør]

deportista (m)	idrettsmann (m)	['idrɛts͵mɑn]
entrenador (m)	trener (m)	['trenər]

carnicero (m)	slakter (m)	['ṣlaktər]
zapatero (m)	skomaker (m)	['skʊˌmakər]
comerciante (m)	handelsmann (m)	['handəlsˌman]
cargador (m)	lastearbeider (m)	['lastə'arˌbæjdər]
diseñador (m) de modas	moteskaper (m)	['mʊtəˌskapər]
modelo (f)	modell (m)	[mʊ'dɛl]

112. Los trabajos. El estatus social

escolar (m)	skolegutt (m)	['skʊləˌgʉt]
estudiante (m)	student (m)	[stʉ'dɛnt]
filósofo (m)	filosof (m)	[filu'sʊf]
economista (m)	økonom (m)	[økʊ'nʊm]
inventor (m)	oppfinner (m)	['ɔpˌfinər]
desempleado (m)	arbeidsløs (m)	['arbæjdsˌløs]
jubilado (m)	pensjonist (m)	[panṣʉ'nist]
espía (m)	spion (m)	[spi'un]
prisionero (m)	fange (m)	['faŋə]
huelguista (m)	streiker (m)	['stræjkər]
burócrata (m)	byråkrat (m)	[byrɔ'krat]
viajero (m)	reisende (m)	['ræjsenə]
homosexual (m)	homofil (m)	['hʊmʊˌfil]
hacker (m)	hacker (m)	['hakər]
hippie (m)	hippie (m)	['hipi]
bandido (m)	banditt (m)	[ban'dit]
sicario (m)	leiemorder (m)	['læjəˌmʊrdər]
drogadicto (m)	narkoman (m)	[narkʉ'man]
narcotraficante (m)	narkolanger (m)	['narkɔˌlaŋər]
prostituta (f)	prostituert (m)	[prʊstitʉ'eːt]
chulo (m), proxeneta (m)	hallik (m)	['halik]
brujo (m)	trollmann (m)	['trɔlˌman]
bruja (f)	trollkjerring (m/f)	['trɔlˌçæriŋ]
pirata (m)	pirat, sjørøver (m)	['pi'rat], ['ṣøˌrøvər]
esclavo (m)	slave (m)	['slavə]
samurai (m)	samurai (m)	[samʉ'raj]
salvaje (m)	villmann (m)	['vilˌman]

Los deportes

113. Tipos de deportes. Deportistas

deportista (m)	idrettsmann (m)	['idrɛts‚man]
tipo (m) de deporte	idrettsgren (m/f)	['idrɛts‚gren]
baloncesto (m)	basketball (m)	['basketbal]
baloncestista (m)	basketballspiller (m)	['basketbal‚spilər]
béisbol (m)	baseball (m)	['bɛjsbɔl]
beisbolista (m)	baseballspiller (m)	['bɛjsbɔl‚spilər]
fútbol (m)	fotball (m)	['fʊtbal]
futbolista (m)	fotballspiller (m)	['fʊtbal‚spilər]
portero (m)	målmann (m)	['moːl‚man]
hockey (m)	ishockey (m)	['is‚hɔki]
jugador (m) de hockey	ishockeyspiller (m)	['is‚hɔki 'spilər]
voleibol (m)	volleyball (m)	['vɔlibal]
voleibolista (m)	volleyballspiller (m)	['vɔlibal‚spilər]
boxeo (m)	boksing (m)	['bɔksiŋ]
boxeador (m)	bokser (m)	['bɔksər]
lucha (f)	bryting (m/f)	['brytiŋ]
luchador (m)	bryter (m)	['brytər]
kárate (m)	karate (m)	[ka'rate]
karateka (m)	karateutøver (m)	[ka'ratə 'ʉ‚tøvər]
judo (m)	judo (m)	['jʉdɔ]
judoka (m)	judobryter (m)	['jʉdɔ‚brytər]
tenis (m)	tennis (m)	['tɛnis]
tenista (m)	tennisspiller (m)	['tɛnis‚spilər]
natación (f)	svømming (m/f)	['svœmiŋ]
nadador (m)	svømmer (m)	['svœmər]
esgrima (f)	fekting (m)	['fɛktiŋ]
esgrimidor (m)	fekter (m)	['fɛktər]
ajedrez (m)	sjakk (m)	['ʂak]
ajedrecista (m)	sjakkspiller (m)	['ʂak‚spilər]
alpinismo (m)	alpinisme (m)	[alpi'nismə]
alpinista (m)	alpinist (m)	[alpi'nist]
carrera (f)	løp (n)	['løp]

corredor (m)	løper (m)	['løpər]
atletismo (m)	friidrett (m)	['fri: 'iˌdrɛt]
atleta (m)	atlet (m)	[ɑt'let]
deporte (m) hípico	ridesport (m)	['ridəˌspɔ:t]
jinete (m)	rytter (m)	['rʏtər]
patinaje (m) artístico	kunstløp (n)	['kʉnstˌløp]
patinador (m)	kunstløper (m)	['kʉnstˌløpər]
patinadora (f)	kunstløperske (m/f)	['kʉnstˌløpəʂkə]
levantamiento (m) de pesas	vektløfting (m/f)	['vɛktˌlœftiŋ]
levantador (m) de pesas	vektløfter (m)	['vɛktˌlœftər]
carreras (f pl) de coches	billøp (m), bilrace (n)	['bilˌløp], ['bilˌrɑs]
piloto (m) de carreras	racerfører (m)	['resəˌførər]
ciclismo (m)	sykkelsport (m)	['sʏkəlˌspɔ:t]
ciclista (m)	syklist (m)	[sʏk'list]
salto (m) de longitud	lengdehopp (n pl)	['leŋdəˌhɔp]
salto (m) con pértiga	stavhopp (n)	['stɑvˌhɔp]
saltador (m)	hopper (m)	['hɔpər]

114. Tipos de deportes. Miscelánea

fútbol (m) americano	amerikansk fotball (m)	[ameri'kɑnsk 'fʊtbɑl]
bádminton (m)	badminton (m)	['bɛdmintɔn]
biatlón (m)	skiskyting (m/f)	['ʂiˌʂytiŋ]
billar (m)	biljard (m)	[bil'jɑ:d]
bobsleigh (m)	bobsleigh (m)	['bɔbslej]
culturismo (m)	kroppsbygging (m/f)	['krɔpsˌbʏgiŋ]
waterpolo (m)	vannpolo (m)	['vɑnˌpʊlʉ]
balonmano (m)	håndball (m)	['hɔnˌbɑl]
golf (m)	golf (m)	['gɔlf]
remo (m)	roing (m/f)	['rʊiŋ]
buceo (m)	dykking (m/f)	['dʏkiŋ]
esquí (m) de fondo	langrenn (n), skirenn (n)	['lɑŋˌrɛn], ['ʂiˌrɛn]
tenis (m) de mesa	bordtennis (m)	['bʊrˌtɛnis]
vela (f)	seiling (m/f)	['sæjliŋ]
rally (m)	rally (n)	['rɛli]
rugby (m)	rugby (m)	['rʏgbi]
snowboarding (m)	snøbrett (n)	['snøˌbrɛt]
tiro (m) con arco	bueskyting (m/f)	['bʉ:əˌʂytiŋ]

115. El gimnasio

barra (f) de pesas	vektstang (m/f)	['vɛktˌstɑŋ]
pesas (f pl)	manualer (m pl)	['mɑnʉˌɑlər]

aparato (m) de ejercicios	treningsapparat (n)	['treniŋs apaˈrɑt]
bicicleta (f) estática	trimsykkel (m)	['trimˌsʏkəl]
cinta (f) de correr	løpebånd (n)	['løpəˌbɔːn]

barra (f) fija	svingstang (m/f)	['sviŋstaŋ]
barras (f pl) paralelas	barre (m)	['barə]
potro (m)	hest (m)	['hɛst]
colchoneta (f)	matte (m/f)	['matə]

comba (f)	hoppetau (n)	['hɔpəˌtɑʊ]
aeróbica (f)	aerobic (m)	[aɛˈrɔbik]
yoga (m)	yoga (m)	['jogɑ]

116. Los deportes. Miscelánea

Juegos (m pl) Olímpicos	de olympiske leker	[de uˈlʏmpiskə 'lekər]
vencedor (m)	seierherre (m)	['sæjərˌhɛrə]
vencer (vi)	å vinne, å seire	[ɔ 'vinə], [ɔ 'sæjrə]
ganar (vi)	å vinne	[ɔ 'vinə]

| líder (m) | leder (m) | ['ledər] |
| liderar (vt) | å lede | [ɔ 'ledə] |

primer puesto (m)	førsteplass (m)	['fœstəˌplɑs]
segundo puesto (m)	annenplass (m)	['anənˌplɑs]
tercer puesto (m)	tredjeplass (m)	['trɛdjəˌplɑs]

medalla (f)	medalje (m)	[meˈdaljə]
trofeo (m)	trofé (m/n)	[trɔˈfe]
copa (f) (trofeo)	pokal (m)	[pɔˈkɑl]
premio (m)	pris (m)	['pris]
premio (m) principal	hovedpris (m)	['hʊvədˌpris]

| record (m) | rekord (m) | [reˈkɔrd] |
| establecer un record | å sette rekord | [ɔ 'sɛtə reˈkɔrd] |

| final (m) | finale (m) | [fiˈnɑlə] |
| de final (adj) | finale- | [fiˈnɑlə-] |

| campeón (m) | mester (m) | ['mɛstər] |
| campeonato (m) | mesterskap (n) | ['mɛstæˌskɑp] |

estadio (m)	stadion (m/n)	['stɑdiɔn]
gradería (f)	tribune (m)	[triˈbʉnə]
hincha (m)	fan (m)	['fæn]
adversario (m)	motstander (m)	['mʊtˌstɑnər]

| arrancadero (m) | start (m) | ['stɑːt] |
| línea (f) de meta | mål (n), målstrek (m) | ['mɔːl], ['mɔːlˌstrek] |

derrota (f)	nederlag (n)	['nedəˌlɑg]
perder (vi)	å tape	[ɔ 'tɑpə]
árbitro (m)	dommer (m)	['dɔmər]
jurado (m)	jury (m)	['jʉry]

cuenta (f)	resultat (n)	[resɵl'tɑt]
empate (m)	uavgjort (m)	[ɵ:av'jɔ:t]
empatar (vi)	å spille uavgjort	[ɔ 'spilə ɵ:av'jɔ:t]
punto (m)	poeng (n)	[pɔ'ɛŋ]
resultado (m)	resultat (n)	[resɵl'tɑt]
tiempo (m)	periode (m)	[pæri'ʊdə]
descanso (m)	halvtid (m)	['hɑlˌtid]
droga (f), doping (m)	doping (m)	['dʊpiŋ]
penalizar (vt)	å straffe	[ɔ 'strɑfə]
descalificar (vt)	å diskvalifisere	[ɔ 'diskvɑlifiˌserə]
aparato (m)	redskap (m/n)	['rɛdˌskɑp]
jabalina (f)	spyd (n)	['spyd]
peso (m) (lanzamiento de ~)	kule (m/f)	['kɵ:lə]
bola (f) (billar, etc.)	kule (m/f), ball (m)	['kɵ:lə], ['bɑl]
objetivo (m)	mål (n)	['mol]
blanco (m)	målskive (m/f)	['mo:lˌsivə]
tirar (vi)	å skyte	[ɔ 'sytə]
preciso (~ disparo)	fulltreffer	['fɵlˌtrɛfər]
entrenador (m)	trener (m)	['trenər]
entrenar (vt)	å trene	[ɔ 'trenə]
entrenarse (vr)	å trene	[ɔ 'trenə]
entrenamiento (m)	trening (m/f)	['treniŋ]
gimnasio (m)	idrettssal (m)	['idrɛtsˌsɑl]
ejercicio (m)	øvelse (m)	['øvəlsə]
calentamiento (m)	oppvarming (m/f)	['ɔpˌvɑrmiŋ]

La educación

117. La escuela

escuela (f)	skole (m/f)	['skʉlə]
director (m) de escuela	rektor (m)	['rektʉr]
alumno (m)	elev (m)	[e'lev]
alumna (f)	elev (m)	[e'lev]
escolar (m)	skolegutt (m)	['skʉlə͵gʉt]
escolar (f)	skolepike (m)	['skʉlə͵pikə]
enseñar (vt)	å undervise	[ɔ 'ʉnər͵visə]
aprender (ingles, etc.)	å lære	[ɔ 'lærə]
aprender de memoria	å lære utenat	[ɔ 'lærə 'ʉtənɑt]
aprender (a leer, etc.)	å lære	[ɔ 'lærə]
estar en la escuela	å gå på skolen	[ɔ 'gɔ pɔ 'skʉlən]
ir a la escuela	å gå på skolen	[ɔ 'gɔ pɔ 'skʉlən]
alfabeto (m)	alfabet (n)	[ɑlfɑ'bet]
materia (f)	fag (n)	['fɑg]
aula (f)	klasserom (m/f)	['klɑsə͵rʉm]
lección (f)	time (m)	['timə]
recreo (m)	frikvarter (n)	['frikvɑːˌtər]
campana (f)	skoleklokke (m/f)	['skʉlə͵klɔkə]
pupitre (m)	skolepult (m)	['skʉlə͵pʉlt]
pizarra (f)	tavle (m/f)	['tɑvlə]
nota (f)	karakter (m)	[kɑrɑk'ter]
buena nota (f)	god karakter (m)	['gʉ kɑrɑk'ter]
mala nota (f)	dårlig karakter (m)	['doːli kɑrɑk'ter]
poner una nota	å gi en karakter	[ɔ 'ji en kɑrɑk'ter]
falta (f)	feil (m)	['fæjl]
hacer faltas	å gjøre feil	[ɔ 'jørə ˌfæjl]
corregir (un error)	å rette	[ɔ 'rɛtə]
chuleta (f)	fuskelapp (m)	['fʉskə͵lɑp]
deberes (m pl) de casa	lekser (m/f pl)	['leksər]
ejercicio (m)	øvelse (m)	['øvəlsə]
estar presente	å være til stede	[ɔ 'værə til 'stedə]
estar ausente	å være fraværende	[ɔ 'værə 'frɑ͵værənə]
faltar a las clases	å skulke skolen	[ɔ 'skʉlkə 'skʉlən]
castigar (vt)	å straffe	[ɔ 'strɑfə]
castigo (m)	straff, avstraffelse (m)	['strɑf], ['ɑf͵strɑfəlsə]
conducta (f)	oppførsel (m)	['ɔp͵fœşəl]

libreta (f) de notas	karakterbok (m/f)	[karak'ter₁buk]
lápiz (m)	blyant (m)	['bly₁ant]
goma (f) de borrar	viskelær (n)	['viskə₁lær]
tiza (f)	kritt (n)	['krit]
cartuchera (f)	pennal (n)	[pɛ'nal]
mochila (f)	skoleveske (m/f)	['skulə₁vɛskə]
bolígrafo (m)	penn (m)	['pɛn]
cuaderno (m)	skrivebok (m/f)	['skrivə₁buk]
manual (m)	lærebok (m/f)	['lærə₁buk]
compás (m)	passer (m)	['pasər]
trazar (vi, vt)	å tegne	[ɔ 'tæjnə]
dibujo (m) técnico	teknisk tegning (m/f)	['tɛknisk ₁tæjniŋ]
poema (m), poesía (f)	dikt (n)	['dikt]
de memoria (adv)	utenat	['ʉtən₁at]
aprender de memoria	å lære utenat	[ɔ 'lærə 'ʉtənat]
vacaciones (f pl)	skoleferie (m)	['skulə₁fɛriə]
estar de vacaciones	å være på ferie	[ɔ 'værə pɔ 'fɛriə]
pasar las vacaciones	å tilbringe ferien	[ɔ 'til₁briŋə 'fɛriən]
prueba (f) escrita	prøve (m/f)	['prøvə]
composición (f)	essay (n)	[ɛ'sɛj]
dictado (m)	diktat (m)	[dik'tat]
examen (m)	eksamen (m)	[ɛk'samən]
hacer un examen	å ta eksamen	[ɔ 'ta ɛk'samən]
experimento (m)	forsøk (n)	['fɔ'ʂøk]

118. Los institutos. La Universidad

academia (f)	akademi (n)	[akade'mi]
universidad (f)	universitet (n)	[ʉnivæʂi'tet]
facultad (f)	fakultet (n)	[fakʉl'tet]
estudiante (m)	student (m)	[stʉ'dɛnt]
estudiante (f)	kvinnelig student (m)	['kvinəli stʉ'dɛnt]
profesor (m)	lærer, foreleser (m)	['lærər], ['fʉrə₁lesər]
aula (f)	auditorium (n)	[₁aʊdi'tʉrium]
graduado (m)	alumn (m)	[a'lʉmn]
diploma (m)	diplom (n)	[di'plʉm]
tesis (f) de grado	avhandling (m/f)	['av₁handliŋ]
estudio (m)	studie (m)	['stʉdiə]
laboratorio (m)	laboratorium (n)	[labʉra'tɔrium]
clase (f)	forelesning (m)	['fɔrə₁lesniŋ]
compañero (m) de curso	studiekamerat (m)	['stʉdiə kame₁rat]
beca (f)	stipendium (n)	[sti'pɛndium]
grado (m) académico	akademisk grad (m)	[aka'demisk ₁grad]

119. Las ciencias. Las disciplinas

matemáticas (f pl)	matematikk (m)	[matəma'tik]
álgebra (f)	algebra (m)	['algə‚bra]
geometría (f)	geometri (m)	[geʉme'tri]
astronomía (f)	astronomi (m)	[astrʉnʉ'mi]
biología (f)	biologi (m)	[biʉlʉ'gi]
geografía (f)	geografi (m)	[geʉgra'fi]
geología (f)	geologi (m)	[geʉlʉ'gi]
historia (f)	historie (m/f)	[hi'stʉriə]
medicina (f)	medisin (m)	[medi'sin]
pedagogía (f)	pedagogikk (m)	[pedagʉ'gik]
derecho (m)	rett (m)	['rɛt]
física (f)	fysikk (m)	[fy'sik]
química (f)	kjemi (m)	[çe'mi]
filosofía (f)	filosofi (m)	[filʉsʉ'fi]
psicología (f)	psykologi (m)	[sikʉlʉ'gi]

120. Los sistemas de escritura. La ortografía

gramática (f)	grammatikk (m)	[grama'tik]
vocabulario (m)	ordforråd (n)	['uːrfʉ‚rɔd]
fonética (f)	fonetikk (m)	[fʉne'tik]
sustantivo (m)	substantiv (n)	['sʉbstan‚tiv]
adjetivo (m)	adjektiv (n)	['adjɛk‚tiv]
verbo (m)	verb (n)	['værb]
adverbio (m)	adverb (n)	[ad'væːb]
pronombre (m)	pronomen (n)	[prʉ'nʉmən]
interjección (f)	interjeksjon (m)	[intɛrjɛk'ʂʉn]
preposición (f)	preposisjon (m)	[prɛpʉsi'ʂʉn]
raíz (f), radical (m)	rot (m/f)	['rʉt]
desinencia (f)	endelse (m)	['ɛnəlsə]
prefijo (m)	prefiks (n)	[prɛ'fiks]
sílaba (f)	stavelse (m)	['stavəlsə]
sufijo (m)	suffiks (n)	[sʉ'fiks]
acento (m)	betoning (m), trykk (n)	['be'tɔniŋ], ['trʏk]
apóstrofo (m)	apostrof (m)	[apʉ'strɔf]
punto (m)	punktum (n)	['pʉnktum]
coma (m)	komma (n)	['kɔma]
punto y coma	semikolon (n)	[‚semikʉ'lɔn]
dos puntos (m pl)	kolon (n)	['kʉlɔn]
puntos (m pl) suspensivos	tre prikker (m pl)	['tre 'prikər]
signo (m) de interrogación	spørsmålstegn (n)	['spœʂmols‚tæjn]
signo (m) de admiración	utropstegn (n)	['ʉtrʉps‚tæjn]

comillas (f pl)	anførselstegn (n pl)	[anˈfœṣɛlsˌtejn]
entre comillas	i anførselstegn	[i anˈfœṣɛlsˌtejn]
paréntesis (m)	parentes (m)	[parɛnˈtes]
entre paréntesis	i parentes	[i parɛnˈtes]

guión (m)	bindestrek (m)	[ˈbinəˌstrek]
raya (f)	tankestrek (m)	[ˈtankəˌstrek]
blanco (m)	mellomrom (n)	[ˈmɛlɔmˌrʊm]

| letra (f) | bokstav (m) | [ˈbʊkstav] |
| letra (f) mayúscula | stor bokstav (m) | [ˈstʊr ˈbʊkstav] |

| vocal (f) | vokal (m) | [vʊˈkal] |
| consonante (m) | konsonant (m) | [kʊnsʊˈnant] |

oración (f)	setning (m)	[ˈsɛtniŋ]
sujeto (m)	subjekt (n)	[sʉbˈjɛkt]
predicado (m)	predikat (n)	[prɛdiˈkat]

línea (f)	linje (m)	[ˈlinjə]
en una nueva línea	på ny linje	[pɔ ny ˈlinjə]
párrafo (m)	avsnitt (n)	[ˈafˌsnit]

palabra (f)	ord (n)	[ˈuːr]
combinación (f) de palabras	ordgruppe (m/f)	[ˈuːrˌgrʉpə]
expresión (f)	uttrykk (n)	[ˈʉtˌtrYk]
sinónimo (m)	synonym (n)	[synʉˈnym]
antónimo (m)	antonym (n)	[antʉˈnym]

regla (f)	regel (m)	[ˈrɛgəl]
excepción (f)	unntak (n)	[ˈʉnˌtak]
correcto (adj)	riktig	[ˈrikti]

conjugación (f)	bøyning (m/f)	[ˈbøjniŋ]
declinación (f)	bøyning (m/f)	[ˈbøjniŋ]
caso (m)	kasus (m)	[ˈkasʉs]
pregunta (f)	spørsmål (n)	[ˈspœşˌmol]
subrayar (vt)	å understreke	[ɔ ˈʉnəˌstrekə]
línea (f) de puntos	prikket linje (m)	[ˈprikət ˈlinjə]

121. Los idiomas extranjeros

lengua (f)	språk (n)	[ˈsprɔk]
extranjero (adj)	fremmed-	[ˈfremə-]
lengua (f) extranjera	fremmedspråk (n)	[ˈfremedˌsprɔk]
estudiar (vt)	å studere	[ɔ stʉˈderə]
aprender (ingles, etc.)	å lære	[ɔ ˈlærə]

leer (vi, vt)	å lese	[ɔ ˈlesə]
hablar (vi, vt)	å tale	[ɔ ˈtalə]
comprender (vt)	å forstå	[ɔ fɔˈstɔ]
escribir (vt)	å skrive	[ɔ ˈskrivə]
rápidamente (adv)	fort	[ˈfʊːt]
lentamente (adv)	langsomt	[ˈlaŋsɔmt]

con fluidez (adv)	flytende	['flytnə]
reglas (f pl)	regler (m pl)	['rɛglər]
gramática (f)	grammatikk (m)	[grɑmɑ'tik]
vocabulario (m)	ordforråd (n)	['uːrfʊˌrɔd]
fonética (f)	fonetikk (m)	[fʊne'tik]
manual (m)	lærebok (m/f)	['læreˌbʊk]
diccionario (m)	ordbok (m/f)	['uːrˌbʊk]
manual (m) autodidáctico	lærebok (m/f) for selvstudium	['læreˌbʊk fɔ 'selˌstʉdium]
guía (f) de conversación	parlør (m)	[pɑː'lør]
casete (m)	kassett (m)	[kɑ'sɛt]
videocasete (f)	videokassett (m)	['videʊ kɑ'sɛt]
disco compacto, CD (m)	CD-rom (m)	['sɛdɛˌrʊm]
DVD (m)	DVD (m)	[deve'de]
alfabeto (m)	alfabet (n)	[alfɑ'bet]
deletrear (vt)	å stave	[ɔ 'stɑvə]
pronunciación (f)	uttale (m)	['ʉtˌtɑlə]
acento (m)	aksent (m)	[ɑk'sɑŋ]
con acento	med aksent	[me ɑk'sɑŋ]
sin acento	uten aksent	['ʉtən ɑk'sɑŋ]
palabra (f)	ord (n)	['uːr]
significado (m)	betydning (m)	[be'tʏdniŋ]
cursos (m pl)	kurs (n)	['kʉṣ]
inscribirse (vr)	å anmelde seg	[ɔ 'ɑnˌmɛlə sæj]
profesor (m) (~ de inglés)	lærer (m)	['lærər]
traducción (f) (proceso)	oversettelse (m)	['ɔvəˌsɛtəlsə]
traducción (f) (texto)	oversettelse (m)	['ɔvəˌsɛtəlsə]
traductor (m)	oversetter (m)	['ɔvəˌsɛtər]
intérprete (m)	tolk (m)	['tɔlk]
políglota (m)	polyglott (m)	[pʊlʏ'glɔt]
memoria (f)	minne (n), hukommelse (m)	['minə], [hʉ'kɔməlsə]

122. Los personajes de los cuentos de hadas

Papá Noel (m)	Julenissen	['jʉləˌnisən]
Cenicienta (f)	Askepott	['ɑskəˌpɔt]
sirena (f)	havfrue (m/f)	['hɑvˌfrʉə]
Neptuno (m)	Neptun	[nɛp'tʉn]
mago (m)	trollmann (m)	['trɔlˌmɑn]
maga (f)	fe (m)	['fe]
mágico (adj)	trylle-	['trʏlə-]
varita (f) mágica	tryllestav (m)	['trʏləˌstɑv]
cuento (m) de hadas	eventyr (n)	['ɛvənˌtyr]
milagro (m)	mirakel (n)	[mi'rɑkəl]

enano (m)	gnom, dverg (m)	['gnʊm], ['dvɛrg]
transformarse en ...	å forvandle seg til ...	[ɔ fɔr'vandlə sæj til ...]
espíritu (m) (fantasma)	spøkelse (n)	['spøkəlsə]
fantasma (m)	fantom (m)	[fan'tɔm]
monstruo (m)	monster (n)	['mɔnstər]
dragón (m)	drage (m)	['dragə]
gigante (m)	gigant (m)	[gi'gant]

123. Los signos de zodiaco

Aries (m)	Væren (m)	['værən]
Tauro (m)	Tyren (m)	['tyrən]
Géminis (m pl)	Tvillingene (m pl)	['tviliŋənə]
Cáncer (m)	Krepsen (m)	['krɛpsən]
Leo (m)	Løven (m)	['løvən]
Virgo (m)	Jomfruen (m)	['ʉmfrʉən]
Libra (f)	Vekten (m)	['vɛktən]
Escorpio (m)	Skorpionen	[skɔrpi'ʊnən]
Sagitario (m)	Skytten (m)	['ʂytən]
Capricornio (m)	Steinbukken (m)	['stæjn,bʉkən]
Acuario (m)	Vannmannen (m)	['van,manən]
Piscis (m pl)	Fiskene (pl)	['fiskənə]
carácter (m)	karakter (m)	[karak'ter]
rasgos (m pl) de carácter	karaktertrekk (n pl)	[karak'ter,trɛk]
conducta (f)	oppførsel (m)	['ɔp,fœʂəl]
decir la buenaventura	å spå	[ɔ 'spɔ]
adivinadora (f)	spåkone (m/f)	['spɔː,kɔnə]
horóscopo (m)	horoskop (n)	[hʊrʊ'skɔp]

El arte

124. El teatro

teatro (m)	teater (n)	[te'atər]
ópera (f)	opera (m)	['ʊpera]
opereta (f)	operette (m)	[ʊpe'rɛtə]
ballet (m)	ballett (m)	[ba'let]

cartelera (f)	plakat (m)	[pla'kat]
compañía (f) de teatro	teatertrupp (m)	[te'atər‚trʉp]
gira (f) artística	turné (m)	[tʉr'ne:]
hacer una gira artística	å være på turné	[ɔ 'værə pɔ tʉr'ne:]
ensayar (vi, vt)	å repetere	[ɔ repe'terə]
ensayo (m)	repetisjon (m)	[repeti'ʂʉn]
repertorio (m)	repertoar (n)	[repæ:[ʊ'ɑr]

representación (f)	forestilling (m/f)	['forə‚stiliŋ]
espectáculo (m)	teaterstykke (n)	[te'atər‚stʏkə]
pieza (f) de teatro	skuespill (n)	['skʉə‚spil]

billet (m)	billett (m)	[bi'let]
taquilla (f)	billettluke (m/f)	[bi'let‚lʉkə]
vestíbulo (m)	lobby, foajé (m)	['lɔbi], [fʊa'je]
guardarropa (f)	garderobe (m)	[ga:də'rʊbə]
ficha (f) de guardarropa	garderobemerke (n)	[ga:də'rʊbə 'mærkə]
gemelos (m pl)	kikkert (m)	['çikɛ:t]
acomodador (m)	plassanviser (m)	['plas an‚visər]

patio (m) de butacas	parkett (m)	[par'kɛt]
balconcillo (m)	balkong (m)	[bal'kɔŋ]
entresuelo (m)	første losjerad (m)	['fœʂtə ‚lʊʂerad]
palco (m)	losje (m)	['lʊʂə]
fila (f)	rad (m/f)	['rad]
asiento (m)	plass (m)	['plas]

público (m)	publikum (n)	['pʉblikum]
espectador (m)	tilskuer (m)	['til‚skʉər]
aplaudir (vi, vt)	å klappe	[ɔ 'klapə]
aplausos (m pl)	applaus (m)	[a'plaʊs]
ovación (f)	bifall (n)	['bi‚fal]

escenario (m)	scene (m)	['se:nə]
telón (m)	teppe (n)	['tɛpə]
decoración (f)	dekorasjon (m)	[dekʊra'ʂʉn]
bastidores (m pl)	kulisser (m pl)	[kʉ'lisər]

escena (f)	scene (m)	['se:nə]
acto (m)	akt (m)	['akt]
entreacto (m)	mellomakt (m)	['mɛlɔm‚akt]

125. El cine

actor (m)	skuespiller (m)	['skɵəˌspilər]
actriz (f)	skuespillerinne (m/f)	['skɵəˌspilə'rinə]

cine (m) (industria)	filmindustri (m)	['film indɵ'stri]
película (f)	film (m)	['film]
episodio (m)	del (m)	['del]

película (f) policíaca	kriminalfilm (m)	[krimi'nalˌfilm]
película (f) de acción	actionfilm (m)	['ɛkʂənˌfilm]
película (f) de aventura	eventyrfilm (m)	['ɛvəntyrˌfilm]
película (f) de ciencia ficción	Sci-Fi film (m)	['sajˌfaj film]
película (f) de horror	skrekkfilm (m)	['skrɛkˌfilm]

película (f) cómica	komedie (m)	['kʊ'mediə]
melodrama (m)	melodrama (n)	[melɔ'drɑma]
drama (m)	drama (n)	['drɑma]

película (f) de ficción	spillefilm (m)	['spiləˌfilm]
documental (m)	dokumentarfilm (m)	[dɔkɵmɛn'tar ˌfilm]
dibujos (m pl) animados	tegnefilm (m)	['tæjnəˌfilm]
cine (m) mudo	stumfilm (m)	['stɵmˌfilm]

papel (m)	rolle (m/f)	['rɔlə]
papel (m) principal	hovedrolle (m)	['hʊvədˌrɔle]
interpretar (vt)	å spille	[ɔ 'spilə]

estrella (f) de cine	filmstjerne (m)	['filmˌstjæːŋə]
conocido (adj)	kjent	['çɛnt]
famoso (adj)	berømt	[be'rømt]
popular (adj)	populær	[pʊpɵ'lær]

guión (m) de cine	manus (n)	['manɵs]
guionista (m)	manusforfatter (m)	['manɵs fɔr'fatər]
director (m) de cine	regissør (m)	[rɛʂi'sør]
productor (m)	produsent (m)	[prʊdɵ'sɛnt]
asistente (m)	assistent (m)	[asi'stɛnt]
operador (m) de cámara	kameramann (m)	['kameraˌman]
doble (m) de riesgo	stuntmann (m)	['stantˌman]
doble (m)	stand-in (m)	[ˌstand'in]

filmar una película	å spille inn en film	[ɔ 'spilə in en 'film]
audición (f)	prøve (m/f)	['prøvə]
rodaje (m)	opptak (n)	['ɔpˌtak]
equipo (m) de rodaje	filmteam (n)	['filmˌtim]
plató (m) de rodaje	opptaksplass (m)	['ɔptaksˌplas]
cámara (f)	filmkamera (n)	['filmˌkamera]

cine (m) (iremos al ~)	kino (m)	['çinʊ]
pantalla (f)	filmduk (m)	['filmˌdɵk]
mostrar la película	å vise en film	[ɔ 'visə en 'film]

pista (f) sonora	lydspor (n)	['lydˌspʊr]
efectos (m pl) especiales	spesialeffekter (m pl)	['spesiˌal e'fɛktər]

subtítulos (m pl)	undertekster (m/f)	['ʉnəˌtɛkstər]
créditos (m pl)	rulletekst (m)	['rʉləˌtɛkst]
traducción (f)	oversettelse (m)	['ɔvəˌsɛtəlsə]

126. La pintura

arte (m)	kunst (m)	['kʉnst]
bellas artes (f pl)	de skjønne kunster	[de 'sønə 'kʉnstər]
galería (f) de arte	kunstgalleri (n)	['kʉnst gale'ri]
exposición (f) de arte	maleriutstilling (m/f)	[ˌmale'ri ʉtˌstiliŋ]
pintura (f) (tipo de arte)	malerkunst (m)	['malərˌkʉnst]
gráfica (f)	grafikk (m)	[gra'fik]
abstraccionismo (m)	abstrakt kunst (m)	[ab'strakt 'kʉnst]
impresionismo (m)	impresjonisme (m)	[imprɛṣu'nisme]
pintura (f) (cuadro)	maleri (m/f)	[ˌmale'ri]
dibujo (m)	tegning (m/f)	['tæjniŋ]
pancarta (f)	plakat, poster (m)	['plaˌkat], ['pɔstər]
ilustración (f)	illustrasjon (m)	[ilʉstra'ṣʉn]
miniatura (f)	miniatyr (m)	[minia'tyr]
copia (f)	kopi (m)	[kʉ'pi]
reproducción (f)	reproduksjon (m)	[reprʉdʉk'ṣʉn]
mosaico (m)	mosaikk (m)	[mʉsa'ik]
vitral (m)	glassmaleri (n)	['glasˌmale'ri]
fresco (m)	freske (m)	['frɛskə]
grabado (m)	gravyr (m)	[gra'vyr]
busto (m)	byste (m)	['bystə]
escultura (f)	skulptur (m)	[skʉlp'tʉr]
estatua (f)	statue (m)	['statʉə]
yeso (m)	gips (m)	['jips]
en yeso (adj)	gips-	['jips-]
retrato (m)	portrett (n)	[pɔ:'trɛt]
autorretrato (m)	selvportrett (n)	['sɛlˌpɔ:'trɛt]
paisaje (m)	landskapsmaleri (n)	['lanskapsˌmale'ri]
naturaleza (f) muerta	stilleben (n)	['stilˌlebən]
caricatura (f)	karikatur (m)	[karika'tʉr]
boceto (m)	skisse (m/f)	['ṣisə]
pintura (f) (material)	maling (m/f)	['maliŋ]
acuarela (f)	akvarell (m)	[akva'rɛl]
óleo (m)	olje (m)	['ɔljə]
lápiz (m)	blyant (m)	['blyˌant]
tinta (f) china	tusj (m/n)	['tʉṣ]
carboncillo (m)	kull (n)	['kʉl]
dibujar (vi, vt)	å tegne	[ɔ 'tæjnə]
pintar (vi, vt)	å male	[ɔ 'malə]
posar (vi)	å posere	[ɔ pɔ'serə]
modelo (m)	modell (m)	[mʉ'dɛl]

modelo (f)	modell (m)	[mʉˈdɛl]
pintor (m)	kunstner (m)	[ˈkʉnstnər]
obra (f) de arte	kunstverk (n)	[ˈkʉnstˌværk]
obra (f) maestra	mesterverk (n)	[ˈmɛstɛrˌværk]
estudio (m) (de un artista)	atelier (n)	[ateˈlje]

lienzo (m)	kanvas (m/n), lerret (n)	[ˈkɑnvɑs], [ˈleret]
caballete (m)	staffeli (n)	[stɑfeˈli]
paleta (f)	palett (m)	[pɑˈlet]

marco (m)	ramme (m/f)	[ˈrɑmə]
restauración (f)	restaurering (m)	[rɛstaʉˈreriŋ]
restaurar (vt)	å restaurere	[ɔ rɛstaʉˈrerə]

127. La literatura y la poesía

literatura (f)	litteratur (m)	[litərɑˈtʉr]
autor (m) (escritor)	forfatter (m)	[fɔrˈfɑtər]
seudónimo (m)	pseudonym (n)	[sewdʉˈnym]

libro (m)	bok (m/f)	[ˈbʉk]
tomo (m)	bind (n)	[ˈbin]
tabla (f) de contenidos	innholdsfortegnelse (m)	[ˈinhɔls fɔːˈtæjnəlsə]
página (f)	side (m/f)	[ˈsidə]
héroe (m) principal	hovedperson (m)	[ˈhʉvəd pæˈʂʉn]
autógrafo (m)	autograf (m)	[aʉtʉˈgrɑf]

relato (m) corto	novelle (m/f)	[nʉˈvɛlə]
cuento (m)	kortroman (m)	[ˈkuːʈ rʉˌmɑn]
novela (f)	roman (m)	[rʉˈmɑn]
obra (f) literaria	verk (n)	[ˈværk]
fábula (f)	fabel (m)	[ˈfɑbəl]
novela (f) policíaca	kriminalroman (m)	[krimiˈnɑl rʉˌmɑn]

verso (m)	dikt (n)	[ˈdikt]
poesía (f)	poesi (m)	[pɔɛˈsi]
poema (m)	epos (n)	[ˈɛpɔs]
poeta (m)	poet, dikter (m)	[ˈpɔɛt], [ˈdiktər]

bellas letras (f pl)	skjønnlitteratur (m)	[ˈʂøn literɑˈtʉr]
ciencia ficción (f)	science fiction (m)	[ˈsajəns ˌfikʂn]
aventuras (f pl)	eventyr (n pl)	[ˈɛvənˌtyr]
literatura (f) didáctica	undervisningslitteratur (m)	[ˈʉnərˌvisniŋs literɑˈtʉr]
literatura (f) infantil	barnelitteratur (m)	[ˈbɑːɳə literɑˈtʉr]

128. El circo

circo (m)	sirkus (m/n)	[ˈsirkʉs]
circo (m) ambulante	ambulerende sirkus (n)	[ˈɑmbʉˌlerɛnə ˈsirkʉs]
programa (m)	program (n)	[prʉˈgrɑm]
representación (f)	forestilling (m/f)	[ˈfɔrəˌstiliŋ]
número (m)	nummer (n)	[ˈnʉmər]

arena (f)	manesje, arena (m)	[mɑˈneʂə], [ɑˈrenɑ]
pantomima (f)	pantomime (m)	[pɑntʉˈmimə]
payaso (m)	klovn (m)	[ˈklɔvn]

acróbata (m)	akrobat (m)	[ɑkrʉˈbɑt]
acrobacia (f)	akrobatikk (m)	[ɑkrʉbɑˈtik]
gimnasta (m)	gymnast (m)	[ɡʏmˈnɑst]
gimnasia (f) acrobática	gymnastikk (m)	[ɡʏmnɑˈstik]
salto (m)	salto (m)	[ˈsɑltʉ]

forzudo (m)	atlet (m)	[ɑtˈlet]
domador (m)	dyretemmer (m)	[ˈdyrəˌtɛmər]
caballista (m)	rytter (m)	[ˈrʏtər]
asistente (m)	assistent (m)	[ɑsiˈstɛnt]

truco (m)	trikk, triks (n)	[ˈtrik], [ˈtriks]
truco (m) de magia	trylletriks (n)	[ˈtrʏləˌtriks]
ilusionista (m)	tryllekunstner (m)	[ˈtrʏləˌkʉnstnər]

malabarista (m)	sjonglør (m)	[ʂɔŋˈløɾ]
malabarear (vt)	å sjonglere	[ɔ ˈʂɔŋˌleɾə]
amaestrador (m)	dressør (m)	[drɛˈsør]
amaestramiento (m)	dressur (m)	[drɛˈsʉr]
amaestrar (vt)	å dressere	[ɔ drɛˈseɾə]

129. La música. La música popular

música (f)	musikk (m)	[mʉˈsik]
músico (m)	musiker (m)	[ˈmʉsikər]
instrumento (m) musical	musikkinstrument (n)	[mʉˈsik instrʉˈmɛnt]
tocar ...	å spille ...	[ɔ ˈspilə ...]

guitarra (f)	gitar (m)	[ˈɡiˌtɑr]
violín (m)	fiolin (m)	[fiʉˈlin]
violonchelo (m)	cello (m)	[ˈsɛlʉ]
contrabajo (m)	kontrabass (m)	[ˈkʉntrɑˌbɑs]
arpa (f)	harpe (m)	[ˈhɑrpə]

piano (m)	piano (n)	[piˈɑnʉ]
piano (m) de cola	flygel (n)	[ˈflyɡəl]
órgano (m)	orgel (n)	[ˈɔrɡəl]

instrumentos (m pl) de viento	blåseinstrumenter (n pl)	[ˈbloːsə instrʉˈmɛntər]
oboe (m)	obo (m)	[ʉˈbʉ]
saxofón (m)	saksofon (m)	[sɑksʉˈfʉn]
clarinete (m)	klarinett (m)	[klɑriˈnɛt]
flauta (f)	fløyte (m)	[ˈfløjtə]
trompeta (f)	trompet (m)	[trʉmˈpet]

| acordeón (m) | trekkspill (n) | [ˈtrɛkˌspil] |
| tambor (m) | tromme (m) | [ˈtrʉmə] |

| dúo (m) | duett (m) | [dʉˈɛt] |
| trío (m) | trio (m) | [ˈtriʉ] |

cuarteto (m)	**kvartett** (m)	[kvɑːˈtɛt]
coro (m)	**kor** (n)	[ˈkʊr]
orquesta (f)	**orkester** (n)	[ɔrˈkɛstər]
música (f) pop	**popmusikk** (m)	[ˈpɔp mʉˈsik]
música (f) rock	**rockmusikk** (m)	[ˈrɔk mʉˈsik]
grupo (m) de rock	**rockeband** (n)	[ˈrɔkəˌbɛnd]
jazz (m)	**jazz** (m)	[ˈjas]
ídolo (m)	**idol** (n)	[iˈdʊl]
admirador (m)	**beundrer** (m)	[beˈʉndrər]
concierto (m)	**konsert** (m)	[kʊnˈsæːt]
sinfonía (f)	**symfoni** (m)	[sʏmfʊˈni]
composición (f)	**komposisjon** (m)	[kʊmpʊziˈʂʊn]
escribir (vt)	**å komponere**	[ɔ kʊmpʊˈnerə]
canto (m)	**synging** (m/f)	[ˈsʏŋiŋ]
canción (f)	**sang** (m)	[ˈsɑŋ]
melodía (f)	**melodi** (m)	[melɔˈdi]
ritmo (m)	**rytme** (m)	[ˈrʏtmə]
blues (m)	**blues** (m)	[ˈblʉs]
notas (f pl)	**noter** (m pl)	[ˈnʊtər]
batuta (f)	**taktstokk** (m)	[ˈtɑktˌstɔk]
arco (m)	**bue, boge** (m)	[ˈbʉːə], [ˈbɔgə]
cuerda (f)	**streng** (m)	[ˈstrɛŋ]
estuche (m)	**futteral** (n), **kasse** (m/f)	[ˈfʉteˈrɑl], [ˈkɑsə]

El descanso. El entretenimiento. El viaje

130. Las vacaciones. El viaje

turismo (m)	turisme (m)	[tʉ'rismə]
turista (m)	turist (m)	[tʉ'rist]
viaje (m)	reise (m/f)	['ræjsə]
aventura (f)	eventyr (n)	['ɛvənˌtyr]
viaje (m) (p.ej. ~ en coche)	tripp (m)	['trip]
vacaciones (f pl)	ferie (m)	['fɛriə]
estar de vacaciones	å være på ferie	[ɔ 'værə pɔ 'fɛriə]
descanso (m)	hvile (m/f)	['vilə]
tren (m)	tog (n)	['tɔg]
en tren	med tog	[me 'tɔg]
avión (m)	fly (n)	['fly]
en avión	med fly	[me 'fly]
en coche	med bil	[me 'bil]
en barco	med skip	[me 'ʂip]
equipaje (m)	bagasje (m)	[bɑ'gɑʂə]
maleta (f)	koffert (m)	['kʊfɛːt]
carrito (m) de equipaje	bagasjetralle (m/f)	[bɑ'gɑʂəˌtrɑlə]
pasaporte (m)	pass (n)	['pɑs]
visado (m)	visum (n)	['visʉm]
billete (m)	billett (m)	[bi'let]
billete (m) de avión	flybillett (m)	['fly bi'let]
guía (f) (libro)	reisehåndbok (m/f)	['ræjsəˌhɔnbʊk]
mapa (m)	kart (n)	['kɑːt]
área (f) (~ rural)	område (n)	['ɔmˌroːdə]
lugar (m)	sted (n)	['sted]
exótico (adj)	eksotisk	[ɛk'sʊtisk]
asombroso (adj)	forunderlig	[fɔ'rʉndeːli]
grupo (m)	gruppe (m)	['grʉpə]
excursión (f)	utflukt (m/f)	['ʉtˌflʉkt]
guía (m) (persona)	guide (m)	['gɑjd]

131. El hotel

hotel (m)	hotell (n)	[hʊ'tɛl]
motel (m)	motell (n)	[mʊ'tɛl]
de tres estrellas	trestjernet	['treˌstjæːnə]
de cinco estrellas	femstjernet	['fɛmˌstjæːnə]

hospedarse (vr)	å bo	[ɔ 'bʉ]
habitación (f)	rom (n)	['rʊm]
habitación (f) individual	enkeltrom (n)	['ɛnkelt̩ˌrʊm]
habitación (f) doble	dobbeltrom (n)	['dɔbəlt̩ˌrʊm]
reservar una habitación	å reservere rom	[ɔ resɛr'verə 'rʊm]
media pensión (f)	halvpensjon (m)	['hɑl pɑnˌʂʉn]
pensión (f) completa	fullpensjon (m)	['fʉl pɑnˌʂʉn]
con baño	med badekar	[me 'bɑdəˌkɑr]
con ducha	med dusj	[me 'dʉʂ]
televisión (f) satélite	satellitt-TV (m)	[sɑtɛ'lit 'tɛvɛ]
climatizador (m)	klimaanlegg (n)	['klimɑ'ɑnˌleg]
toalla (f)	håndkle (n)	['hɔnˌkle]
llave (f)	nøkkel (m)	['nøkəl]
administrador (m)	administrator (m)	[admini'strɑːtʊr]
camarera (f)	stuepike (m/f)	['stʉəˌpikə]
maletero (m)	pikkolo (m)	['pikɔlɔ]
portero (m)	portier (m)	[pɔː'tje]
restaurante (m)	restaurant (m)	[rɛstʉ'rɑŋ]
bar (m)	bar (m)	['bɑr]
desayuno (m)	frokost (m)	['frʊkɔst]
cena (f)	middag (m)	['miˌdɑ]
buffet (m) libre	buffet (m)	[bʉ'fɛ]
vestíbulo (m)	hall, lobby (m)	['hɑl], ['lɔbi]
ascensor (m)	heis (m)	['hæjs]
NO MOLESTAR	VENNLIGST IKKE FORSTYRR!	['vɛnligt ikə fɔ'ʂtyr]
PROHIBIDO FUMAR	RØYKING FORBUDT	['røjkiŋ fɔr'bʉt]

132. Los libros. La lectura

libro (m)	bok (m/f)	['bʊk]
autor (m)	forfatter (m)	[fɔr'fɑtər]
escritor (m)	forfatter (m)	[fɔr'fɑtər]
escribir (~ un libro)	å skrive	[ɔ 'skrivə]
lector (m)	leser (m)	['lesər]
leer (vi, vt)	å lese	[ɔ 'lesə]
lectura (f)	lesning (m/f)	['lesniŋ]
en silencio	for seg selv	[fɔr sæj 'sɛl]
en voz alta	høyt	['højt]
editar (vt)	å publisere	[ɔ pʉbli'serə]
edición (f) (~ de libros)	publisering (m/f)	[pʉbli'seriŋ]
editor (m)	forlegger (m)	['fɔːˌlegər]
editorial (f)	forlag (n)	['fɔːlɑg]
salir (libro)	å komme ut	[ɔ 'kɔmə ʉt]
salida (f) (de un libro)	utgivelse (m)	['ʉtjivəlsə]

tirada (f)	opplag (n)	['ɔpˌlag]
librería (f)	bokhandel (m)	['bʊkˌhandəl]
biblioteca (f)	bibliotek (n)	[bibliʉ'tek]
cuento (m)	kortroman (m)	['kʊːt̪ rʊˌman]
relato (m) corto	novelle (m/f)	[nʊ'vɛlə]
novela (f)	roman (m)	[rʊ'man]
novela (f) policíaca	kriminalroman (m)	[krimi'nal rʊˌman]
memorias (f pl)	memoarer (pl)	[memʊ'arər]
leyenda (f)	legende (m)	['le'gɛndə]
mito (m)	myte (m)	['myːtə]
versos (m pl)	dikt (n pl)	['dikt]
autobiografía (f)	selvbiografi (m)	['sɛlˌbiʊgra'fi]
obras (f pl) escogidas	utvalgte verker (n pl)	['ʉtˌvalgtə 'værkər]
ciencia ficción (f)	science fiction (m)	['sajəns ˌfikʂn]
título (m)	tittel (m)	['titəl]
introducción (f)	innledning (m)	['inˌlednin]
portada (f)	tittelblad (n)	['titəlˌbla]
capítulo (m)	kapitel (n)	[ka'pitəl]
extracto (m)	utdrag (n)	['ʉtˌdrag]
episodio (m)	episode (m)	[ɛpi'sʊdə]
sujeto (m)	handling (m/f)	['hɑndlin]
contenido (m)	innhold (n)	['inˌhɔl]
tabla (f) de contenidos	innholdsfortegnelse (m)	['inhɔls fɔːˌtæjnəlsə]
héroe (m) principal	hovedperson (m)	['hʊvəd pæ'ʂʉn]
tomo (m)	bind (n)	['bin]
cubierta (f)	omslag (n)	['ɔmˌslag]
encuadernado (m)	bokbind (n)	['bʊkˌbin]
marcador (m) de libro	bokmerke (n)	['bʊkˌmærkə]
página (f)	side (m/f)	['sidə]
hojear (vt)	å bla	[ɔ 'bla]
márgenes (m pl)	marger (m pl)	['margər]
anotación (f)	annotering (n)	[anʊ'tɛrin]
nota (f) a pie de página	anmerkning (m)	['anˌmærknin]
texto (m)	tekst (m/f)	['tɛkst]
fuente (f)	skrift, font (m)	['skrift], ['fɔnt]
errata (f)	trykkfeil (m)	['trʏkˌfæjl]
traducción (f)	oversettelse (m)	['ɔvəˌsɛtəlsə]
traducir (vt)	å oversette	[ɔ 'ɔvəˌsɛtə]
original (m)	original (m)	[ɔrigi'nal]
famoso (adj)	berømt	[be'rømt]
desconocido (adj)	ukjent	['ʉˌçɛnt]
interesante (adj)	interessant	[intere'san]
best-seller (m)	bestselger (m)	['bɛstˌsɛlər]
diccionario (m)	ordbok (m/f)	['uːrˌbʊk]
manual (m)	lærebok (m/f)	['læreˌbʊk]
enciclopedia (f)	encyklopedi (m)	[ɛnsʏklɔpe'di]

133. La caza. La pesca

caza (f)	jakt (m/f)	['jakt]
cazar (vi, vt)	å jage	[ɔ 'jagə]
cazador (m)	jeger (m)	['jɛːgər]
tirar (vi)	å skyte	[ɔ 'ṣytə]
fusil (m)	gevær (n)	[ge'væːr]
cartucho (m)	patron (m)	[pɑ'trʊn]
perdigón (m)	hagl (n)	['hɑgl]
cepo (m)	saks (m/f)	['sɑks]
trampa (f)	felle (m/f)	['fɛlə]
caer en el cepo	å fanges i felle	[ɔ 'fɑŋəs i 'fɛlə]
poner un cepo	å sette opp felle	[ɔ 'sɛtə ɔp 'fɛlə]
cazador (m) furtivo	tyvskytter (m)	['tyfˌṣytər]
caza (f) menor	vilt (n)	['vilt]
perro (m) de caza	jakthund (m)	['jaktˌhʉn]
safari (m)	safari (m)	[sɑ'fɑri]
animal (m) disecado	utstoppet dyr (n)	['ʉtˌstɔpet ˌdyr]
pescador (m)	fisker (m)	['fiskər]
pesca (f)	fiske (n)	['fiskə]
pescar (vi)	å fiske	[ɔ 'fiskə]
caña (f) de pescar	fiskestang (m/f)	['fiskəˌstɑŋ]
sedal (m)	fiskesnøre (n)	['fiskəˌsnøre]
anzuelo (m)	krok (m)	['krʊk]
flotador (m)	dupp (m)	['dʉp]
cebo (m)	agn (m)	['ɑŋn]
lanzar el anzuelo	å kaste ut	[ɔ 'kastə ʉt]
picar (vt)	å bite	[ɔ 'bitə]
pesca (f) (lo pescado)	fangst (m)	['fɑŋst]
agujero (m) en el hielo	hull (n) i isen	['hʉl i ˌisən]
red (f)	nett (n)	['nɛt]
barca (f)	båt (m)	['bɔt]
pescar con la red	å fiske med nett	[ɔ 'fiskə me 'nɛt]
tirar la red	å kaste nettet	[ɔ 'kastə 'nɛtə]
sacar la red	å hale opp nettet	[ɔ 'halə ɔp 'nɛtə]
caer en la red	å bli fanget i nett	[ɔ 'bli 'faŋət i 'nɛt]
ballenero (m) (persona)	hvalfanger (m)	['valˌfaŋər]
ballenero (m) (barco)	hvalbåt (m)	['valˌbɔt]
arpón (m)	harpun (m)	[har'pʉn]

134. Los juegos. El billar

billar (m)	biljard (m)	[bil'jaːd]
sala (f) de billar	biljardsalong (m)	[bil'jaːdsɑˌlɔŋ]
bola (f) de billar	biljardkule (m/f)	[bil'jaːdˌkʉːlə]

entronerar la bola	å støte en kule	[ɔ 'støtə en 'kʉːlə]
taco (m)	kø (m)	['kø]
tronera (f)	hull (n)	['hʉl]

135. Los juegos. Las cartas

carta (f)	kort (n)	['kɔːt]
cartas (f pl)	kort (n pl)	['kɔːt]
baraja (f)	kortstokk (m)	['kɔːt‚stɔk]
triunfo (m)	trumf (m)	['trʉmf]
cuadrados (m pl)	ruter (m pl)	['rʉtər]
picas (f pl)	spar (m pl)	['spɑr]
corazones (m pl)	hjerter (m)	['jæːtər]
tréboles (m pl)	kløver (m)	['kløvər]
as (m)	ess (n)	['ɛs]
rey (m)	konge (m)	['kʊŋə]
dama (f)	dame (m/f)	['dɑmə]
sota (f)	knekt (m)	['knɛkt]
dar, distribuir (repartidor)	å gi, å dele ut	[ɔ 'jiː], [ɔ 'delə ʉt]
barajar (vt) (mezclar las cartas)	å blande	[ɔ 'blɑnə]
jugada (f) (turno)	trekk (n)	['trɛk]
punto (m)	poeng (n)	[pɔ'ɛŋ]
fullero (m)	falskspiller (m)	['fɑlsk‚spilər]

136. El descanso. Los juegos. Miscelánea

pasear (vi)	å spasere	[ɔ spɑ'serə]
paseo (m) (caminata)	spasertur (m)	[spɑ'sɛː‚tʉr]
paseo (m) (en coche)	kjøretur (m)	['çœːrə‚tʉr]
aventura (f)	eventyr (n)	['ɛvən‚tyr]
picnic (m)	piknik (m)	['piknik]
juego (m)	spill (n)	['spil]
jugador (m)	spiller (m)	['spilər]
partido (m)	parti (n)	[pɑːˈtʲi]
coleccionista (m)	samler (m)	['sɑmlər]
coleccionar (vt)	å samle	[ɔ 'sɑmlə]
colección (f)	samling (m/f)	['sɑmliŋ]
crucigrama (m)	kryssord (n)	['krʏs‚ʊːr]
hipódromo (m)	travbane (m)	['trɑv‚bɑnə]
discoteca (f)	diskotek (n)	[diskʊ'tek]
sauna (f)	sauna (m)	['sɑʊnɑ]
lotería (f)	lotteri (n)	[lɔte'ri]
marcha (f)	campingtur (m)	['kɑmpiŋ‚tʉr]
campo (m)	leir (m)	['læjr]

campista (m)	camper (m)	['kampər]
tienda (f) de campaña	telt (n)	['tɛlt]
brújula (f)	kompass (m/n)	[kʊm'pas]
ver (la televisión)	å se på	[ɔ 'se pɔ]
telespectador (m)	TV-seer (m)	['tɛvɛ ˌseːər]
programa (m) de televisión	TV-show (n)	['tɛvɛ ˌʂɔːw]

137. La fotografía

cámara (f) fotográfica	kamera (n)	['kamera]
fotografía (f) (una foto)	foto, fotografi (n)	['fɔtɔ], ['fɔtɔgra'fi]
fotógrafo (m)	fotograf (m)	[fɔtɔ'graf]
estudio (m) fotográfico	fotostudio (n)	['fɔtɔˌstʉdiɔ]
álbum (m) de fotos	fotoalbum (n)	['fɔtɔˌalbʉm]
objetivo (m)	objektiv (n)	[ɔbjɛk'tiv]
teleobjetivo (m)	teleobjektiv (n)	['teleɔbjek'tiv]
filtro (m)	filter (n)	['filtər]
lente (m)	linse (m/f)	['linsə]
óptica (f)	optikk (m)	[ɔp'tik]
diafragma (m)	blender (m)	['blenər]
tiempo (m) de exposición	eksponeringstid (m/f)	[ɛkspʉ'neriŋsˌtid]
visor (m)	søker (m)	['søkər]
cámara (f) digital	digitalkamera (n)	[digi'tal ˌkamera]
trípode (m)	stativ (m)	[sta'tiv]
flash (m)	blits (m)	['blits]
fotografiar (vt)	å fotografere	[ɔ fɔtɔgra'ferə]
hacer fotos	å ta bilder	[ɔ 'ta 'bildər]
fotografiarse (vr)	å bli fotografert	[ɔ 'bli fɔtɔgra'fɛːt]
foco (m)	fokus (n)	['fɔkʉs]
enfocar (vt)	å stille skarphet	[ɔ 'stilə 'skarpˌhet]
nítido (adj)	skarp	['skarp]
nitidez (f)	skarphet (m)	['skarpˌhet]
contraste (m)	kontrast (m)	[kʊn'trast]
de alto contraste (adj)	kontrast-	[kʊn'trast-]
foto (f)	bilde (n)	['bildə]
negativo (m)	negativ (m/n)	['negaˌtiv]
película (f) fotográfica	film (m)	['film]
fotograma (m)	bilde (n)	['bildə]
imprimir (vt)	å skrive ut	[ɔ skrivə ʉt]

138. La playa. La natación

playa (f)	badestrand (m/f)	['badəˌstran]
arena (f)	sand (m)	['san]

desierto (playa ~a)	øde	['ødə]
bronceado (m)	solbrenthet (m)	['sʊlbrɛnˌhet]
broncearse (vr)	å sole seg	[ɔ 'sʊlə sæj]
bronceado (adj)	solbrent	['sʊlˌbrɛnt]
protector (m) solar	solkrem (m)	['sʊlˌkrɛm]
bikini (m)	bikini (m)	[bi'kini]
traje (m) de baño	badedrakt (m/f)	['badəˌdrakt]
bañador (m)	badebukser (m/f)	['badəˌbʉksər]
piscina (f)	svømmebasseng (n)	['svœməˌba'sɛŋ]
nadar (vi)	å svømme	[ɔ 'svœmə]
ducha (f)	dusj (m)	['dʉʂ]
cambiarse (vr)	å kle seg om	[ɔ 'kle sæj ˌɔm]
toalla (f)	håndkle (n)	['hɔnˌkle]
barca (f)	båt (m)	['bɔt]
lancha (f) motora	motorbåt (m)	['mɔtʊrˌbɔt]
esquís (m pl) acuáticos	vannski (m pl)	['vanˌʂi]
bicicleta (f) acuática	pedalbåt (m)	['pe'dalˌbɔt]
surf (m)	surfing (m/f)	['sørfiŋ]
surfista (m)	surfer (m)	['sørfər]
equipo (m) de buceo	scuba (n)	['skʉba]
aletas (f pl)	svømmeføtter (m pl)	['svœməˌfœtər]
máscara (f) de buceo	maske (m/f)	['maskə]
buceador (m)	dykker (m)	['dʏkər]
bucear (vi)	å dykke	[ɔ 'dʏkə]
bajo el agua (adv)	under vannet	['ʉnər 'vanə]
sombrilla (f)	parasoll (m)	[para'sɔl]
tumbona (f)	liggestol (m)	['ligəˌstʊl]
gafas (f pl) de sol	solbriller (m pl)	['sʊlˌbrilər]
colchoneta (f) inflable	luftmadrass (m)	['lʉftmaˌdras]
jugar (divertirse)	å leke	[ɔ 'lekə]
bañarse (vr)	å bade	[ɔ 'badə]
pelota (f) de playa	ball (m)	['bal]
inflar (vt)	å blåse opp	[ɔ 'blɔ:sə ɔp]
inflable (colchoneta ~)	luft-, oppblåsbar	['lʉft-], [ɔp'blɔ:sbar]
ola (f)	bølge (m)	['bølgə]
boya (f)	bøye (m)	['bøjə]
ahogarse (vr)	å drukne	[ɔ 'drʉknə]
salvar (vt)	å redde	[ɔ 'rɛdə]
chaleco (m) salvavidas	redningsvest (m)	['rɛdniŋsˌvɛst]
observar (vt)	å observere	[ɔ ɔbsɛr'verə]
socorrista (m)	badevakt (m/f)	['badəˌvakt]

EL EQUIPO TÉCNICO. EL TRANSPORTE

El equipo técnico

139. El computador

ordenador (m)	datamaskin (m)	['dɑtɑ mɑˌʂin]
ordenador (m) portátil	bærbar, laptop (m)	['bærˌbɑr], ['lɑptɔp]
encender (vt)	å slå på	[ɔ 'ʂlɔ pɔ]
apagar (vt)	å slå av	[ɔ 'ʂlɔ ɑ:]
teclado (m)	tastatur (n)	[tɑstɑ'tʉr]
tecla (f)	tast (m)	['tɑst]
ratón (m)	mus (m/f)	['mʉs]
alfombrilla (f) para ratón	musematte (m/f)	['mʉsəˌmɑtə]
botón (m)	knapp (m)	['knɑp]
cursor (m)	markør (m)	[mɑr'kør]
monitor (m)	monitor (m)	['mɔnitɔr]
pantalla (f)	skjerm (m)	['ʂærm]
disco (m) duro	harddisk (m)	['hɑrˌdisk]
volumen (m) de disco duro	harddiskkapasitet (m)	['hɑrˌdisk kɑpɑsi'tet]
memoria (f)	minne (n)	['minə]
memoria (f) operativa	hovedminne (n)	['hɔvədˌminə]
archivo, fichero (m)	fil (m)	['fil]
carpeta (f)	mappe (m/f)	['mɑpə]
abrir (vt)	å åpne	[ɔ 'ɔpnə]
cerrar (vt)	å lukke	[ɔ 'lʉkə]
guardar (un archivo)	å lagre	[ɔ 'lɑgrə]
borrar (vt)	å slette, å fjerne	[ɔ 'ʂletə], [ɔ 'fjæ:ɳə]
copiar (vt)	å kopiere	[ɔ kʉ'pjerə]
ordenar (vt) (~ de A a Z, etc.)	å sortere	[ɔ sɔ:'ʈerə]
transferir (vt)	å overføre	[ɔ 'ɔvərˌførə]
programa (m)	program (n)	[prʉ'grɑm]
software (m)	programvare (m/f)	[prʉ'grɑmˌvɑrə]
programador (m)	programmerer (m)	[prʉgrɑ'merər]
programar (vt)	å programmere	[ɔ prʉgrɑ'merə]
hacker (m)	hacker (m)	['hɑkər]
contraseña (f)	passord (n)	['pɑsˌu:r]
virus (m)	virus (m)	['virʉs]
detectar (vt)	å oppdage	[ɔ 'ɔpˌdɑgə]
octeto, byte (m)	byte (m)	['bɑjt]

megaocteto (m)	megabyte (m)	['megaˌbajt]
datos (m pl)	data (m pl)	['data]
base (f) de datos	database (m)	['dataˌbase]
cable (m)	kabel (m)	['kabel]
desconectar (vt)	å koble fra	[ɔ 'koble fra]
conectar (vt)	å koble	[ɔ 'koble]

140. El internet. El correo electrónico

internet (m), red (f)	Internett	['inteˌnɛt]
navegador (m)	nettleser (m)	['nɛtˌleser]
buscador (m)	søkemotor (m)	['søkeˌmotur]
proveedor (m)	leverandør (m)	[leveran'dør]
webmaster (m)	webmaster (m)	['vɛbˌmaster]
sitio (m) web	webside, hjemmeside (m/f)	['vɛbˌside], ['jɛmeˌside]
página (f) web	nettside (m)	['nɛtˌside]
dirección (f)	adresse (m)	[a'drɛse]
libro (m) de direcciones	adressebok (f)	[a'drɛseˌbuk]
buzón (m)	postkasse (m/f)	['postˌkase]
correo (m)	post (m)	['post]
lleno (adj)	full	['fʉl]
mensaje (m)	melding (m/f)	['mɛliŋ]
correo (m) entrante	innkommende meldinger	['inˌkomene 'mɛliŋer]
correo (m) saliente	utgående meldinger	['ʉtˌgoene 'mɛliŋer]
expedidor (m)	avsender (m)	['afˌsɛner]
enviar (vt)	å sende	[ɔ 'sene]
envío (m)	avsending (m)	['afˌsɛniŋ]
destinatario (m)	mottaker (m)	['motˌtaker]
recibir (vt)	å motta	[ɔ 'mota]
correspondencia (f)	korrespondanse (m)	[kʉrespon'danse]
escribirse con ...	å brevveksle	[ɔ 'bʁɛvˌvɛksle]
archivo, fichero (m)	fil (m)	['fil]
descargar (vt)	å laste ned	[ɔ 'laste 'ne]
crear (vt)	å opprette	[ɔ 'opˌrɛte]
borrar (vt)	å slette, å fjerne	[ɔ 'ʂlete], [ɔ 'fjæːɳe]
borrado (adj)	slettet	['ʂletet]
conexión (f) (ADSL, etc.)	forbindelse (m)	[for'binelse]
velocidad (f)	hastighet (m/f)	['hastiˌhet]
módem (m)	modem (n)	['mʉ'dɛm]
acceso (m)	tilgang (m)	['tilˌgaŋ]
puerto (m)	port (m)	['poːt]
conexión (f) (establecer la ~)	tilkobling (m/f)	['tilˌkobliŋ]
conectarse a ...	å koble	[ɔ 'koble]
seleccionar (vt)	å velge	[ɔ 'vɛlge]
buscar (vt)	å søke etter ...	[ɔ 'søke ˌɛter ...]

El transporte

141. El avión

avión (m)	fly (n)	['fly]
billete (m) de avión	flybillett (m)	['fly bi'let]
compañía (f) aérea	flyselskap (n)	['flysəl‚skɑp]
aeropuerto (m)	flyplass (m)	['fly‚plɑs]
supersónico (adj)	overlyds-	['ɔvə‚lyds-]
comandante (m)	kaptein (m)	[kɑp'tæjn]
tripulación (f)	besetning (m/f)	[be'sɛtniŋ]
piloto (m)	pilot (m)	[pi'lɔt]
azafata (f)	flyvertinne (m/f)	[flyvɛ:'tinə]
navegador (m)	styrmann (m)	['styr‚mɑn]
alas (f pl)	vinger (m pl)	['viŋər]
cola (f)	hale (m)	['hɑlə]
cabina (f)	cockpit, førerkabin (m)	['kɔkpit], ['førərkɑ‚bin]
motor (m)	motor (m)	['mɔtʊr]
tren (m) de aterrizaje	landingshjul (n)	['lɑniŋs‚jʉl]
turbina (f)	turbin (m)	[tʉr'bin]
hélice (f)	propell (m)	[prʊ'pɛl]
caja (f) negra	svart boks (m)	['svɑ:ʈ bɔks]
timón (m)	ratt (n)	['rɑt]
combustible (m)	brensel (n)	['brɛnsəl]
instructivo (m) de seguridad	sikkerhetsbrosjyre (m)	['sikərhɛts‚brɔ'ʂyrə]
respirador (m) de oxígeno	oksygenmaske (m/f)	['ɔksygən‚mɑskə]
uniforme (m)	uniform (m)	[ʉni'fɔrm]
chaleco (m) salvavidas	redningsvest (m)	['rɛdniŋs‚vɛst]
paracaídas (m)	fallskjerm (m)	['fɑl‚ʂærm]
despegue (m)	start (m)	['stɑ:ʈ]
despegar (vi)	å løfte	[ɔ 'lœftə]
pista (f) de despegue	startbane (m)	['stɑ:ʈ‚bɑnə]
visibilidad (f)	siktbarhet (m)	['siktbɑr‚het]
vuelo (m)	flyging (m/f)	['flygiŋ]
altura (f)	høyde (m)	['højdə]
pozo (m) de aire	lufthull (n)	['lʉft‚hʉl]
asiento (m)	plass (m)	['plɑs]
auriculares (m pl)	hodetelefoner (n pl)	['hɔdətelə‚fʊnər]
mesita (f) plegable	klappbord (n)	['klɑp‚bʊr]
ventana (f)	vindu (n)	['vindʉ]
pasillo (m)	midtgang (m)	['mit‚gɑŋ]

142. El tren

tren (m)	tog (n)	['tɔg]
tren (m) de cercanías	lokaltog (n)	[lɔ'kal‚tɔg]
tren (m) rápido	ekspresstog (n)	[ɛks'prɛs‚tɔg]
locomotora (f) diésel	diesellokomotiv (n)	['disɛl lʉkɔmɔ'tiv]
tren (m) de vapor	damplokomotiv (n)	['damp lʉkɔmɔ'tiv]

coche (m)	vogn (m)	['vɔŋn]
coche (m) restaurante	restaurantvogn (m/f)	[rɛstʉ'raŋ‚vɔŋn]

rieles (m pl)	skinner (m/f pl)	['şinər]
ferrocarril (m)	jernbane (m)	['jæːn‚banə]
traviesa (f)	sville (m/f)	['svilə]

plataforma (f)	perrong, plattform (m/f)	[pɛ'rɔŋ], ['platfɔrm]
vía (f)	spor (n)	['spʉr]
semáforo (m)	semafor (m)	[sema'fʉr]
estación (f)	stasjon (m)	[sta'şʉn]

maquinista (m)	lokfører (m)	['lʉk‚førər]
maletero (m)	bærer (m)	['bærər]
mozo (m) del vagón	betjent (m)	['be'tjɛnt]
pasajero (m)	passasjer (m)	[pasa'şɛr]
revisor (m)	billett inspektør (m)	[bi'let inspɛk'tør]

corredor (m)	korridor (m)	[kʉri'dɔr]
freno (m) de urgencia	nødbrems (m)	['nød‚brɛms]

compartimiento (m)	kupé (m)	[kʉ'pe]
litera (f)	køye (m/f)	['køjə]
litera (f) de arriba	overkøye (m/f)	['ɔvər‚køjə]
litera (f) de abajo	underkøye (m/f)	['ʉnər‚køjə]
ropa (f) de cama	sengetøy (n)	['sɛŋə‚tøj]

billete (m)	billett (m)	[bi'let]
horario (m)	rutetabell (m)	['rʉtə‚ta'bɛl]
pantalla (f) de información	informasjonstavle (m/f)	[infɔrma'şʉns ‚tavlə]

partir (vi)	å avgå	[ɔ 'avgɔ]
partida (f) (del tren)	avgang (m)	['av‚gaŋ]

llegar (tren)	å ankomme	[ɔ 'an‚kɔmə]
llegada (f)	ankomst (m)	['an‚kɔmst]

llegar en tren	å ankomme med toget	[ɔ 'an‚kɔmə me 'tɔge]
tomar el tren	å gå på toget	[ɔ 'gɔ pɔ 'tɔge]
bajar del tren	å gå av toget	[ɔ 'gɔ aː 'tɔge]

descarrilamiento (m)	togulykke (m/n)	['tɔg ʉ'lʏkə]
descarrilarse (vr)	å spore av	[ɔ 'spʉrə aː]
tren (m) de vapor	damplokomotiv (n)	['damp lʉkɔmɔ'tiv]
fogonero (m)	fyrbøter (m)	['fyr‚bøtər]
hogar (m)	fyrrom (n)	['fyr‚rʉm]
carbón (m)	kull (n)	['kʉl]

143. El barco

barco, buque (m)	skip (n)	['ṣip]
navío (m)	fartøy (n)	['fɑːˌtøj]
buque (m) de vapor	dampskip (n)	['dɑmpˌṣip]
motonave (f)	elvebåt (m)	['ɛlvəˌbɔt]
trasatlántico (m)	cruiseskip (n)	['krʉsˌṣip]
crucero (m)	krysser (m)	['krʏsər]
yate (m)	jakt (m/f)	['jɑkt]
remolcador (m)	bukserbåt (m)	[bʉk'serˌbɔt]
barcaza (f)	lastepram (m)	['lɑstəˌprɑm]
ferry (m)	ferje, ferge (m/f)	['færjə], ['færgə]
velero (m)	seilbåt (n)	['sæjlˌbɔt]
bergantín (m)	brigantin (m)	[brigɑn'tin]
rompehielos (m)	isbryter (m)	['isˌbrytər]
submarino (m)	ubåt (m)	['ʉːˌbɔt]
bote (m) de remo	båt (m)	['bɔt]
bote (m)	jolle (m/f)	['jɔlə]
bote (m) salvavidas	livbåt (m)	['livˌbɔt]
lancha (f) motora	motorbåt (m)	['mɔtʉrˌbɔt]
capitán (m)	kaptein (m)	[kɑp'tæjn]
marinero (m)	matros (m)	[mɑ'trʉs]
marino (m)	sjømann (m)	['ṣøˌmɑn]
tripulación (f)	besetning (m/f)	[be'sɛtniŋ]
contramaestre (m)	båtsmann (m)	['bɔsˌmɑn]
grumete (m)	skipsgutt, jungmann (m)	['ṣipsˌgʉt], ['jʉŋˌmɑn]
cocinero (m) de abordo	kokk (m)	['kʊk]
médico (m) del buque	skipslege (m)	['ṣipsˌlegə]
cubierta (f)	dekk (n)	['dɛk]
mástil (m)	mast (m/f)	['mɑst]
vela (f)	seil (n)	['sæjl]
bodega (f)	lasterom (n)	['lɑstəˌrʊm]
proa (f)	baug (m)	['bæu]
popa (f)	akterende (m)	['ɑktəˌrɛnə]
remo (m)	åre (m)	['oːrə]
hélice (f)	propell (m)	[prʉ'pɛl]
camarote (m)	hytte (m)	['hʏte]
sala (f) de oficiales	offisersmesse (m/f)	[ɔfi'sɛrsˌmɛsə]
sala (f) de máquinas	maskinrom (n)	[mɑ'ṣinˌrʊm]
puente (m) de mando	kommandobro (m/f)	[kɔ'mɑndʊˌbrʉ]
sala (f) de radio	radiorom (m)	['rɑdiʊˌrʊm]
onda (f)	bølge (m)	['bølgə]
cuaderno (m) de bitácora	loggbok (m/f)	['lɔgˌbʊk]
anteojo (m)	langkikkert (m)	['lɑŋˌkikeːt]
campana (f)	klokke (m/f)	['klɔkə]

bandera (f)	flagg (n)	['flɑg]
cabo (m) (maroma)	trosse (m/f)	['trʊsə]
nudo (m)	knute (m)	['knʉtə]
pasamano (m)	rekkverk (n)	['rɛkˌværk]
pasarela (f)	landgang (m)	['lɑnˌgɑŋ]
ancla (f)	anker (n)	['ɑnkər]
levar ancla	å lette anker	[ɔ 'letə 'ɑnkər]
echar ancla	å kaste anker	[ɔ 'kɑstə 'ɑnkər]
cadena (f) del ancla	ankerkjetting (m)	['ɑnkərˌçɛtiŋ]
puerto (m)	havn (m/f)	['hɑvn]
embarcadero (m)	kai (m/f)	['kɑj]
amarrar (vt)	å fortøye	[ɔ fɔ:'tøjə]
desamarrar (vt)	å kaste loss	[ɔ 'kɑstə lɔs]
viaje (m)	reise (m/f)	['ræjsə]
crucero (m) (viaje)	cruise (n)	['krʉs]
derrota (f) (rumbo)	kurs (m)	['kʉṣ]
itinerario (m)	rute (m/f)	['rʉtə]
canal (m) navegable	seilrende (m)	['sæjlˌrɛnə]
bajío (m)	grunne (m/f)	['grʉnə]
encallar (vi)	å gå på grunn	[ɔ 'gɔ pɔ 'grʉn]
tempestad (f)	storm (m)	['stɔrm]
señal (f)	signal (n)	[siŋ'nɑl]
hundirse (vr)	å synke	[ɔ 'sʏnkə]
¡Hombre al agua!	Mann over bord!	['mɑn ˌɔvər 'bʊr]
SOS	SOS (n)	[ɛsʊ'ɛs]
aro (m) salvavidas	livbøye (m/f)	['livˌbøjə]

144. El aeropuerto

aeropuerto (m)	flyplass (m)	['flyˌplɑs]
avión (m)	fly (n)	['fly]
compañía (f) aérea	flyselskap (n)	['flysəlˌskɑp]
controlador (m) aéreo	flygeleder (m)	['flygəˌledər]
despegue (m)	avgang (m)	['ɑvˌgɑŋ]
llegada (f)	ankomst (m)	['ɑnˌkɔmst]
llegar (en avión)	å ankomme	[ɔ 'ɑnˌkɔmə]
hora (f) de salida	avgangstid (m/f)	['ɑvgɑŋsˌtid]
hora (f) de llegada	ankomsttid (m/f)	[ɑn'kɔmsˌtid]
retrasarse (vr)	å bli forsinket	[ɔ 'bli fɔ'ṣinkət]
retraso (m) de vuelo	avgangsforsinkelse (m)	['ɑvgɑŋs fɔ'ṣinkəlsə]
pantalla (f) de información	informasjonstavle (m/f)	[infɔrmɑ'ṣʉns ˌtɑvlə]
información (f)	informasjon (m)	[infɔrmɑ'ṣʉn]
anunciar (vt)	å meddele	[ɔ 'mɛdˌdelə]
vuelo (m)	fly (n)	['fly]

aduana (f)	toll (m)	['tɔl]
aduanero (m)	tollbetjent (m)	['tɔlbeˌtjɛnt]
declaración (f) de aduana	tolldeklarasjon (m)	[ˈtɔldɛklɑrɑˈʂʉn]
rellenar (vt)	å utfylle	[ɔ 'ʉtˌfʏlə]
rellenar la declaración	å utfylle en tolldeklarasjon	[ɔ 'ʉtˌfʏlə en 'tɔldɛklɑrɑˌʂʉn]
control (m) de pasaportes	passkontroll (m)	[ˈpɑskʉnˌtrɔl]
equipaje (m)	bagasje (m)	[bɑˈgɑʂə]
equipaje (m) de mano	håndbagasje (m)	[ˈhɔnˌbɑˈgɑʂə]
carrito (m) de equipaje	bagasjetralle (m/f)	[bɑˈgɑʂəˌtrɑlə]
aterrizaje (m)	landing (m)	[ˈlɑnɪŋ]
pista (f) de aterrizaje	landingsbane (m)	[ˈlɑnɪŋsˌbɑnə]
aterrizar (vi)	å lande	[ɔ 'lɑnə]
escaleras (f pl) (de avión)	trapp (m/f)	[ˈtrɑp]
facturación (f) (check-in)	innsjekking (m/f)	[ˈinˌʂɛkɪŋ]
mostrador (m) de facturación	innsjekkingsskranke (m)	[ˈinˌʂɛkɪŋs ˌskrɑnkə]
hacer el check-in	å sjekke inn	[ɔ 'ʂɛkə in]
tarjeta (f) de embarque	boardingkort (n)	[ˈbɔːdɪŋˌkɔːt]
puerta (f) de embarque	gate (m/f)	[ˈgejt]
tránsito (m)	transitt (m)	[trɑnˈsit]
esperar (aguardar)	å vente	[ɔ 'vɛntə]
zona (f) de preembarque	ventehall (m)	[ˈvɛntəˌhɑl]
despedir (vt)	å ta avskjed	[ɔ 'tɑ 'ɑfˌʂɛd]
despedirse (vr)	å si farvel	[ɔ 'si fɑrˈvɛl]

145. La bicicleta. La motocicleta

bicicleta (f)	sykkel (m)	[ˈsʏkəl]
scooter (m)	skuter (m)	[ˈskʉtər]
motocicleta (f)	motorsykkel (m)	[ˈmɔtʉrˌsʏkəl]
ir en bicicleta	å sykle	[ɔ 'sʏklə]
manillar (m)	styre (n)	[ˈstyrə]
pedal (m)	pedal (m)	[peˈdɑl]
frenos (m pl)	bremser (m pl)	[ˈbrɛmsər]
sillín (m)	sete (n)	[ˈsetə]
bomba (f)	pumpe (m/f)	[ˈpʉmpə]
portaequipajes (m)	bagasjebrett (n)	[bɑˈgɑʂəˌbrɛt]
faro (m)	lykt (m/f)	[ˈlʏkt]
casco (m)	hjelm (m)	[ˈjɛlm]
rueda (f)	hjul (n)	[ˈjʉl]
guardabarros (m)	skjerm (m)	[ˈʂærm]
llanta (f)	felg (m)	[ˈfɛlg]
rayo (m)	eik (m/f)	[ˈæjk]

Los coches

146. El coche

coche (m)	bil (m)	['bil]
coche (m) deportivo	sportsbil (m)	['spɔːts̩ˌbil]
limusina (f)	limousin (m)	[limʉ'sin]
todoterreno (m)	terrengbil (m)	[tɛ'rɛŋˌbil]
cabriolé (m)	kabriolet (m)	[kɑbriʉ'le]
microbús (m)	minibuss (m)	['miniˌbʉs]
ambulancia (f)	ambulanse (m)	[ɑmbʉ'lɑnsə]
quitanieves (m)	snøplog (m)	['snøˌplɔg]
camión (m)	lastebil (m)	['lɑstəˌbil]
camión (m) cisterna	tankbil (m)	['tɑnkˌbil]
camioneta (f)	skapbil (m)	['skɑpˌbil]
cabeza (f) tractora	trekkvogn (m/f)	['trɛkˌvɔŋn]
remolque (m)	tilhenger (m)	['tilˌhɛŋər]
confortable (adj)	komfortabel	[kʊmfɔː'tɑbəl]
de ocasión (adj)	brukt	['brʉkt]

147. El coche. El taller

capó (m)	panser (n)	['pɑnsər]
guardabarros (m)	skjerm (m)	['ʂærm]
techo (m)	tak (n)	['tɑk]
parabrisas (m)	frontrute (m/f)	['frɔntˌrʉtə]
espejo (m) retrovisor	bakspeil (n)	['bɑkˌspæjl]
limpiador (m)	vindusspyler (m)	['vindʉsˌspylər]
limpiaparabrisas (m)	viskerblader (n pl)	['viskəblɑər]
ventana (f) lateral	siderute (m/f)	['sidəˌrʉtə]
elevalunas (m)	vindusheis (m)	['vindʉsˌhæjs]
antena (f)	antenne (m)	[ɑn'tɛnə]
techo (m) solar	takluke (m/f), soltak (n)	['tɑkˌlʉkə], ['sʊlˌtɑk]
parachoques (m)	støtfanger (m)	['støtˌfɑŋər]
maletero (m)	bagasjerom (n)	[bɑ'gɑʂəˌrʊm]
baca (f) (portaequipajes)	takgrind (m/f)	['tɑkˌgrin]
puerta (f)	dør (m/f)	['dœr]
tirador (m) de puerta	dørhåndtak (n)	['dœrˌhɔntɑk]
cerradura (f)	dørlås (m/n)	['dœrˌlɔs]
matrícula (f)	nummerskilt (n)	['nʉmərˌʂilt]
silenciador (m)	lyddemper (m)	['lydˌdɛmpər]

tanque (m) de gasolina	bensintank (m)	[bɛn'sinˌtɑnk]
tubo (m) de escape	eksosrør (n)	['ɛksʊsˌrør]

acelerador (m)	gass (m)	['gɑs]
pedal (m)	pedal (m)	[pe'dɑl]
pedal (m) de acelerador	gasspedal (m)	['gɑs pe'dɑl]

freno (m)	brems (m)	['brɛms]
pedal (m) de freno	bremsepedal (m)	['brɛmsə pe'dɑl]
frenar (vi)	å bremse	[ɔ 'brɛmsə]
freno (m) de mano	håndbrekk (n)	['hɔnˌbrɛk]

embrague (m)	koppling (m)	['kɔpliŋ]
pedal (m) de embrague	kopplingspedal (m)	['kɔpliŋs pe'dɑl]
disco (m) de embrague	koplingsskive (m/f)	['kɔpliŋsˌsivə]
amortiguador (m)	støtdemper (m)	['støtˌdɛmpər]

rueda (f)	hjul (n)	['jʉl]
rueda (f) de repuesto	reservehjul (n)	[re'sɛrvəˌjʉl]
neumático (m)	dekk (n)	['dɛk]
tapacubo (m)	hjulkapsel (m)	['jʉlˌkɑpsəl]

ruedas (f pl) motrices	drivhjul (n pl)	['drivˌjʉl]
de tracción delantera	forhjulsdrevet	['fɔrjʉlsˌdrevət]
de tracción trasera	bakhjulsdrevet	['bɑkjʉlsˌdrevət]
de tracción integral	firehjulsdrevet	['firəjʉlsˌdrevət]

caja (f) de cambios	girkasse (m/f)	['girˌkɑsə]
automático (adj)	automatisk	[ɑʊtʊ'mɑtisk]
mecánico (adj)	mekanisk	[me'kɑnisk]
palanca (f) de cambios	girspak (m)	['giˌspɑk]

faro (m) delantero	lyskaster (m)	['lysˌkɑstər]
faros (m pl)	lyskastere (m pl)	['lysˌkɑstərə]

luz (f) de cruce	nærlys (n)	['nærˌlys]
luz (f) de carretera	fjernlys (n)	['fjæːn̩ˌlys]
luz (f) de freno	stopplys, bremselys (n)	['stɔpˌlys], ['brɛmsəˌlys]

luz (f) de posición	parkeringslys (n)	[pɑr'keriŋsˌlys]
luces (f pl) de emergencia	varselblinklys (n)	['vɑsəlˌblink lys]
luces (f pl) antiniebla	tåkelys (n)	['toːkəˌlys]
intermitente (m)	blinklys (n)	['blinkˌlys]
luz (f) de marcha atrás	baklys (n)	['bɑkˌlys]

148. El coche. El compartimiento de pasajeros

habitáculo (m)	interiør (n), innredning (m/f)	[inter'jør], ['inˌrɛdniŋ]
de cuero (adj)	lær-	['lær-]
de felpa (adj)	velur	[ve'lʉr]
tapizado (m)	trekk (n)	['trɛk]

instrumento (m)	instrument (n)	[instrʉ'mɛnt]
salpicadero (m)	dashbord (n)	['dɑʂbɔːd]

velocímetro (m)	speedometer (n)	[spidʉ'metər]
aguja (f)	viser (m)	['visər]
cuentakilómetros (m)	kilometerteller (m)	[çilu'metər,tɛlər]
indicador (m)	indikator (m)	[indi'katʉr]
nivel (m)	nivå (n)	[ni'vo]
testigo (m) (~ luminoso)	varsellampe (m/f)	['vaşəl,lampə]
volante (m)	ratt (n)	['rat]
bocina (f)	horn (n)	['hʉːɳ]
botón (m)	knapp (m)	['knap]
interruptor (m)	bryter (m)	['brytər]
asiento (m)	sete (n)	['setə]
respaldo (m)	seterygg (m)	['setə,ryg]
reposacabezas (m)	nakkestøtte (m/f)	['nakə,stœtə]
cinturón (m) de seguridad	sikkerhetsbelte (m)	['sikərhɛts,bɛltə]
abrocharse el cinturón	å spenne fast sikkerhetsbeltet	[ɔ 'spɛnə fast 'sikərhets,bɛltə]
reglaje (m)	justering (m/f)	[jʉ'steriŋ]
bolsa (f) de aire (airbag)	kollisjonspute (m/f)	['kʉlişʉns,pʉtə]
climatizador (m)	klimaanlegg (n)	['klima'an,leg]
radio (m)	radio (m)	['radiʉ]
reproductor (m) de CD	CD-spiller (m)	['sɛdɛ ,spilər]
encender (vt)	å slå på	[ɔ 'şlɔ pɔ]
antena (f)	antenne (m)	[an'tɛnə]
guantera (f)	hanskerom (n)	['hanskə,rʉm]
cenicero (m)	askebeger (n)	['askə,begər]

149. El coche. El motor

motor (m)	motor (m)	['mɔtʉr]
diésel (adj)	diesel-	['disəl-]
a gasolina (adj)	bensin-	[bɛn'sin-]
volumen (m) del motor	motorvolum (n)	['mɔtʉr vɔ'lʉm]
potencia (f)	styrke (m)	['styrkə]
caballo (m) de fuerza	hestekraft (m/f)	['hɛstə,kraft]
pistón (m)	stempel (n)	['stɛmpəl]
cilindro (m)	sylinder (m)	[sy'lindər]
válvula (f)	ventil (m)	[vɛn'til]
inyector (m)	injektor (m)	[i'njɛktʉr]
generador (m)	generator (m)	[gene'ratʉr]
carburador (m)	forgasser (m)	[fɔr'gasər]
aceite (m) de motor	motorolje (m)	['mɔtʉr,ɔljə]
radiador (m)	radiator (m)	[radi'atʉr]
liquido (m) refrigerante	kjølevæske (m/f)	['çœlə,væskə]
ventilador (m)	vifte (m/f)	['viftə]
estárter (m)	starter (m)	['staːtər]
encendido (m)	tenning (m/f)	['tɛniŋ]

bujía (f)	tennplugg (m)	['tɛnˌplʉg]
fusible (m)	sikring (m)	['sikriŋ]
batería (f)	batteri (n)	[batɛ'ri]
terminal (m)	klemme (m/f)	['klemə]
terminal (m) positivo	plussklemme (m/f)	['plʉsˌklemə]
terminal (m) negativo	minusklemme (m/f)	['minʉsˌklemə]
filtro (m) de aire	luftfilter (n)	['lʉftˌfiltər]
filtro (m) de aceite	oljefilter (n)	['ɔljəˌfiltər]
filtro (m) de combustible	brenselsfilter (n)	['brɛnsəlsˌfiltər]

150. El coche. Accidente de tráfico. La reparación

accidente (m)	bilulykke (m/f)	['bil ʉ'lʏkə]
accidente (m) de tráfico	trafikkulykke (m/f)	[tra'fik ʉ'lʏkə]
chocar contra ...	å kjøre inn i ...	[ɔ 'çœːrə in i ...]
tener un accidente	å havarere	[ɔ hava'rerə]
daño (m)	skade (m)	['skadə]
intacto (adj)	uskadd	['ʉˌskad]
pana (f)	havari (n)	[hava'ri]
averiarse (vr)	å bryte sammen	[ɔ 'brytə 'samən]
remolque (m) (cuerda)	slepetau (n)	['ṣlepəˌtaʊ]
pinchazo (m)	punktering (m)	[pʉn'teriŋ]
desinflarse (vr)	å være punktert	[ɔ 'værə pʉnk'tɛːt]
inflar (vt)	å pumpe opp	[ɔ 'pʉmpə ɔp]
presión (f)	trykk (n)	['trʏk]
verificar (vt)	å sjekke	[ɔ 'ṣɛkə]
reparación (f)	reparasjon (m)	[repara'ṣʊn]
taller (m)	bilverksted (n)	['bil 'værkˌsted]
parte (f) de repuesto	reservedel (m)	[re'sɛrvəˌdel]
parte (f)	del (m)	['del]
perno (m)	bolt (m)	['bɔlt]
tornillo (m)	skrue (m)	['skrʉə]
tuerca (f)	mutter (m)	['mʉtər]
arandela (f)	skive (m/f)	['ṣivə]
rodamiento (m)	lager (n)	['lagər]
tubo (m)	rør (m)	['rør]
junta (f)	pakning (m/f)	['pakniŋ]
cable, hilo (m)	ledning (m)	['ledniŋ]
gato (m)	jekk (m), donkraft (m/f)	['jɛk], ['dɔnˌkraft]
llave (f) de tuerca	skrunøkkel (m)	['skrʉˌnøkəl]
martillo (m)	hammer (m)	['hamər]
bomba (f)	pumpe (m/f)	['pʉmpə]
destornillador (m)	skrutrekker (m)	['skrʉˌtrɛkər]
extintor (m)	brannslukker (n)	['branˌslʉkər]
triángulo (m) de avería	varseltrekant (m)	['vaṣəl 'trɛˌkant]

pararse, calarse (vr)	å skjære	[ɔ 'şæːrə]
parada (f) (del motor)	stans (m), stopp (m/n)	['stans], ['stɔp]
estar averiado	å være ødelagt	[ɔ 'værə 'ødə͵lakt]
recalentarse (vr)	å bli overopphetet	[ɔ 'bli 'ɔvərɔp͵hetət]
estar atascado	å bli tilstoppet	[ɔ 'bli til'stɔpət]
congelarse (vr)	å fryse	[ɔ 'frysə]
reventar (vi)	å sprekke, å briste	[ɔ 'sprɛkə], [ɔ 'bristə]
presión (f)	trykk (n)	['trʏk]
nivel (m)	nivå (n)	[ni'vo]
flojo (correa ~a)	slakk	['şlɑk]
abolladura (f)	bulk (m)	['bʉlk]
ruido (m) (en el motor)	bankelyd (m), dunk (m/n)	['bankə͵lyd], ['dʉnk]
grieta (f)	sprekk (m)	['sprɛk]
rozadura (f)	ripe (m/f)	['ripə]

151. El coche. El camino

camino (m)	vei (m)	['væj]
autovía (f)	hovedvei (m)	['hʉvəd͵væj]
carretera (f)	motorvei (m)	['motʉr͵væj]
dirección (f)	retning (m/f)	['rɛtniŋ]
distancia (f)	avstand (m)	['ɑf͵stɑn]
puente (m)	bro (m/f)	['brʉ]
aparcamiento (m)	parkeringsplass (m)	[pɑr'keriŋs͵plɑs]
plaza (f)	torg (n)	['tɔr]
intercambiador (m)	trafikkmaskin (m)	[trɑ'fik mɑ͵şin]
túnel (m)	tunnel (m)	['tʉnəl]
gasolinera (f)	bensinstasjon (m)	[bɛn'sin͵stɑ'şʉn]
aparcamiento (m)	parkeringsplass (m)	[pɑr'keriŋs͵plɑs]
surtidor (m)	bensinpumpe (m/f)	[bɛn'sin͵pʉmpə]
taller (m)	bilverksted (n)	['bil 'værk͵sted]
cargar gasolina	å tanke opp	[ɔ 'tɑnkə ɔp]
combustible (m)	brensel (n)	['brɛnsəl]
bidón (m) de gasolina	bensinkanne (m/f)	[bɛn'sin͵kɑnə]
asfalto (m)	asfalt (m)	['ɑs͵fɑlt]
señalización (f) vial	vegoppmerking (m/f)	['veg 'ɔp͵mærkiŋ]
bordillo (m)	fortauskant (m)	['fɔːtaʉs͵kɑnt]
barrera (f) de seguridad	autovern, veirekkverk (n)	['aʉtɔ͵væːn], ['væj͵rekværk]
cuneta (f)	veigrøft (m/f)	['væj͵grœft]
borde (m) de la carretera	veikant (m)	['væj͵kɑnt]
farola (f)	lyktestolpe (m)	['lʏktə͵stɔlpə]
conducir (vi, vt)	å kjøre	[ɔ 'çœːrə]
girar (~ a la izquierda)	å svinge	[ɔ 'sviŋə]
girar en U	å ta en U-sving	[ɔ 'tɑ en 'ʉː͵sviŋ]
marcha (f) atrás	revers (m)	[re'væş]
tocar la bocina	å tute	[ɔ 'tʉtə]
bocinazo (m)	tut (n)	['tʉt]

atascarse (vr)	å kjøre seg fast	[ɔ 'çœːrə sæj 'fɑst]
patinar (vi)	å spinne	[ɔ 'spinə]
parar (el motor)	å stanse	[ɔ 'stɑnsə]
velocidad (f)	hastighet (m/f)	['hɑstiˌhet]
exceder la velocidad	å overskride fartsgrensen	[ɔ 'ɔvəˌskridə 'fɑːtsˌgrɛnsən]
multar (vt)	å gi bot	[ɔ 'ji 'bʊt]
semáforo (m)	trafikklys (n)	[trɑ'fikˌlys]
permiso (m) de conducir	førerkort (n)	['førərˌkɔːt]
paso (m) a nivel	planovergang (m)	['plɑn 'ɔvərˌgɑŋ]
cruce (m)	veikryss (n)	['væjkrʏs]
paso (m) de peatones	fotgjengerovergang (m)	['fʊtjɛŋər 'ɔvərˌgɑŋ]
zona (f) de peatones	gågate (m/f)	['goːˌgɑtə]

LA GENTE. ACONTECIMIENTOS DE LA VIDA

152. Los días festivos. Los eventos

fiesta (f)	fest (m)	['fɛst]
fiesta (f) nacional	nasjonaldag (m)	[naʂʉ'nalˌda]
día (m) de fiesta	festdag (m)	['fɛstˌda]
celebrar (vt)	å feire	[ɔ 'fæjrə]
evento (m)	begivenhet (m/f)	[be'jivenˌhet]
medida (f)	evenement (n)	[ɛvenə'maŋ]
banquete (m)	bankett (m)	[ban'kɛt]
recepción (f)	resepsjon (m)	[resɛp'ʂʉn]
festín (m)	fest (n)	['fɛst]
aniversario (m)	årsdag (m)	['oːʂˌda]
jubileo (m)	jubileum (n)	[jʉbi'leʉm]
Año (m) Nuevo	nytt år (n)	['nʏt ˌoːr]
¡Feliz Año Nuevo!	Godt nytt år!	['gɔt nʏt ˌoːr]
Papá Noel (m)	Julenissen	['jʉləˌnisən]
Navidad (f)	Jul (m/f)	['jʉl]
¡Feliz Navidad!	Gledelig jul!	['gledəli 'jʉl]
árbol (m) de Navidad	juletre (n)	['jʉləˌtrɛ]
fuegos (m pl) artificiales	fyrverkeri (n)	[ˌfyrværkə'ri]
boda (f)	bryllup (n)	['brʏlʉp]
novio (m)	brudgom (m)	['brʉdˌgɔm]
novia (f)	brud (m/f)	['brʉd]
invitar (vt)	å innby, å invitere	[ɔ 'inby], [ɔ invi'terə]
tarjeta (f) de invitación	innbydelse (m)	[in'bydəlse]
invitado (m)	gjest (m)	['jɛst]
visitar (vt) (a los amigos)	å besøke	[ɔ be'søkə]
recibir a los invitados	å hilse på gjestene	[ɔ 'hilsə pɔ 'jɛstenə]
regalo (m)	gave (m/f)	['gavə]
regalar (vt)	å gi	[ɔ 'ji]
recibir regalos	å få gaver	[ɔ 'fɔ 'gavər]
ramo (m) de flores	bukett (m)	[bʉ'kɛt]
felicitación (f)	lykkønskning (m/f)	['lʏkˌønskniŋ]
felicitar (vt)	å gratulere	[ɔ gratʉ'lerə]
tarjeta (f) de felicitación	gratulasjonskort (n)	[gratʉla'ʂʉnsˌkɔːt]
enviar una tarjeta	å sende postkort	[ɔ 'sɛnə 'pɔstˌkɔːt]
recibir una tarjeta	å få postkort	[ɔ 'fɔ 'pɔstˌkɔːt]
brindis (m)	skål (m/f)	['skɔl]

ofrecer (~ una copa)	å tilby	[ɔ 'tilby]
champaña (f)	champagne (m)	[ʂamˈpanjə]
divertirse (vr)	å more seg	[ɔ 'mʊrə sæj]
diversión (f)	munterhet (m)	[ˈmʉntərˌhet]
alegría (f) (emoción)	glede (m/f)	[ˈgledə]
baile (m)	dans (m)	[ˈdɑns]
bailar (vi, vt)	å danse	[ɔ 'dɑnsə]
vals (m)	vals (m)	[ˈvɑls]
tango (m)	tango (m)	[ˈtɑŋgʊ]

153. Los funerales. El entierro

cementerio (m)	gravplass, kirkegård (m)	[ˈgrɑvˌplɑs], [ˈçirkəˌgɔːr]
tumba (f)	grav (m)	[ˈgrɑv]
cruz (f)	kors (n)	[ˈkɔːʂ]
lápida (f)	gravstein (m)	[ˈgrɑfˌstæjn]
verja (f)	gjerde (n)	[ˈjærə]
capilla (f)	kapell (n)	[kaˈpɛl]
muerte (f)	død (m)	[ˈdø]
morir (vi)	å dø	[ɔ 'dø]
difunto (m)	den avdøde	[den ˈɑvˌdødə]
luto (m)	sorg (m/f)	[ˈsɔr]
enterrar (vt)	å begrave	[ɔ beˈgrɑve]
funeraria (f)	begravelsesbyrå (n)	[beˈgrɑvəlsəs byˌro]
entierro (m)	begravelse (m)	[beˈgrɑvəlsə]
corona (f) funeraria	krans (m)	[ˈkrɑns]
ataúd (m)	likkiste (m/f)	[ˈlikˌçistə]
coche (m) fúnebre	likbil (m)	[ˈlikˌbil]
mortaja (f)	likklede (n)	[ˈlikˌkledə]
cortejo (m) fúnebre	gravfølge (n)	[ˈgrɑvˌfølgə]
urna (f) funeraria	askeurne (m/f)	[ˈɑskəˌʉːnə]
crematorio (m)	krematorium (n)	[krɛmaˈtʊrium]
necrología (f)	nekrolog (m)	[nekrʊˈlɔg]
llorar (vi)	å gråte	[ɔ 'groːtə]
sollozar (vi)	å hulke	[ɔ 'hʉlkə]

154. La guerra. Los soldados

sección (f)	tropp (m)	[ˈtrɔp]
compañía (f)	kompani (n)	[kʊmpaˈni]
regimiento (m)	regiment (n)	[rɛgiˈmɛnt]
ejército (m)	hær (m)	[ˈhær]
división (f)	divisjon (m)	[diviˈʂʊn]
destacamento (m)	tropp (m)	[ˈtrɔp]

hueste (f)	hær (m)	['hær]
soldado (m)	soldat (m)	[sʊl'dɑt]
oficial (m)	offiser (m)	[ɔfi'sɛr]
soldado (m) raso	menig (m)	['meni]
sargento (m)	sersjant (m)	[sær'ṣɑnt]
teniente (m)	løytnant (m)	['løjt‚nɑnt]
capitán (m)	kaptein (m)	[kɑp'tæjn]
mayor (m)	major (m)	[mɑ'jɔr]
coronel (m)	oberst (m)	['ʊbɛṣt]
general (m)	general (m)	[gene'rɑl]
marino (m)	sjømann (m)	['ṣø‚mɑn]
capitán (m)	kaptein (m)	[kɑp'tæjn]
contramaestre (m)	båtsmann (m)	['bɔs‚mɑn]
artillero (m)	artillerist (m)	[‚ɑːtile'rist]
paracaidista (m)	fallskjermjeger (m)	['fɑl‚særm 'jɛːgər]
piloto (m)	flyger, flyver (m)	['flygər], ['flyvər]
navegador (m)	styrmann (m)	['styr‚mɑn]
mecánico (m)	mekaniker (m)	[me'kɑnikər]
zapador (m)	pioner (m)	[piʊ'ner]
paracaidista (m)	fallskjermhopper (m)	['fɑl‚særm 'hɔpər]
explorador (m)	oppklaringssoldat (m)	['ɔp‚klɑriŋ sʊl'dɑt]
francotirador (m)	skarpskytte (m)	['skɑrp‚ṣytə]
patrulla (f)	patrulje (m)	[pɑ'trʉlje]
patrullar (vi, vt)	å patruljere	[ɔ pɑtrʉ'ljerə]
centinela (m)	vakt (m)	['vɑkt]
guerrero (m)	kriger (m)	['krigər]
patriota (m)	patriot (m)	[pɑtri'ɔt]
héroe (m)	helt (m)	['hɛlt]
heroína (f)	heltinne (m)	['hɛlt‚inə]
traidor (m)	forræder (m)	[fɔ'rædər]
traicionar (vt)	å forråde	[ɔ fɔ'rɔːdə]
desertor (m)	desertør (m)	[desæː'tør]
desertar (vi)	å desertere	[ɔ desæː'ṭerə]
mercenario (m)	leiesoldat (m)	['læjəsʊl‚dɑt]
recluta (m)	rekrutt (m)	[re'krʉt]
voluntario (m)	frivillig (m)	['fri‚vili]
muerto (m)	drept (m)	['drɛpt]
herido (m)	såret (m)	['soːrə]
prisionero (m)	fange (m)	['fɑŋə]

155. La guerra. El ámbito militar. Unidad 1

guerra (f)	krig (m)	['krig]
estar en guerra	å være i krig	[ɔ 'værə i ‚krig]
guerra (f) civil	borgerkrig (m)	['bɔrgər‚krig]

pérfidamente (adv)	lumsk, forræderisk	['lʉmsk], [fɔ'rædərisk]
declaración (f) de guerra	krigserklæring (m)	['krigs ær‚klæriŋ]
declarar (~ la guerra)	å erklære	[ɔ ær'klærə]
agresión (f)	aggresjon (m)	[agre'ṣʉn]
atacar (~ a un país)	å angripe	[ɔ 'an‚gripə]
invadir (vt)	å invadere	[ɔ inva'derə]
invasor (m)	angriper (m)	['an‚gripər]
conquistador (m)	erobrer (m)	[ɛ'rʉbrər]
defensa (f)	forsvar (n)	['fʊ‚svar]
defender (vt)	å forsvare	[ɔ fɔ'ṣvarə]
defenderse (vr)	å forsvare seg	[ɔ fɔ'ṣvarə sæj]
enemigo (m)	fiende (m)	['fiɛndə]
adversario (m)	motstander (m)	['mʊt‚stanər]
enemigo (adj)	fiendtlig	['fjɛntli]
estrategia (f)	strategi (m)	[strate'gi]
táctica (f)	taktikk (m)	[tak'tik]
orden (f)	ordre (m)	['ɔrdrə]
comando (m)	ordre, kommando (m/f)	['ɔrdrə], ['kʊ'mandʊ]
ordenar (vt)	å beordre	[ɔ be'ɔrdrə]
misión (f)	oppdrag (m)	['ɔpdrag]
secreto (adj)	hemmelig	['hɛməli]
batalla (f)	batalje (m)	[ba'taljə]
batalla (f)	slag (n)	['ṣlag]
combate (m)	kamp (m)	['kamp]
ataque (m)	angrep (n)	['an‚grɛp]
asalto (m)	storm (m)	['stɔrm]
tomar por asalto	å storme	[ɔ 'stɔrmə]
asedio (m), sitio (m)	beleiring (m/f)	[be'læjriŋ]
ofensiva (f)	offensiv (m), angrep (n)	['ɔfɛn‚sif], ['an‚grɛp]
tomar la ofensiva	å angripe	[ɔ 'an‚gripə]
retirada (f)	retrett (m)	[rɛ'trɛt]
retirarse (vr)	å retirere	[ɔ reti'rerə]
envolvimiento (m)	omringing (m/f)	['ɔm‚riŋiŋ]
cercar (vt)	å omringe	[ɔ 'ɔm‚riŋə]
bombardeo (m)	bombing (m/f)	['bʊmbiŋ]
lanzar una bomba	å slippe bombe	[ɔ 'ṣlipə 'bʊmbə]
bombear (vt)	å bombardere	[ɔ bʊmba:'dɛrə]
explosión (f)	eksplosjon (m)	[ɛksplʊ'ṣʉn]
tiro (m), disparo (m)	skudd (n)	['skʉd]
disparar (vi)	å skyte av	[ɔ 'ṣytə a:]
tiro (m) (de artillería)	skytning (m/f)	['ṣytniŋ]
apuntar a ...	å sikte på ...	[ɔ 'siktə pɔ ...]
encarar (apuntar)	å rette	[ɔ 'rɛtə]

alcanzar (el objetivo)	å treffe	[ɔ 'trɛfə]
hundir (vt)	å senke	[ɔ 'sɛnkə]
brecha (f) (~ en el casco)	hull (n)	['hʉl]
hundirse (vr)	å synke	[ɔ 'sʏnkə]

frente (m)	front (m)	['frɔnt]
evacuación (f)	evakuering (m/f)	[ɛvakʉ'eriŋ]
evacuar (vt)	å evakuere	[ɔ ɛvakʉ'erə]

trinchera (f)	skyttergrav (m)	['sytə̞grav]
alambre (m) de púas	piggtråd (m)	['pig̞trɔd]
barrera (f) (~ antitanque)	hinder (n), sperring (m/f)	['hindər], ['spɛriŋ]
torre (f) de vigilancia	vakttårn (n)	['vakt̞tɔːn]

hospital (m)	militærsykehus (n)	[mili'tær̞sykə'hʉs]
herir (vt)	å såre	[ɔ 'soːrə]
herida (f)	sår (n)	['sɔr]
herido (m)	såret (n)	['soːrə]
recibir una herida	å bli såret	[ɔ 'bli 'soːrət]
grave (herida)	alvorlig	[al'vɔːļi]

156. Las armas

arma (f)	våpen (n)	['vɔpən]
arma (f) de fuego	skytevåpen (n)	['ṣytə̞vɔpən]
arma (f) blanca	blankvåpen (n)	['blank̞vɔpən]

arma (f) química	kjemisk våpen (n)	['çemisk ̞vɔpən]
nuclear (adj)	kjerne-	['çæːŋə-]
arma (f) nuclear	kjernevåpen (n)	['çæːŋə̞vɔpən]

| bomba (f) | bombe (m) | ['bʊmbə] |
| bomba (f) atómica | atombombe (m) | [a'tʊm̞bʊmbə] |

pistola (f)	pistol (m)	[pi'stʊl]
fusil (m)	gevær (n)	[ge'vær]
metralleta (f)	maskinpistol (m)	[ma'ṣin pi̞stʊl]
ametralladora (f)	maskingevær (n)	[ma'ṣin ge̞vær]

boca (f)	munning (m)	['mʉniŋ]
cañón (m) (del arma)	løp (n)	['løp]
calibre (m)	kaliber (m/n)	[ka'libər]

gatillo (m)	avtrekker (m)	['av̞trɛkər]
alza (f)	sikte (n)	['siktə]
cargador (m)	magasin (n)	[maga'sin]
culata (f)	kolbe (m)	['kɔlbə]

| granada (f) de mano | håndgranat (m) | ['hɔn̞gra'nat] |
| explosivo (m) | sprengstoff (n) | ['sprɛŋ̞stɔf] |

bala (f)	kule (m/f)	['kʉːlə]
cartucho (m)	patron (m)	[pa'trʊn]
carga (f)	ladning (m)	['ladniŋ]

pertrechos (m pl)	ammunisjon (m)	[amʉni'ʂʊn]
bombardero (m)	bombefly (n)	['bʊmbəˌfly]
avión (m) de caza	jagerfly (n)	['jagərˌfly]
helicóptero (m)	helikopter (n)	[heli'kɔptər]
antiaéreo (m)	luftvernkanon (m)	['lʉftvɛːn̩ ka'nʊn]
tanque (m)	stridsvogn (m/f)	['stridsˌvɔŋn]
cañón (m) (de un tanque)	kanon (m)	[ka'nʊn]
artillería (f)	artilleri (n)	[ˌaːt̠ile'ri]
cañón (m) (arma)	kanon (m)	[ka'nʊn]
dirigir (un misil, etc.)	å rette	[ɔ 'rɛtə]
mortero (m)	granatkaster (m)	[gra'natˌkastər]
bomba (f) de mortero	granat (m/f)	[gra'nat]
obús (m)	projektil (m)	[prʊek'til]
trozo (m) de obús	splint (m)	['splint]
submarino (m)	ubåt (m)	['ʉːˌbɔt]
torpedo (m)	torpedo (m)	[tʊr'pedʊ]
misil (m)	rakett (m)	[ra'kɛt]
cargar (pistola)	å lade	[ɔ 'ladə]
tirar (vi)	å skyte	[ɔ 'ʂytə]
apuntar a ...	å sikte på ...	[ɔ 'siktə pɔ ...]
bayoneta (f)	bajonett (m)	[bajo'nɛt]
espada (f) (duelo a ~)	kårde (m)	['koːrdə]
sable (m)	sabel (m)	['sabəl]
lanza (f)	spyd (n)	['spyd]
arco (m)	bue (m)	['bʉːə]
flecha (f)	pil (m/f)	['pil]
mosquete (m)	muskett (m)	[mʉ'skɛt]
ballesta (f)	armbrøst (m)	['armˌbrøst]

157. Los pueblos antiguos

primitivo (adj)	ur-	['ʉr-]
prehistórico (adj)	forhistorisk	['forhiˌstʊrisk]
antiguo (adj)	oldtidens, antikkens	['olˌtidəns], [an'tikəns]
Edad (f) de Piedra	Steinalderen	['stæjnˌalderən]
Edad (f) de Bronce	bronsealder (m)	['brɔnsəˌaldər]
Edad (f) de Hielo	istid (m/f)	['isˌtid]
tribu (f)	stamme (m)	['stamə]
caníbal (m)	kannibal (m)	[kani'bal]
cazador (m)	jeger (m)	['jɛːgər]
cazar (vi, vt)	å jage	[ɔ 'jagə]
mamut (m)	mammut (m)	['mamʉt]
caverna (f)	grotte (m/f)	['grɔtə]
fuego (m)	ild (m)	['il]
hoguera (f)	bål (n)	['bɔl]

pintura (f) rupestre	helleristning (m/f)	['hɛləˌristniŋ]
herramienta (f), útil (m)	redskap (m/n)	['rɛdˌskɑp]
lanza (f)	spyd (n)	['spyd]
hacha (f) de piedra	steinøks (m/f)	['stæjnˌøks]
estar en guerra	å være i krig	[ɔ 'værə i ˌkrig]
domesticar (vt)	å temme	[ɔ 'tɛmə]

ídolo (m)	idol (n)	[i'dʊl]
adorar (vt)	å dyrke	[ɔ 'dyrkə]
superstición (f)	overtro (m)	['ɔvəˌtrʊ]
rito (m)	ritual (n)	[ritʉ'ɑl]

evolución (f)	evolusjon (m)	[ɛvɔlʉ'ʂʊn]
desarrollo (m)	utvikling (m/f)	['ʉtˌvikliŋ]
desaparición (f)	forsvinning (m/f)	[fɔ'ʂviniŋ]
adaptarse (vr)	å tilpasse seg	[ɔ 'tilˌpɑsə sæj]

arqueología (f)	arkeologi (m)	[ˌɑrkeʊlʊ'gi]
arqueólogo (m)	arkeolog (m)	[ˌɑrkeʊ'lɔg]
arqueológico (adj)	arkeologisk	[ˌɑrkeʊ'lɔgisk]

sitio (m) de excavación	utgravingssted (n)	['ʉtˌgrɑviŋs ˌsted]
excavaciones (f pl)	utgravinger (m/f pl)	['ʉtˌgrɑviŋər]
hallazgo (m)	funn (n)	['fʉn]
fragmento (m)	fragment (n)	[frɑg'mɛnt]

158. La Edad Media

pueblo (m)	folk (n)	['fɔlk]
pueblos (m pl)	folk (n pl)	['fɔlk]
tribu (f)	stamme (m)	['stɑmə]
tribus (f pl)	stammer (m pl)	['stɑmər]

bárbaros (m pl)	barbarer (m pl)	[bɑr'bɑrər]
galos (m pl)	gallere (m pl)	['gɑlerə]
godos (m pl)	gotere (m pl)	['gɔterə]
eslavos (m pl)	slavere (m pl)	['slɑvɛrə]
vikingos (m pl)	vikinger (m pl)	['vikiŋər]

| romanos (m pl) | romere (m pl) | ['rʊmerə] |
| romano (adj) | romersk | ['rʊmæʂk] |

bizantinos (m pl)	bysantiner (m pl)	[bysɑn'tinər]
Bizancio (m)	Bysants	[by'sɑnts]
bizantino (adj)	bysantinsk	[bysɑn'tinsk]

emperador (m)	keiser (m)	['kæjsər]
jefe (m)	høvding (m)	['høvdiŋ]
poderoso (adj)	mektig	['mɛkti]
rey (m)	konge (m)	['kʊŋə]
gobernador (m)	hersker (m)	['hæʂkər]

| caballero (m) | ridder (m) | ['ridər] |
| señor (m) feudal | føydalherre (m) | ['føjdɑlˌhɛrə] |

feudal (adj)	føydal	['føjdal]
vasallo (m)	vasall (m)	[va'sal]

duque (m)	hertug (m)	['hæːtʉg]
conde (m)	greve (m)	['grevə]
barón (m)	baron (m)	[ba'rʊn]
obispo (m)	biskop (m)	['biskɔp]

armadura (f)	rustning (m/f)	['rʉstniŋ]
escudo (m)	skjold (n)	['ʂɔl]
espada (f) (danza de ~s)	sverd (n)	['sværd]
visera (f)	visir (n)	[vi'sir]
cota (f) de malla	ringbrynje (m/f)	['riŋˌbrynje]

cruzada (f)	korstog (n)	['kɔːʂˌtɔg]
cruzado (m)	korsfarer (m)	['kɔːʂˌfarər]

territorio (m)	territorium (n)	[tɛri'tʊrium]
atacar (~ a un país)	å angripe	[ɔ 'anˌgripə]
conquistar (vt)	å erobre	[ɔ ɛ'rʊbrə]
ocupar (invadir)	å okkupere	[ɔ ɔkʉ'perə]

asedio (m), sitio (m)	beleiring (m/f)	[be'læjriŋ]
sitiado (adj)	beleiret	[be'læjrət]
asediar, sitiar (vt)	å beleire	[ɔ be'læjre]

inquisición (f)	inkvisisjon (m)	[inkvisi'ʂʊn]
inquisidor (m)	inkvisitor (m)	[inkvi'sitʊr]
tortura (f)	tortur (m)	[tɔː'tʉr]
cruel (adj)	brutal	[brʉ'tal]
hereje (m)	kjetter (m)	['çɛtər]
herejía (f)	kjetteri (n)	[çɛtə'ri]

navegación (f) marítima	sjøfart (m)	['ʂøˌfaːt]
pirata (m)	pirat, sjørøver (m)	['pi'rat], ['ʂøˌrøvər]
piratería (f)	sjørøveri (n)	['ʂø røvɛ'ri]
abordaje (m)	entring (m/f)	['ɛntriŋ]
botín (m)	bytte (n)	['bʏtə]
tesoros (m pl)	skatter (m pl)	['skatər]

descubrimiento (m)	oppdagelse (m)	['ɔpˌdagəlsə]
descubrir (tierras nuevas)	å oppdage	[ɔ 'ɔpˌdagə]
expedición (f)	ekspedisjon (m)	[ɛkspedi'ʂʊn]

mosquetero (m)	musketer (m)	[mʉskə'ter]
cardenal (m)	kardinal (m)	[kaːdi'nal]
heráldica (f)	heraldikk (m)	[heral'dik]
heráldico (adj)	heraldisk	[he'raldisk]

159. El líder. El jefe. Las autoridades

rey (m)	konge (m)	['kʊŋə]
reina (f)	dronning (m/f)	['drɔniŋ]
real (adj)	kongelig	['kʊŋəli]

reino (m)	kongerike (n)	['kʊŋəˌrikə]
príncipe (m)	prins (m)	['prins]
princesa (f)	prinsesse (m/f)	[prin'sɛsə]
presidente (m)	president (m)	[prɛsi'dɛnt]
vicepresidente (m)	visepresident (m)	['visə prɛsi'dɛnt]
senador (m)	senator (m)	[se'natʊr]
monarca (m)	monark (m)	[mʊ'nark]
gobernador (m)	hersker (m)	['hæʂkər]
dictador (m)	diktator (m)	[dik'tatʊr]
tirano (m)	tyrann (m)	[ty'ran]
magnate (m)	magnat (m)	[maŋ'nat]
director (m)	direktør (m)	[dirɛk'tør]
jefe (m)	sjef (m)	['ʂɛf]
gerente (m)	forstander (m)	[fɔ'ʂtandər]
amo (m)	boss (m)	['bɔs]
dueño (m)	eier (m)	['æjər]
jefe (m), líder (m)	leder (m)	['ledər]
jefe (m) (~ de delegación)	leder (m)	['ledər]
autoridades (f pl)	myndigheter (m pl)	['mʏndiˌhetər]
superiores (m pl)	overordnede (pl)	['ɔvərˌɔrdnedə]
gobernador (m)	guvernør (m)	[gʉver'nør]
cónsul (m)	konsul (m)	['kʊnˌsʉl]
diplomático (m)	diplomat (m)	[diplʉ'mat]
alcalde (m)	borgermester (m)	[bɔrgər'mɛstər]
sheriff (m)	sheriff (m)	[ʂɛ'rif]
emperador (m)	keiser (m)	['kæjsər]
zar (m)	tsar (m)	['tsar]
faraón (m)	farao (m)	['farau]
jan (m), kan (m)	khan (m)	['kan]

160. Violar la ley. Los criminales. Unidad 1

bandido (m)	banditt (m)	[ban'dit]
crimen (m)	forbrytelse (m)	[fɔr'brytəlsə]
criminal (m)	forbryter (m)	[fɔr'brytər]
ladrón (m)	tyv (m)	['tyv]
robar (vt)	å stjele	[ɔ 'stjelə]
secuestrar (vt)	å kidnappe	[ɔ 'kidˌnɛpə]
secuestro (m)	kidnapping (m)	['kidˌnɛpiŋ]
secuestrador (m)	kidnapper (m)	['kidˌnɛpər]
rescate (m)	løsepenger (m pl)	['løsəˌpɛŋər]
exigir un rescate	å kreve løsepenger	[ɔ 'krevə 'løsəˌpɛŋər]
robar (vt)	å rane	[ɔ 'ranə]
robo (m)	ran (n)	['ran]

atracador (m)	raner (m)	['ranər]
extorsionar (vt)	å presse ut	[ɔ 'prɛsə ʉt]
extorsionista (m)	utpresser (m)	['ʉt͵prɛsər]
extorsión (f)	utpressing (m/f)	['ʉt͵prɛsiŋ]
matar, asesinar (vt)	å myrde	[ɔ 'myːdə]
asesinato (m)	mord (n)	['mʊr]
asesino (m)	morder (m)	['mʊrdər]
tiro (m), disparo (m)	skudd (n)	['skʉd]
disparar (vi)	å skyte av	[ɔ 'ʂytə aː]
matar (a tiros)	å skyte ned	[ɔ 'ʂytə ne]
tirar (vi)	å skyte	[ɔ 'ʂytə]
tiroteo (m)	skyting, skytning (m/f)	['ʂytiŋ], ['ʂytniŋ]
incidente (m)	hendelse (m)	['hɛndəlsə]
pelea (f)	slagsmål (n)	['ʂlaks͵mol]
¡Socorro!	Hjelp!	['jɛlp]
víctima (f)	offer (n)	['ɔfər]
perjudicar (vt)	å skade	[ɔ 'skadə]
daño (m)	skade (m)	['skadə]
cadáver (m)	lik (n)	['lik]
grave (un delito ~)	alvorlig	[al'voːl̩i]
atacar (vt)	å anfalle	[ɔ 'an͵falə]
pegar (golpear)	å slå	[ɔ 'ʂlɔ]
apporear (vt)	å klå opp	[ɔ 'klɔ ɔp]
quitar (robar)	å berøve	[ɔ be'røvə]
acuchillar (vt)	å stikke i hjel	[ɔ 'stikə i 'jel]
mutilar (vt)	å lemleste	[ɔ 'lem͵lestə]
herir (vt)	å såre	[ɔ 'soːrə]
chantaje (m)	utpressing (m/f)	['ʉt͵prɛsiŋ]
hacer chantaje	å utpresse	[ɔ 'ʉt͵prɛsə]
chantajista (m)	utpresser (m)	['ʉt͵prɛsər]
extorsión (f)	utpressing (m/f)	['ʉt͵prɛsiŋ]
extorsionador (m)	utpresser (m)	['ʉt͵prɛsər]
gángster (m)	gangster (m)	['gɛŋstər]
mafia (f)	mafia (m)	['mafia]
carterista (m)	lommetyv (m)	['lʊmə͵tyv]
ladrón (m) de viviendas	innbruddstyv (m)	['inbrʉds͵tyv]
contrabandismo (m)	smugling (m/f)	['smʉgliŋ]
contrabandista (m)	smugler (m)	['smʉglər]
falsificación (f)	forfalskning (m/f)	[fɔr'falskniŋ]
falsificar (vt)	å forfalske	[ɔ fɔr'falskə]
falso (falsificado)	falsk	['falsk]

161. Violar la ley. Los criminales. Unidad 2

violación (f)	voldtekt (m)	['vɔl͵tɛkt]
violar (vt)	å voldta	[ɔ 'vɔl͵ta]

violador (m)	voldtektsmann (m)	[ˈvɔlˌtɛkts man]
maniaco (m)	maniker (m)	[ˈmanikər]
prostituta (f)	prostituert (m)	[prʉstitʉˈeːt]
prostitución (f)	prostitusjon (m)	[prʉstitʉˈʂʉn]
chulo (m), proxeneta (m)	hallik (m)	[ˈhalik]
drogadicto (m)	narkoman (m)	[narkʉˈman]
narcotraficante (m)	narkolanger (m)	[ˈnarkoˌlaŋər]
hacer explotar	å sprenge	[ɔ ˈsprɛŋə]
explosión (f)	eksplosjon (m)	[ɛksplʉˈʂʉn]
incendiar (vt)	å sette fyr	[ɔ ˈsɛtə ˌfyr]
incendiario (m)	brannstifter (m)	[ˈbranˌstiftər]
terrorismo (m)	terrorisme (m)	[tɛrʉˈrismə]
terrorista (m)	terrorist (m)	[tɛrʉˈrist]
rehén (m)	gissel (m)	[ˈjisəl]
estafar (vt)	å bedra	[ɔ beˈdra]
estafa (f)	bedrag (n)	[beˈdrag]
estafador (m)	bedrager, svindler (m)	[beˈdragər], [ˈsvindlər]
sobornar (vt)	å bestikke	[ɔ beˈstikə]
soborno (m) (delito)	bestikkelse (m)	[beˈstikəlsə]
soborno (m) (dinero, etc.)	bestikkelse (m)	[beˈstikəlsə]
veneno (m)	gift (m/f)	[ˈjift]
envenenar (vt)	å forgifte	[ɔ forˈjiftə]
envenenarse (vr)	å forgifte seg selv	[ɔ forˈjiftə sæj sɛl]
suicidio (m)	selvmord (n)	[ˈsɛlˌmʉr]
suicida (m, f)	selvmorder (m)	[ˈsɛlˌmʉrdər]
amenazar (vt)	å true	[ɔ ˈtrʉə]
amenaza (f)	trussel (m)	[ˈtrʉsəl]
atentar (vi)	å begå mordforsøk	[ɔ beˈgɔ ˈmʉrdfɔˌsøk]
atentado (m)	mordforsøk (n)	[ˈmʉrdfɔˌsøk]
robar (un coche)	å stjele	[ɔ ˈstjelə]
secuestrar (un avión)	å kapre	[ɔ ˈkaprə]
venganza (f)	hevn (m)	[ˈhɛvn]
vengar (vt)	å hevne	[ɔ ˈhɛvnə]
torturar (vt)	å torturere	[ɔ tɔːtʉˈrerə]
tortura (f)	tortur (m)	[tɔːˈtʉr]
atormentar (vt)	å plage	[ɔ ˈplagə]
pirata (m)	pirat, sjørøver (m)	[piˈrat], [ˈʂøˌrøvər]
gamberro (m)	bølle (m)	[ˈbølə]
armado (adj)	bevæpnet	[beˈvæpnət]
violencia (f)	vold (m)	[ˈvɔl]
ilegal (adj)	illegal	[ˈileˌgal]
espionaje (m)	spionasje (m)	[spiʉˈnaʂə]
espiar (vi, vt)	å spionere	[ɔ spiʉˈnerə]

162. La policía. La ley. Unidad 1

justicia (f)	justis (m), rettspleie (m/f)	['jʉ'stis], ['rɛtsˌplæje]
tribunal (m)	rettssal (m)	['rɛtsˌsal]
juez (m)	dommer (m)	['dɔmər]
jurados (m pl)	lagrettemedlemmer (n pl)	['lagˌrɛtə medle'mer]
tribunal (m) de jurados	lagrette, juryordning (m)	['lagˌrɛtə], ['jʉriˌɔrdniŋ]
juzgar (vt)	å dømme	[ɔ 'dœmə]
abogado (m)	advokat (m)	[advʊ'kat]
acusado (m)	anklaget (m)	['anˌklaget]
banquillo (m) de los acusados	anklagebenk (m)	[an'klagəˌbɛnk]
inculpación (f)	anklage (m)	['anˌklagə]
inculpado (m)	anklagede (m)	['anˌklagedə]
sentencia (f)	dom (m)	['dɔm]
sentenciar (vt)	å dømme	[ɔ 'dœmə]
culpable (m)	skyldige (m)	['şyldiə]
castigar (vt)	å straffe	[ɔ 'strafə]
castigo (m)	straff, avstraffelse (m)	['straf], ['afˌstrafəlsə]
multa (f)	bot (m/f)	['bʊt]
cadena (f) perpetua	livsvarig fengsel (n)	['lifsˌvari 'fɛŋsəl]
pena (f) de muerte	dødsstraff (m/f)	['dødˌstraf]
silla (f) eléctrica	elektrisk stol (m)	[ɛ'lektrisk ˌstʊl]
horca (f)	galge (m)	['galgə]
ejecutar (vt)	å henrette	[ɔ 'hɛnˌrɛtə]
ejecución (f)	henrettelse (m)	['hɛnˌrɛtəlsə]
prisión (f)	fengsel (n)	['fɛŋsəl]
celda (f)	celle (f)	['sɛlə]
escolta (f)	eskorte (m)	[ɛs'kɔːtə]
guardia (m) de prisiones	fangevokter (m)	['faŋəˌvɔktər]
prisionero (m)	fange (m)	['faŋə]
esposas (f pl)	håndjern (n pl)	['hɔnˌjæːŋ]
esposar (vt)	å sette håndjern	[ɔ 'sɛtə 'hɔnˌjæːŋ]
escape (m)	flykt (m/f)	['flʏkt]
escaparse (vr)	å flykte, å rømme	[ɔ 'flʏktə], [ɔ 'rœmə]
desaparecer (vi)	å forsvinne	[ɔ fɔ'şvinə]
liberar (vt)	å løslate	[ɔ 'løsˌlatə]
amnistía (f)	amnesti (m)	[amnɛ'sti]
policía (f) (~ nacional)	politi (n)	[pʊli'ti]
policía (m)	politi (m)	[pʊli'ti]
comisaría (f) de policía	politistasjon (m)	[pʊli'tiˌsta'şʊn]
porra (f)	gummikølle (m/f)	['gʊmiˌkølə]
megáfono (m)	megafon (m)	[mega'fʊn]
coche (m) patrulla	patruljebil (m)	[pa'trʉljəˌbil]

sirena (f)	sirene (m/f)	[si'renə]
poner la sirena	å slå på sirenen	[ɔ 'ʂlɔ pɔ si'renən]
sonido (m) de sirena	sirene hyl (n)	[si'renə ˌhyl]

escena (f) del delito	åsted (n)	['ɔsted]
testigo (m)	vitne (n)	['vitnə]
libertad (f)	frihet (m)	['friˌhet]
cómplice (m)	medskyldig (m)	['mɛˌʂyldi]
escapar de ...	å flykte	[ɔ 'flʏktə]
rastro (m)	spor (n)	['spʊr]

163. La policía. La ley. Unidad 2

búsqueda (f)	ettersøking (m/f)	['ɛtəˌsøkiŋ]
buscar (~ el criminal)	å søke etter ...	[ɔ 'søkə ˌɛtər ...]
sospecha (f)	mistanke (m)	['misˌtankə]
sospechoso (adj)	mistenkelig	[mis'tɛnkəli]
parar (~ en la calle)	å stoppe	[ɔ 'stɔpə]
retener (vt)	å anholde	[ɔ 'anˌhɔlə]

causa (f) (~ penal)	sak (m/f)	['sak]
investigación (f)	etterforskning (m/f)	['ɛtərˌfɔʂkniŋ]
detective (m)	detektiv (m)	[detɛk'tiv]
investigador (m)	etterforsker (m)	['ɛtərˌfɔʂkər]
versión (f)	versjon (m)	[væ'ʂʊn]

motivo (m)	motiv (n)	[mʊ'tiv]
interrogatorio (m)	forhør (n)	[fɔr'hør]
interrogar (vt)	å forhøre	[ɔ fɔr'hørə]
interrogar (al testigo)	å avhøre	[ɔ 'avˌhørə]
control (m) (de vehículos, etc.)	sjekking (m/f)	['ʂɛkiŋ]

redada (f)	rassia, razzia (m)	['rasia]
registro (m) (~ de la casa)	ransakelse (m)	['ranˌsakəlsə]
persecución (f)	jakt (m/f)	['jakt]
perseguir (vt)	å forfølge	[ɔ fɔr'følə]
rastrear (~ al criminal)	å spore	[ɔ 'spʊrə]

arresto (m)	arrest (m)	[a'rɛst]
arrestar (vt)	å arrestere	[ɔ arɛ'sterə]
capturar (vt)	å fange	[ɔ 'faŋə]
captura (f)	pågripelse (m)	['pɔˌgripəlsə]

documento (m)	dokument (n)	[dɔkʉ'mɛnt]
prueba (f)	bevis (n)	[be'vis]
probar (vt)	å bevise	[ɔ be'visə]
huella (f) (pisada)	fotspor (n)	['fʊtˌspʊr]
huellas (f pl) digitales	fingeravtrykk (n pl)	['fiŋərˌavtrʏk]
elemento (m) de prueba	bevis (n)	[be'vis]

coartada (f)	alibi (n)	['alibi]
inocente (no culpable)	uskyldig	[ʉ'ʂyldi]
injusticia (f)	urettferdighet (m)	['ʉrɛtfærdiˌhet]
injusto (adj)	urettferdig	['ʉrɛtˌfærdi]

criminal (adj)	kriminell	[krimi'nɛl]
confiscar (vt)	å konfiskere	[ɔ kʊnfi'skerə]
narcótico (m)	narkotika (m)	[nar'kɔtikɑ]
arma (f)	våpen (n)	['vɔpən]
desarmar (vt)	å avvæpne	[ɔ 'av͵væpnə]
ordenar (vt)	å befale	[ɔ be'falə]
desaparecer (vi)	å forsvinne	[ɔ fɔ'ṣvinə]
ley (f)	lov (m)	['lɔv]
legal (adj)	lovlig	['lɔvli]
ilegal (adj)	ulovlig	[ʉ'lɔvli]
responsabilidad (f)	ansvar (n)	['an͵svar]
responsable (adj)	ansvarlig	[ans'vɑːli]

LA NATURALEZA

La tierra. Unidad 1

164. El espacio

cosmos (m)	rommet, kosmos (n)	['rʊmə], ['kɔsmɔs]
espacial, cósmico (adj)	rom-	['rʊm-]
espacio (m) cósmico	ytre rom (n)	['ytrə ˌrʊm]
mundo (m)	verden (m)	['værdən]
universo (m)	univers (n)	[ʉni'væs̨]
galaxia (f)	galakse (m)	[ga'laksə]
estrella (f)	stjerne (m/f)	['stjæːŋə]
constelación (f)	stjernebilde (n)	['stjæːŋəˌbildə]
planeta (m)	planet (m)	[pla'net]
satélite (m)	satellitt (m)	[satɛ'lit]
meteorito (m)	meteoritt (m)	[meteʊ'rit]
cometa (m)	komet (m)	[kʊ'met]
asteroide (m)	asteroide (n)	[asterʊ'idə]
órbita (f)	bane (m)	['banə]
girar (vi)	å rotere	[ɔ rɔ'terə]
atmósfera (f)	atmosfære (m)	[atmʊ'sfærə]
Sol (m)	Solen	['sʊlən]
sistema (m) solar	solsystem (n)	['sʊl sy'stem]
eclipse (m) de Sol	solformørkelse (m)	['sʊl fɔr'mœrkəlsə]
Tierra (f)	Jorden	['juːrən]
Luna (f)	Månen	['moːnən]
Marte (m)	Mars	['mas̨]
Venus (f)	Venus	['venʉs]
Júpiter (m)	Jupiter	['jʉpitər]
Saturno (m)	Saturn	['saˌtʉːŋ]
Mercurio (m)	Merkur	[mær'kʉr]
Urano (m)	Uranus	[ʉ'ranʉs]
Neptuno (m)	Neptun	[nɛp'tʉn]
Plutón (m)	Pluto	['plʉtʊ]
la Vía Láctea	Melkeveien	['mɛlkəˌvæjən]
la Osa Mayor	den Store Bjørn	['dən 'stʊrə ˌbjœːŋ]
la Estrella Polar	Nordstjernen, Polaris	['nuːrˌstjæːŋən], [pɔ'laris]
marciano (m)	marsbeboer (m)	['mas̨ˌbebʊer]
extraterrestre (m)	utenomjordisk vesen (n)	['ʉtənɔmˌjuːrdisk 'vesən]

| planetícola (m) | romvesen (n) | ['rʊmˌvesən] |
| platillo (m) volante | flygende tallerken (m) | ['flygənə tɑ'lærkən] |

nave (f) espacial	romskip (n)	['rʊmˌʂip]
estación (f) orbital	romstasjon (m)	['rʊmˌstɑ'ʂʊn]
despegue (m)	start (m), oppskyting (m/f)	['stɑːʈ], ['ɔpˌʂytiŋ]

motor (m)	motor (m)	['mɔtʊr]
tobera (f)	dyse (m)	['dysə]
combustible (m)	brensel (n), drivstoff (n)	['brɛnsəl], ['drifˌstɔf]

carlinga (f)	cockpit (m), flydekk (n)	['kɔkpit], ['flyˌdɛk]
antena (f)	antenne (m)	[ɑn'tɛnə]
ventana (f)	koøye (n)	['kʊˌøjə]
batería (f) solar	solbatteri (n)	['sʊl batɛ'ri]
escafandra (f)	romdrakt (m/f)	['rʊmˌdrɑkt]

| ingravidez (f) | vektløshet (m/f) | ['vɛktløsˌhet] |
| oxígeno (m) | oksygen (n) | ['ɔksy'gen] |

| atraque (m) | dokking (m/f) | ['dɔkiŋ] |
| realizar el atraque | å dokke | [ɔ 'dɔkə] |

observatorio (m)	observatorium (n)	[ɔbsərvɑ'tʊrium]
telescopio (m)	teleskop (n)	[tele'skʊp]
observar (vt)	å observere	[ɔ ɔbsɛr'verə]
explorar (~ el universo)	å utforske	[ɔ 'ɵtˌføʂkə]

165. La tierra

Tierra (f)	Jorden	['juːrən]
globo (m) terrestre	jordklode (m)	['juːrˌklɔdə]
planeta (m)	planet (m)	[plɑ'net]

atmósfera (f)	atmosfære (m)	[ɑtmʊ'sfærə]
geografía (f)	geografi (m)	[geʊgrɑ'fi]
naturaleza (f)	natur (m)	[nɑ'tɵr]

globo (m) terráqueo	globus (m)	['globɵs]
mapa (m)	kart (n)	['kɑːʈ]
atlas (m)	atlas (n)	['ɑtlɑs]

| Europa (f) | Europa | [ɛɵ'rʊpɑ] |
| Asia (f) | Asia | ['ɑsiɑ] |

| África (f) | Afrika | ['ɑfrikɑ] |
| Australia (f) | Australia | [ɑʊ'strɑliɑ] |

América (f)	Amerika	[ɑ'merikɑ]
América (f) del Norte	Nord-Amerika	['nuːr ɑ'merikɑ]
América (f) del Sur	Sør-Amerika	['sør ɑ'merikɑ]

| Antártida (f) | Antarktis | [ɑn'tɑrktis] |
| Ártico (m) | Arktis | ['ɑrktis] |

166. Los puntos cardinales

norte (m)	nord (n)	['nu:r]
al norte	mot nord	[mʊt 'nu:r]
en el norte	i nord	[i 'nu:r]
del norte (adj)	nordlig	['nu:rli]

sur (m)	syd, sør	['syd], ['sør]
al sur	mot sør	[mʊt 'sør]
en el sur	i sør	[i 'sør]
del sur (adj)	sydlig, sørlig	['sydli], ['sø:ɭi]

oeste (m)	vest (m)	['vɛst]
al oeste	mot vest	[mʊt 'vɛst]
en el oeste	i vest	[i 'vɛst]
del oeste (adj)	vestlig, vest-	['vɛstli]

este (m)	øst (m)	['øst]
al este	mot øst	[mʊt 'øst]
en el este	i øst	[i 'øst]
del este (adj)	østlig	['østli]

167. El mar. El océano

mar (m)	hav (n)	['hɑv]
océano (m)	verdenshav (n)	[værdəns'hɑv]
golfo (m)	bukt (m/f)	['bʉkt]
estrecho (m)	sund (n)	['sʉn]

tierra (f) firme	fastland (n)	['fɑst‚lɑn]
continente (m)	fastland, kontinent (n)	['fɑst‚lɑn], [kʊnti'nɛnt]
isla (f)	øy (m/f)	['øj]
península (f)	halvøy (m/f)	['hɑl‚ø:j]
archipiélago (m)	skjærgård (m), arkipelag (n)	['ʂær‚gɔr], [ɑrkipe'lɑg]

bahía (f)	bukt (m/f)	['bʉkt]
ensenada, bahía (f)	havn (m/f)	['hɑvn]
laguna (f)	lagune (m)	[lɑ'gʉnə]
cabo (m)	nes (n), kapp (n)	['nes], ['kɑp]

atolón (m)	atoll (m)	[ɑ'tɔl]
arrecife (m)	rev (n)	['rev]
coral (m)	korall (m)	[kʊ'rɑl]
arrecife (m) de coral	korallrev (n)	[kʊ'rɑl‚rɛv]

profundo (adj)	dyp	['dyp]
profundidad (f)	dybde (m)	['dybdə]
abismo (m)	avgrunn (m)	['ɑv‚grʉn]
fosa (f) oceánica	dyphavsgrop (m/f)	['dyphɑfs‚grɔp]

corriente (f)	strøm (m)	['strøm]
bañar (rodear)	å omgi	[ɔ 'ɔm‚ji]
orilla (f)	kyst (m)	['çyst]

costa (f)	kyst (m)	['çyst]
flujo (m)	flo (m/f)	['flʉ]
reflujo (m)	ebbe (m), fjære (m/f)	['ɛbə], ['fjærə]
banco (m) de arena	sandbanke (m)	['san,bankə]
fondo (m)	bunn (m)	['bʉn]
ola (f)	bølge (m)	['bølgə]
cresta (f) de la ola	bølgekam (m)	['bølgə,kam]
espuma (f)	skum (n)	['skʉm]
tempestad (f)	storm (m)	['stɔrm]
huracán (m)	orkan (m)	[ɔr'kan]
tsunami (m)	tsunami (m)	[tsʉ'nami]
bonanza (f)	stille (m/f)	['stilə]
calmo, tranquilo	stille	['stilə]
polo (m)	pol (m)	['pʉl]
polar (adj)	pol-, polar	['pʉl-], [pʉ'lar]
latitud (f)	bredde, latitude (m)	['brɛdə], ['lati,tʉdə]
longitud (f)	lengde (m/f)	['leŋdə]
paralelo (m)	breddegrad (m)	['brɛdə,grad]
ecuador (m)	ekvator (m)	[ɛ'kvatʉr]
cielo (m)	himmel (m)	['himəl]
horizonte (m)	horisont (m)	[hʉri'sɔnt]
aire (m)	luft (f)	['lʉft]
faro (m)	fyr (n)	['fyr]
bucear (vi)	å dykke	[ɔ 'dʏkə]
hundirse (vr)	å synke	[ɔ 'sʏnkə]
tesoros (m pl)	skatter (m pl)	['skatər]

168. Las montañas

montaña (f)	fjell (n)	['fjɛl]
cadena (f) de montañas	fjellkjede (m)	['fjɛl,çɛ:də]
cresta (f) de montañas	fjellrygg (m)	['fjɛl,rʏg]
cima (f)	topp (m)	['tɔp]
pico (m)	tind (m)	['tin]
pie (m)	fot (m)	['fʉt]
cuesta (f)	skråning (m)	['skrɔniŋ]
volcán (m)	vulkan (m)	[vʉl'kan]
volcán (m) activo	virksom vulkan (m)	['virksɔm vʉl'kan]
volcán (m) apagado	utslukt vulkan (m)	['ʉt,slʉkt vʉl'kan]
erupción (f)	utbrudd (n)	['ʉt,brʉd]
cráter (m)	krater (n)	['kratər]
magma (m)	magma (m/n)	['magma]
lava (f)	lava (m)	['lava]
fundido (lava ~a)	glødende	['glødenə]
cañón (m)	canyon (m)	['kanjən]

desfiladero (m)	gjel (n), kløft (m)	['jel], ['klœft]
grieta (f)	renne (m/f)	['rɛnə]
precipicio (m)	avgrunn (m)	['ɑvˌgrʉn]
puerto (m) (paso)	pass (n)	['pɑs]
meseta (f)	platå (n)	[plɑ'to]
roca (f)	klippe (m)	['klipə]
colina (f)	ås (m)	['ɔs]
glaciar (m)	bre, jøkel (m)	['bre], ['jøkəl]
cascada (f)	foss (m)	['fɔs]
geiser (m)	geysir (m)	['gɛjsir]
lago (m)	innsjø (m)	['in'ʂø]
llanura (f)	slette (m/f)	['ʂletə]
paisaje (m)	landskap (n)	['lɑnˌskɑp]
eco (m)	ekko (n)	['ɛkʉ]
alpinista (m)	alpinist (m)	[ɑlpi'nist]
escalador (m)	fjellklatrer (m)	['fjɛlˌklɑtrər]
conquistar (vt)	å erobre	[ɔ ɛ'rʉbrə]
ascensión (f)	bestigning (m/f)	[be'stigniŋ]

169. Los ríos

río (m)	elv (m/f)	['ɛlv]
manantial (m)	kilde (m)	['çildə]
lecho (m) (curso de agua)	elveleie (n)	['ɛlvəˌlæje]
cuenca (f) fluvial	flodbasseng (n)	['flʉd bɑˌseŋ]
desembocar en ...	å munne ut ...	[ɔ 'mʉnə ʉt ...]
afluente (m)	bielv (m/f)	['biˌelv]
ribera (f)	bredd (m)	['brɛd]
corriente (f)	strøm (m)	['strøm]
río abajo (adv)	medstrøms	['meˌstrøms]
río arriba (adv)	motstrøms	['mʉtˌstrøms]
inundación (f)	oversvømmelse (m)	['ɔvəˌsvœmelsə]
riada (f)	flom (m)	['flɔm]
desbordarse (vr)	å overflø	[ɔ 'ɔvərˌflø]
inundar (vt)	å oversvømme	[ɔ 'ɔvəˌsvœmə]
bajo (m) arenoso	grunne (m/f)	['grʉnə]
rápido (m)	stryk (m/n)	['stryk]
presa (f)	demning (m)	['dɛmniŋ]
canal (m)	kanal (m)	[kɑ'nɑl]
lago (m) artificiale	reservoar (n)	[resɛrvʉ'ɑr]
esclusa (f)	sluse (m)	['ʂlʉsə]
cuerpo (m) de agua	vannmasse (m)	['vɑnˌmɑsə]
pantano (m)	myr, sump (m)	['myr], ['sʉmp]
ciénaga (f)	hengemyr (m)	['hɛŋeˌmyr]

remolino (m)	virvel (m)	['virvəl]
arroyo (m)	bekk (m)	['bɛk]
potable (adj)	drikke-	['drikə-]
dulce (agua ~)	fersk-	['fæʂk-]
hielo (m)	is (m)	['is]
helarse (el lago, etc.)	å fryse til	[ɔ 'frysə til]

170. El bosque

bosque (m)	skog (m)	['skʊg]
de bosque (adj)	skog-	['skʊg-]
espesura (f)	tett skog (n)	['tɛt ˌskʊg]
bosquecillo (m)	lund (m)	['lʉn]
claro (m)	glenne (m/f)	['glenə]
maleza (f)	krattskog (m)	['krɑtˌskʊg]
matorral (m)	kratt (n)	['krɑt]
senda (f)	sti (m)	['sti]
barranco (m)	ravine (m)	[rɑ'vinə]
árbol (m)	tre (n)	['trɛ]
hoja (f)	blad (n)	['blɑ]
follaje (m)	løv (n)	['løv]
caída (f) de hojas	løvfall (n)	['løvˌfɑl]
caer (las hojas)	å falle	[ɔ 'fɑlə]
cima (f)	tretopp (m)	['trɛˌtɔp]
rama (f)	kvist, gren (m)	['kvist], ['gren]
rama (f) (gruesa)	gren, grein (m/f)	['gren], ['græjn]
brote (m)	knopp (m)	['knɔp]
aguja (f)	nål (m/f)	['nɔl]
piña (f)	kongle (m/f)	['kʊŋlə]
agujero (m)	trehull (n)	['trɛˌhʉl]
nido (m)	reir (n)	['ræjr]
tronco (m)	stamme (m)	['stɑmə]
raíz (f)	rot (m/f)	['rʊt]
corteza (f)	bark (m)	['bɑrk]
musgo (m)	mose (m)	['mʊsə]
extirpar (vt)	å rykke opp med roten	[ɔ 'rʏkə ɔp me 'rutən]
talar (vt)	å felle	[ɔ 'fɛlə]
deforestar (vt)	å hogge ned	[ɔ 'hɔgə 'ne]
tocón (m)	stubbe (m)	['stʉbə]
hoguera (f)	bål (n)	['bɔl]
incendio (m) forestal	skogbrann (m)	['skʊgˌbrɑn]
apagar (~ el incendio)	å slokke	[ɔ 'sløkə]
guarda (m) forestal	skogvokter (m)	['skʊgˌvɔktər]

protección (f)	vern (n), beskyttelse (m)	['væ:ɳ], ['be'ʂytəlsə]
proteger (vt)	å beskytte	[ɔ be'ʂytə]
cazador (m) furtivo	tyvskytter (m)	['tyf‚ʂytər]
cepo (m)	saks (m/f)	['sɑks]
recoger (setas, bayas)	å plukke	[ɔ 'pʉkə]
perderse (vr)	å gå seg vill	[ɔ 'gɔ sæj 'vil]

171. Los recursos naturales

recursos (m pl) naturales	naturressurser (m pl)	[nɑ'tʉr rɛ'sʉʂər]
recursos (m pl) subterráneos	mineraler (n pl)	[minə'rɑlər]
depósitos (m pl)	forekomster (m pl)	['fɔrə‚kɔmstər]
yacimiento (m)	felt (n)	['fɛlt]
extraer (vt)	å utvinne	[ɔ 'ʉt‚vinə]
extracción (f)	utvinning (m/f)	['ʉt‚viniŋ]
mena (f)	malm (m)	['mɑlm]
mina (f)	gruve (m/f)	['grʉvə]
pozo (m) de mina	gruvesjakt (m/f)	['grʉvə‚ʂɑkt]
minero (m)	gruvearbeider (m)	['grʉvə'ɑr‚bæjdər]
gas (m)	gass (m)	['gɑs]
gasoducto (m)	gassledning (m)	['gɑs‚lεdniŋ]
petróleo (m)	olje (m)	['ɔljə]
oleoducto (m)	oljeledning (m)	['ɔljə‚lεdniŋ]
pozo (m) de petróleo	oljebrønn (m)	['ɔljə‚brœn]
torre (f) de sondeo	boretårn (n)	['bo:rə‚tɔ:ɳ]
petrolero (m)	tankskip (n)	['tɑnk‚ʂip]
arena (f)	sand (m)	['sɑn]
caliza (f)	kalkstein (m)	['kɑlk‚stæjn]
grava (f)	grus (m)	['grʉs]
turba (f)	torv (m/f)	['tɔrv]
arcilla (f)	leir (n)	['læjr]
carbón (m)	kull (n)	['kʉl]
hierro (m)	jern (n)	['jæ:ɳ]
oro (m)	gull (n)	['gʉl]
plata (f)	sølv (n)	['søl]
níquel (m)	nikkel (m)	['nikəl]
cobre (m)	kobber (n)	['kɔbər]
zinc (m)	sink (m/n)	['sink]
manganeso (m)	mangan (m/n)	[mɑ'ŋɑn]
mercurio (m)	kvikksølv (n)	['kvik‚søl]
plomo (m)	bly (n)	['bly]
mineral (m)	mineral (n)	[minə'rɑl]
cristal (m)	krystall (m/n)	[kry'stɑl]
mármol (m)	marmor (m/n)	['mɑrmʊr]
uranio (m)	uran (m/n)	[ʉ'rɑn]

La tierra. Unidad 2

172. El tiempo

tiempo (m)	vær (n)	['vær]
previsión (f) del tiempo	værvarsel (n)	['værˌvaʂəl]
temperatura (f)	temperatur (m)	[tɛmpəraˈtʉr]
termómetro (m)	termometer (n)	[tɛrmʉˈmetər]
barómetro (m)	barometer (n)	[barʉˈmetər]
húmedo (adj)	fuktig	[ˈfʉkti]
humedad (f)	fuktighet (m)	[ˈfʉktiˌhet]
bochorno (m)	hete (m)	[ˈheːtə]
tórrido (adj)	het	[ˈhet]
hace mucho calor	det er hett	[de ær ˈhet]
hace calor (templado)	det er varmt	[de ær ˈvɑrmt]
templado (adj)	varm	[ˈvɑrm]
hace frío	det er kaldt	[de ær ˈkɑlt]
frío (adj)	kald	[ˈkɑl]
sol (m)	sol (m/f)	[ˈsʉl]
brillar (vi)	å skinne	[ɔ ˈʂinə]
soleado (un día ~)	solrik	[ˈsʉlˌrik]
elevarse (el sol)	å gå opp	[ɔ ˈgɔ ɔp]
ponerse (vr)	å gå ned	[ɔ ˈgɔ ne]
nube (f)	sky (m)	[ˈʂy]
nuboso (adj)	skyet	[ˈʂyːət]
nubarrón (m)	regnsky (m/f)	[ˈræjnˌʂy]
nublado (adj)	mørk	[ˈmœrk]
lluvia (f)	regn (n)	[ˈræjn]
está lloviendo	det regner	[de ˈræjnər]
lluvioso (adj)	regnværs-	[ˈræjnˌvæʂ-]
lloviznar (vi)	å småregne	[ɔ ˈsmoːræjnə]
aguacero (m)	piskende regn (n)	[ˈpiskənə ˌræjn]
chaparrón (m)	styrtregn (n)	[ˈstyːtˌræjn]
fuerte (la lluvia ~)	kraftig, sterk	[ˈkrɑfti], [ˈstærk]
charco (m)	vannpytt (m)	[ˈvɑnˌpyt]
mojarse (vr)	å bli våt	[ɔ ˈbli ˈvɔt]
niebla (f)	tåke (m/f)	[ˈtoːkə]
nebuloso (adj)	tåke	[ˈtoːkə]
nieve (f)	snø (m)	[ˈsnø]
está nevando	det snør	[de ˈsnør]

173. Los eventos climáticos severos. Los desastres naturales

tormenta (f)	tordenvær (n)	[ˈtʊrdənˌvæːr]
relámpago (m)	lyn (n)	[ˈlyn]
relampaguear (vi)	å glimte	[ɔ ˈglimtə]

trueno (m)	torden (m)	[ˈtʊrdən]
tronar (vi)	å tordne	[ɔ ˈtʊrdnə]
está tronando	det tordner	[de ˈtʊrdnər]

granizo (m)	hagle (m/f)	[ˈhaglə]
está granizando	det hagler	[de ˈhaglər]

inundar (vt)	å oversvømme	[ɔ ˈɔvəˌsvœmə]
inundación (f)	oversvømmelse (m)	[ˈɔvəˌsvœməlsə]

terremoto (m)	jordskjelv (n)	[ˈjuːrˌʂɛlv]
sacudida (f)	skjelv (n)	[ˈʂɛlv]
epicentro (m)	episenter (n)	[ɛpiˈsɛntər]

erupción (f)	utbrudd (n)	[ˈʉtˌbrʉd]
lava (f)	lava (m)	[ˈlava]

torbellino (m)	skypumpe (m/f)	[ˈʂyˌpʉmpə]
tornado (m)	tornado (m)	[tʊːˈŋadʉ]
tifón (m)	tyfon (m)	[tyˈfʉn]

huracán (m)	orkan (m)	[ɔrˈkan]
tempestad (f)	storm (m)	[ˈstɔrm]
tsunami (m)	tsunami (m)	[tsʉˈnami]

ciclón (m)	syklon (m)	[syˈklun]
mal tiempo (m)	uvær (n)	[ˈʉːˌvæːr]
incendio (m)	brann (m)	[ˈbran]
catástrofe (f)	katastrofe (m)	[kataˈstrɔfə]
meteorito (m)	meteoritt (m)	[meteʉˈrit]

avalancha (f)	lavine (m)	[laˈvinə]
alud (m) de nieve	snøskred, snøras (n)	[ˈsnøˌskred], [ˈsnøras]
ventisca (f)	snøstorm (m)	[ˈsnøˌstɔrm]
nevasca (f)	snøstorm (m)	[ˈsnøˌstɔrm]

La fauna

174. Los mamíferos. Los predadores

carnívoro (m)	rovdyr (n)	['rɔvˌdyr]
tigre (m)	tiger (m)	['tigər]
león (m)	løve (m/f)	['løve]
lobo (m)	ulv (m)	['ʉlv]
zorro (m)	rev (m)	['rev]
jaguar (m)	jaguar (m)	[jagʉ'ɑr]
leopardo (m)	leopard (m)	[leʊ'pɑrd]
guepardo (m)	gepard (m)	[ge'pɑrd]
pantera (f)	panter (m)	['pɑntər]
puma (f)	puma (m)	['pʉmɑ]
leopardo (m) de las nieves	snøleopard (m)	['snø leʊ'pɑrd]
lince (m)	gaupe (m/f)	['gaʉpə]
coyote (m)	coyote, prærieulv (m)	[kɔ'jotə], ['præriˌʉlv]
chacal (m)	sjakal (m)	[ʂɑ'kɑl]
hiena (f)	hyene (m)	[hy'enə]

175. Los animales salvajes

animal (m)	dyr (n)	['dyr]
bestia (f)	best, udyr (n)	['bɛst], ['ʉˌdyr]
ardilla (f)	ekorn (n)	['ɛkʊːn]
erizo (m)	pinnsvin (n)	['pinˌsvin]
liebre (f)	hare (m)	['hɑrə]
conejo (m)	kanin (m)	[kɑ'nin]
tejón (m)	grevling (m)	['grɛvliŋ]
mapache (m)	vaskebjørn (m)	['vaskəˌbjœːn]
hámster (m)	hamster (m)	['hɑmstər]
marmota (f)	murmeldyr (n)	['mʉrməlˌdyr]
topo (m)	muldvarp (m)	['mʉlˌvarp]
ratón (m)	mus (m/f)	['mʉs]
rata (f)	rotte (m/f)	['rɔtə]
murciélago (m)	flaggermus (m/f)	['flagərˌmʉs]
armiño (m)	røyskatt (m)	['røjskat]
cebellina (f)	sobel (m)	['sʊbəl]
marta (f)	mår (m)	['mɔr]
comadreja (f)	snømus (m/f)	['snøˌmʉs]
visón (m)	mink (m)	['mink]

castor (m)	bever (m)	['bevər]
nutria (f)	oter (m)	['ʊtər]

caballo (m)	hest (m)	['hɛst]
alce (m)	elg (m)	['ɛlg]
ciervo (m)	hjort (m)	['jɔːt]
camello (m)	kamel (m)	[kɑ'mel]

bisonte (m)	bison (m)	['bisɔn]
uro (m)	urokse (m)	['ʉrˌʊksə]
búfalo (m)	bøffel (m)	['bøfəl]

cebra (f)	sebra (m)	['sebrɑ]
antílope (m)	antilope (m)	[ɑnti'lʊpə]
corzo (m)	rådyr (n)	['rɔˌdyr]
gamo (m)	dåhjort, dådyr (n)	['dɔˌjɔːt], ['dɔˌdyr]
gamuza (f)	gemse (m)	['gɛmsə]
jabalí (m)	villsvin (n)	['vilˌsvin]

ballena (f)	hval (m)	['vɑl]
foca (f)	sel (m)	['sel]
morsa (f)	hvalross (m)	['vɑlˌrɔs]
oso (m) marino	pelssel (m)	['pɛlsˌsel]
delfín (m)	delfin (m)	[dɛl'fin]

oso (m)	bjørn (m)	['bjœːŋ]
oso (m) blanco	isbjørn (m)	['isˌbjœːŋ]
panda (f)	panda (m)	['pɑndɑ]

mono (m)	ape (m/f)	['ɑpe]
chimpancé (m)	sjimpanse (m)	[ʂim'pɑnsə]
orangután (m)	orangutang (m)	[ʊ'rɑŋgʉˌtɑŋ]
gorila (m)	gorilla (m)	[gɔ'rilɑ]
macaco (m)	makak (m)	[mɑ'kɑk]
gibón (m)	gibbon (m)	['gibʊn]

elefante (m)	elefant (m)	[ɛle'fɑnt]
rinoceronte (m)	neshorn (n)	['nesˌhuːŋ]
jirafa (f)	sjiraff (m)	[ʂi'rɑf]
hipopótamo (m)	flodhest (m)	['flʊdˌhɛst]

canguro (m)	kenguru (m)	['kɛŋgʉrʉ]
koala (f)	koala (m)	[kʊ'ɑlɑ]

mangosta (f)	mangust, mungo (m)	[mɑŋ'gʉst], ['mʉŋgu]
chinchilla (f)	chinchilla (f)	[ʂin'ʂilɑ]
mofeta (f)	skunk (m)	['skunk]
espín (m)	hulepinnsvin (n)	['hʉləˌpinsvin]

176. Los animales domésticos

gata (f)	katt (m)	['kɑt]
gato (m)	hannkatt (m)	['hɑnˌkɑt]
perro (m)	hund (m)	['hʉŋ]

caballo (m)	hest (m)	['hɛst]
garañón (m)	hingst (m)	['hiŋst]
yegua (f)	hoppe, merr (m/f)	['hɔpə], ['mɛr]

vaca (f)	ku (f)	['kʉ]
toro (m)	tyr (m)	['tyr]
buey (m)	okse (m)	['ɔksə]

oveja (f)	sau (m)	['saʉ]
carnero (m)	vær, saubukk (m)	['vær], ['saʉˌbʉk]
cabra (f)	geit (m/f)	['jæjt]
cabrón (m)	geitebukk (m)	['jæjtəˌbʉk]

| asno (m) | esel (n) | ['ɛsəl] |
| mulo (m) | muldyr (n) | ['mʉlˌdyr] |

cerdo (m)	svin (n)	['svin]
cerdito (m)	gris (m)	['gris]
conejo (m)	kanin (m)	[ka'nin]

| gallina (f) | høne (m/f) | ['hønə] |
| gallo (m) | hane (m) | ['hanə] |

pato (m)	and (m/f)	['an]
ánade (m)	andrik (m)	['andrik]
ganso (m)	gås (m/f)	['gɔs]

| pavo (m) | kalkunhane (m) | [kal'kʉnˌhanə] |
| pava (f) | kalkunhøne (m/f) | [kal'kʉnˌhønə] |

animales (m pl) domésticos	husdyr (n pl)	['hʉsˌdyr]
domesticado (adj)	tam	['tam]
domesticar (vt)	å temme	[ɔ 'tɛmə]
criar (vt)	å avle, å oppdrette	[ɔ 'avlə], [ɔ 'ɔpˌdrɛtə]

granja (f)	farm, gård (m)	['farm], ['gɔːr]
aves (f pl) de corral	fjærfe (n)	['fjærˌfɛ]
ganado (m)	kveg (n)	['kvɛg]
rebaño (m)	flokk, bøling (m)	['flɔk], ['bøliŋ]

caballeriza (f)	stall (m)	['stal]
porqueriza (f)	grisehus (n)	['grisəˌhʉs]
vaquería (f)	kufjøs (m/n)	['kuˌfjøs]
conejal (m)	kaninbur (n)	[ka'ninˌbʉr]
gallinero (m)	hønsehus (n)	['hønsəˌhʉs]

177. Los perros. Las razas de perros

perro (m)	hund (m)	['hʉŋ]
perro (m) pastor	fårehund (m)	['foːrəˌhʉn]
pastor (m) alemán	schäferhund (m)	['sɛfærˌhʉn]
caniche (m)	puddel (m)	['pʉdəl]
teckel (m)	dachshund (m)	['dasˌhʉn]
bulldog (m)	bulldogg (m)	['bʉlˌdɔg]

bóxer (m)	bokser (m)	['bɔksər]
mastín (m) inglés	mastiff (m)	[mɑs'tif]
rottweiler (m)	rottweiler (m)	['rɔtˌvæjlər]
doberman (m)	dobermann (m)	['dɔbermɑn]
basset hound (m)	basset (m)	['basɛt]
bobtail (m)	bobtail (m)	['bɔbtɛjl]
dálmata (m)	dalmatiner (m)	[dɑlmɑ'tinər]
cocker spaniel (m)	cocker spaniel (m)	['kɔkerˌspɑniəl]
terranova (m)	newfoundlandshund (m)	[njʉ'fɑwndˌləndsˈhʉn]
san bernardo (m)	sankt bernhardshund (m)	[ˌsɑnkt 'bɛːnɑdsˌhʉn]
husky (m)	husky (m)	['hɑski]
chow chow (m)	chihuahua (m)	[tʂi'vɑvɑ]
pomerania (m)	spisshund (m)	['spisˌhʉn]
pug (m), carlino (m)	mops (m)	['mɔps]

178. Los sonidos de los animales

ladrido (m)	gjøing (m/f)	['jøːiŋ]
ladrar (vi)	å gjø	[ɔ 'jø]
maullar (vi)	å mjaue	[ɔ 'mjɑʉe]
ronronear (vi)	å spinne	[ɔ 'spinə]
mugir (vi)	å raute	[ɔ 'rɑʉtə]
bramar (toro)	å belje, å brøle	[ɔ 'belje], [ɔ 'brøle]
rugir (vi)	å knurre	[ɔ 'knʉrə]
aullido (m)	hyl (n)	['hyl]
aullar (vi)	å hyle	[ɔ 'hylə]
gañir (vi)	å klynke	[ɔ 'klʏnkə]
balar (vi)	å breke	[ɔ 'brekə]
gruñir (cerdo)	å grynte	[ɔ 'grʏntə]
chillar (vi)	å hvine	[ɔ 'vinə]
croar (vi)	å kvekke	[ɔ 'kvɛkə]
zumbar (vi)	å surre	[ɔ 'sʉrə]
chirriar (vi)	å gnisse	[ɔ 'gnisə]

179. Los pájaros

pájaro (m)	fugl (m)	['fʉl]
paloma (f)	due (m/f)	['dʉə]
gorrión (m)	spurv (m)	['spʉrv]
carbonero (m)	kjøttmeis (m/f)	['çœtˌmæjs]
urraca (f)	skjære (m/f)	['ʂærə]
cuervo (m)	ravn (m)	['rɑvn]
corneja (f)	kråke (m)	['kroːkə]
chova (f)	kaie (m/f)	['kɑjə]

grajo (m)	kornkråke (m/f)	['kʊːŋˌkroːkə]
pato (m)	and (m/f)	['ɑn]
ganso (m)	gås (m/f)	['gɔs]
faisán (m)	fasan (m)	[fɑ'sɑn]
águila (f)	ørn (m/f)	['œːŋ]
azor (m)	hauk (m)	['haʊk]
halcón (m)	falk (m)	['fɑlk]
buitre (m)	gribb (m)	['grib]
cóndor (m)	kondor (m)	[kʊn'dʊr]
cisne (m)	svane (m/f)	['svɑnə]
grulla (f)	trane (m/f)	['trɑnə]
cigüeña (f)	stork (m)	['stɔrk]
loro (m), papagayo (m)	papegøye (m)	[pɑpe'gøjə]
colibrí (m)	kolibri (m)	[kʊ'libri]
pavo (m) real	påfugl (m)	['pɔˌfʉl]
avestruz (m)	struts (m)	['strʉts]
garza (f)	hegre (m)	['hæjrə]
flamenco (m)	flamingo (m)	[flɑ'mingʊ]
pelícano (m)	pelikan (m)	[peli'kɑn]
ruiseñor (m)	nattergal (m)	['nɑtərˌgɑl]
golondrina (f)	svale (m/f)	['svɑlə]
tordo (m)	trost (m)	['trʊst]
zorzal (m)	måltrost (m)	['moːlˌtrʊst]
mirlo (m)	svarttrost (m)	['svɑːˌtrʊst]
vencejo (m)	tårnseiler (m), tårnsvale (m/f)	['tɔːŋˌsæjlə], ['tɔːŋˌsvɑlə]
alondra (f)	lerke (m/f)	['lærkə]
codorniz (f)	vaktel (m)	['vɑktəl]
pájaro carpintero (m)	hakkespett (m)	['hɑkəˌspɛt]
cuco (m)	gjøk, gauk (m)	['jøk], ['gaʊk]
lechuza (f)	ugle (m/f)	['ʉglə]
búho (m)	hubro (m)	['hʉbrʊ]
urogallo (m)	storfugl (m)	['stʊrˌfʉl]
gallo lira (m)	orrfugl (m)	['ɔrˌfʉl]
perdiz (f)	rapphøne (m/f)	['rɑpˌhønə]
estornino (m)	stær (m)	['stær]
canario (m)	kanarifugl (m)	[kɑ'nɑriˌfʉl]
ortega (f)	jerpe (m/f)	['jærpə]
pinzón (m)	bokfink (m)	['bʊkˌfink]
camachuelo (m)	dompap (m)	['dʊmpɑp]
gaviota (f)	måke (m/f)	['moːkə]
albatros (m)	albatross (m)	['ɑlbɑˌtrɔs]
pingüino (m)	pingvin (m)	[piŋ'vin]

180. Los pájaros. El canto y los sonidos

cantar (vi)	å synge	[ɔ 'sʏŋə]
gritar, llamar (vi)	å skrike	[ɔ 'skrikə]
cantar (el gallo)	å gale	[ɔ 'galə]
quiquiriquí (m)	kykeliky	[kykəli'kyː]
cloquear (vi)	å kakle	[ɔ 'kaklə]
graznar (vi)	å krae	[ɔ 'kraə]
graznar, parpar (vi)	å snadre, å rappe	[ɔ 'snadrə], [ɔ 'rapə]
piar (vi)	å pipe	[ɔ 'pipə]
gorjear (vi)	å kvitre	[ɔ 'kvitrə]

181. Los peces. Los animales marinos

brema (f)	brasme (m/f)	['brasmə]
carpa (f)	karpe (m)	['karpə]
perca (f)	åbor (m)	['obɔr]
siluro (m)	malle (m)	['malə]
lucio (m)	gjedde (m/f)	['jɛdə]
salmón (m)	laks (m)	['laks]
esturión (m)	stør (m)	['stør]
arenque (m)	sild (m/f)	['sil]
salmón (m) del Atlántico	atlanterhavslaks (m)	[at'lantərhafs‚laks]
caballa (f)	makrell (m)	[ma'krɛl]
lenguado (m)	rødspette (m/f)	['rø‚spɛtə]
lucioperca (f)	gjørs (m)	['jøːʂ]
bacalao (m)	torsk (m)	['tɔʂk]
atún (m)	tunfisk (m)	['tʉn‚fisk]
trucha (f)	ørret (m)	['øret]
anguila (f)	ål (m)	['ɔl]
raya (f) eléctrica	elektrisk rokke (m/f)	[ɛ'lektrisk ‚rɔkə]
morena (f)	murene (m)	[mʉ'rɛnə]
piraña (f)	piraja (m)	[pi'raja]
tiburón (m)	hai (m)	['haj]
delfín (m)	delfin (m)	[dɛl'fin]
ballena (f)	hval (m)	['val]
centolla (f)	krabbe (m)	['krabə]
medusa (f)	manet (m/f), meduse (m)	['manet], [me'dʉsə]
pulpo (m)	blekksprut (m)	['blek‚sprʉt]
estrella (f) de mar	sjøstjerne (m/f)	['ʂø‚stjæːɳə]
erizo (m) de mar	sjøpinnsvin (n)	['ʂøːˈpin‚svin]
caballito (m) de mar	sjøhest (m)	['ʂø‚hɛst]
ostra (f)	østers (m)	['østəʂ]
camarón (m)	reke (m/f)	['rekə]

bogavante (m)	hummer (m)	['hʉmər]
langosta (f)	langust (m)	[laŋ'gʉst]

182. Los anfibios. Los reptiles

serpiente (f)	slange (m)	['ʂlaŋə]
venenoso (adj)	giftig	['jifti]
víbora (f)	hoggorm, huggorm (m)	['hʉg‚ɔrm], ['hʉg‚ɔrm]
cobra (f)	kobra (m)	['kʊbra]
pitón (m)	pyton (m)	['pytɔn]
boa (f)	boaslange (m)	['bɔɑ‚slaŋə]
culebra (f)	snok (m)	['snʊk]
serpiente (m) de cascabel	klapperslange (m)	['klapə‚slaŋə]
anaconda (f)	anakonda (m)	[ɑnɑ'kɔndɑ]
lagarto (m)	øgle (m/f)	['øglə]
iguana (f)	iguan (m)	[igʉ'ɑn]
varano (m)	varan (n)	[vɑ'rɑn]
salamandra (f)	salamander (m)	[sɑlɑ'mɑndər]
camaleón (m)	kameleon (m)	[kɑməle'ʊn]
escorpión (m)	skorpion (m)	[skɔrpi'ʊn]
tortuga (f)	skilpadde (m/f)	['ʂil‚pɑdə]
rana (f)	frosk (m)	['frɔsk]
sapo (m)	padde (m/f)	['pɑdə]
cocodrilo (m)	krokodille (m)	[krʊkə'dilə]

183. Los insectos

insecto (m)	insekt (n)	['insɛkt]
mariposa (f)	sommerfugl (m)	['sɔmər‚fʉl]
hormiga (f)	maur (m)	['mɑʉr]
mosca (f)	flue (m/f)	['flʉə]
mosquito (m) (picadura de ~)	mygg (m)	['myg]
escarabajo (m)	bille (m)	['bilə]
avispa (f)	veps (m)	['vɛps]
abeja (f)	bie (m/f)	['biə]
abejorro (m)	humle (m/f)	['hʉmlə]
moscardón (m)	brems (m)	['brɛms]
araña (f)	edderkopp (m)	['ɛdər‚kɔp]
telaraña (f)	edderkoppnett (n)	['ɛdərkɔp‚nɛt]
libélula (f)	øyenstikker (m)	['øjən‚stikər]
saltamontes (m)	gresshoppe (m/f)	['grɛs‚hɔpə]
mariposa (f) nocturna	nattsvermer (m)	['nɑt‚sværmər]
cucaracha (f)	kakerlakk (m)	[kɑkə'lɑk]
garrapata (f)	flått, midd (m)	['flɔt], ['mid]

pulga (f)	loppe (f)	['lɔpə]
mosca (f) negra	knott (m)	['knɔt]
langosta (f)	vandgresshoppe (m/f)	['van 'grɛsˌhɔpə]
caracol (m)	snegl (m)	['snæjl]
grillo (m)	siriss (m)	['siˌris]
luciérnaga (f)	ildflue (m/f), lysbille (m)	['ilˌflʉe], ['lysˌbilə]
mariquita (f)	marihøne (m/f)	['mariˌhønə]
sanjuanero (m)	oldenborre (f)	['ɔldənˌbɔrə]
sanguijuela (f)	igle (m/f)	['iglə]
oruga (f)	sommerfugllarve (m/f)	['sɔmərfʉlˌlarvə]
lombriz (m) de tierra	meitemark (m)	['mæjtəˌmark]
larva (f)	larve (m/f)	['larvə]

184. Los animales. Las partes del cuerpo

pico (m)	nebb (n)	['nɛb]
alas (f pl)	vinger (m pl)	['viŋər]
pata (f)	fot (m)	['fʉt]
plumaje (m)	fjærdrakt (m/f)	['fjærˌdrakt]
pluma (f)	fjær (m/f)	['fjær]
penacho (m)	fjærtopp (m)	['fjæːˌtɔp]
branquias (f pl)	gjeller (m/f pl)	['jɛlər]
huevas (f pl)	rogn (m/f)	['rɔŋn]
larva (f)	larve (m/f)	['larvə]
aleta (f)	finne (m)	['finə]
escamas (f pl)	skjell (n)	['ʂɛl]
colmillo (m)	hoggtann (m/f)	['hɔgˌtan]
garra (f), pata (f)	pote (m)	['poːtə]
hocico (m)	snute (m/f)	['snʉtə]
boca (f)	kjeft (m)	['çɛft]
cola (f)	hale (m)	['halə]
bigotes (m pl)	værhår (n)	['værˌhɔr]
casco (m) (pezuña)	klov, hov (m)	['klɔv], ['hɔv]
cuerno (m)	horn (n)	['hʉːŋ]
caparazón (m)	ryggskjold (n)	['rygˌʂɔl]
concha (f) (de moluscos)	skall (n)	['skal]
cáscara (f) (de huevo)	eggeskall (n)	['ɛgəˌskal]
pelo (m) (de perro)	pels (m)	['pɛls]
piel (f) (de vaca, etc.)	skinn (n)	['ʂin]

185. Los animales. El hábitat

hábitat (m)	habitat (n)	[habi'tat]
migración (f)	migrasjon (m)	[migra'ʂʉn]
montaña (f)	fjell (n)	['fjɛl]

arrecife (m)	rev (n)	['rev]
roca (f)	klippe (m)	['klipə]
bosque (m)	skog (m)	['skʊg]
jungla (f)	jungel (m)	['jʉŋəl]
sabana (f)	savanne (m)	[sɑ'vanə]
tundra (f)	tundra (m)	['tʉndrɑ]
estepa (f)	steppe (m)	['stɛpə]
desierto (m)	ørken (m)	['œrkən]
oasis (m)	oase (m)	[ʊ'ɑsə]
mar (m)	hav (n)	['hɑv]
lago (m)	innsjø (m)	['in'ʂø]
océano (m)	verdenshav (n)	[værdəns'hɑv]
pantano (m)	myr (m/f)	['myr]
de agua dulce (adj)	ferskvanns-	['fæʂkˌvans-]
estanque (m)	dam (m)	['dɑm]
río (m)	elv (m/f)	['ɛlv]
cubil (m)	hi (n)	['hi]
nido (m)	reir (n)	['ræjr]
agujero (m)	trehull (n)	['trɛˌhʉl]
madriguera (f)	hule (m/f)	['hʉlə]
hormiguero (m)	maurtue (m/f)	['mɑʊːˌtʉə]

La flora

186. Los árboles

árbol (m)	tre (n)	['trɛ]
foliáceo (adj)	løv-	['løv-]
conífero (adj)	bar-	['bɑr-]
de hoja perenne	eviggrønt	['ɛvi̦grœnt]
manzano (m)	epletre (n)	['ɛplə̦trɛ]
peral (m)	pæretre (n)	['pærə̦trɛ]
cerezo (m)	morelltre (n)	[mʉ'rɛl̦trɛ]
guindo (m)	kirsebærtre (n)	['çiṣəbær̦trɛ]
ciruelo (m)	plommetre (n)	['plʉmə̦trɛ]
abedul (m)	bjørk (f)	['bjœrk]
roble (m)	eik (f)	['æjk]
tilo (m)	lind (m/f)	['lin]
pobo (m)	osp (m/f)	['ɔsp]
arce (m)	lønn (m/f)	['lœn]
pícea (f)	gran (m/f)	['grɑn]
pino (m)	furu (m/f)	['fʉrʉ]
alerce (m)	lerk (m)	['lærk]
abeto (m)	edelgran (m/f)	['ɛdəl̦grɑn]
cedro (m)	seder (m)	['sedər]
álamo (m)	poppel (m)	['pɔpəl]
serbal (m)	rogn (m/f)	['rɔŋn]
sauce (m)	pil (m/f)	['pil]
aliso (m)	or, older (m/f)	['ʉr], ['ɔldər]
haya (f)	bøk (m)	['bøk]
olmo (m)	alm (m)	['ɑlm]
fresno (m)	ask (m/f)	['ɑsk]
castaño (m)	kastanjetre (n)	[kɑ'stɑnjḛ̦trɛ]
magnolia (f)	magnolia (m)	[mɑŋ'nʉlia]
palmera (f)	palme (m)	['pɑlmə]
ciprés (m)	sypress (m)	[sʏ'prɛs]
mangle (m)	mangrove (m)	[mɑŋ'grʉvə]
baobab (m)	apebrødtre (n)	['ɑpebrø̦trɛ]
eucalipto (m)	eukalyptus (m)	[ɛvkɑ'lyptʉs]
secoya (f)	sequoia (m)	['sek̦vɔja]

187. Los arbustos

mata (f)	busk (m)	['bʉsk]
arbusto (m)	busk (m)	['bʉsk]

vid (f)	vinranke (m)	['vin͵rankə]
viñedo (m)	vinmark (m/f)	['vin͵mark]
frambueso (m)	bringebærbusk (m)	['briŋə͵bær bʉsk]
grosellero (m) negro	solbærbusk (m)	['sʉlbær͵bʉsk]
grosellero (m) rojo	ripsbusk (m)	['rips͵bʉsk]
grosellero (m) espinoso	stikkelsbærbusk (m)	['stikəlsbær͵bʉsk]
acacia (f)	akasie (m)	[ɑ'kɑsiə]
berberís (m)	berberis (m)	['bærberis]
jazmín (m)	sjasmin (m)	[ʂɑs'min]
enebro (m)	einer (m)	['æjnər]
rosal (m)	rosenbusk (m)	['rʉsən͵bʉsk]
escaramujo (m)	steinnype (m/f)	['stæjn͵nypə]

188. Los hongos

seta (f)	sopp (m)	['sɔp]
seta (f) comestible	spiselig sopp (m)	['spisəli ͵sɔp]
seta (f) venenosa	giftig sopp (m)	['jifti ͵sɔp]
sombrerete (m)	hatt (m)	['hɑt]
estipe (m)	stilk (m)	['stilk]
seta calabaza (f)	steinsopp (m)	['stæjn͵sɔp]
boleto (m) castaño	rødskrubb (m/n)	['rø͵skrʉb]
boleto (m) áspero	brunskrubb (m/n)	['brʉn͵skrʉb]
rebozuelo (m)	kantarell (m)	[kɑntɑ'rel]
rúsula (f)	kremle (m/f)	['krɛmlə]
colmenilla (f)	morkel (m)	['mɔrkəl]
matamoscas (m)	fluesopp (m)	['flʉə͵sɔp]
oronja (f) verde	grønn fluesopp (m)	['grœn 'flʉə͵sɔp]

189. Las frutas. Las bayas

fruto (m)	frukt (m/f)	['frʉkt]
frutos (m pl)	frukter (m/f pl)	['frʉktər]
manzana (f)	eple (n)	['ɛplə]
pera (f)	pære (m/f)	['pærə]
ciruela (f)	plomme (m/f)	['plʉmə]
fresa (f)	jordbær (n)	['juːr͵bær]
guinda (f)	kirsebær (n)	['çiʂə͵bær]
cereza (f)	morell (m)	[mʉ'rɛl]
uva (f)	drue (m)	['drʉə]
frambuesa (f)	bringebær (n)	['briŋə͵bær]
grosella (f) negra	solbær (n)	['sʉl͵bær]
grosella (f) roja	rips (m)	['rips]
grosella (f) espinosa	stikkelsbær (n)	['stikəls͵bær]
arándano (m) agrio	tranebær (n)	['trɑnə͵bær]

naranja (f)	appelsin (m)	[apel'sin]
mandarina (f)	mandarin (m)	[manda'rin]
piña (f)	ananas (m)	['ananas]
banana (f)	banan (m)	[ba'nan]
dátil (m)	daddel (m)	['dadəl]
limón (m)	sitron (m)	[si'trʊn]
albaricoque (m)	aprikos (m)	[apri'kʊs]
melocotón (m)	fersken (m)	['fæʂkən]
kiwi (m)	kiwi (m)	['kivi]
toronja (f)	grapefrukt (m/f)	['grɛjp‚frʉkt]
baya (f)	bær (n)	['bær]
bayas (f pl)	bær (n pl)	['bær]
arándano (m) rojo	tyttebær (n)	['tʏtə‚bær]
fresa (f) silvestre	markjordbær (n)	['mark juːr‚bær]
arándano (m)	blåbær (n)	['blɔ‚bær]

190. Las flores. Las plantas

flor (f)	blomst (m)	['blɔmst]
ramo (m) de flores	bukett (m)	[bʉ'kɛt]
rosa (f)	rose (m/f)	['rʊsə]
tulipán (m)	tulipan (m)	[tʉli'pan]
clavel (m)	nellik (m)	['nɛlik]
gladiolo (m)	gladiolus (m)	[gladi'ɔlʉs]
aciano (m)	kornblomst (m)	['kʊːɳ‚blɔmst]
campanilla (f)	blåklokke (m/f)	['blɔ‚klɔkə]
diente (m) de león	løvetann (m/f)	['løvə‚tan]
manzanilla (f)	kamille (m)	[ka'milə]
áloe (m)	aloe (m)	['alʊe]
cacto (m)	kaktus (m)	['kaktʉs]
ficus (m)	gummiplante (m/f)	['gʉmi‚plantə]
azucena (f)	lilje (m)	['liljə]
geranio (m)	geranium (m)	[ge'ranium]
jacinto (m)	hyasint (m)	[hia'sint]
mimosa (f)	mimose (m/f)	[mi'mɔsə]
narciso (m)	narsiss (m)	[na'ʂis]
capuchina (f)	blomkarse (m)	['blɔm‚kaʂə]
orquídea (f)	orkidé (m)	[ɔrki'de]
peonía (f)	peon, pion (m)	[pe'ʊn], [pi'ʊn]
violeta (f)	fiol (m)	[fi'ʊl]
trinitaria (f)	stemorsblomst (m)	['stemʊʂ‚blɔmst]
nomeolvides (f)	forglemmegei (m)	[fɔr'glemə‚jæj]
margarita (f)	tusenfryd (m)	['tʉsən‚fryd]
amapola (f)	valmue (m)	['valmʉə]
cáñamo (m)	hamp (m)	['hamp]

menta (f)	mynte (m/f)	['mʏntə]
muguete (m)	liljekonvall (m)	['liljə kɔn'val]
campanilla (f) de las nieves	snøklokke (m/f)	['snøˌklɔkə]
ortiga (f)	nesle (m/f)	['nɛslə]
acedera (f)	syre (m/f)	['syrə]
nenúfar (m)	nøkkerose (m/f)	['nøkəˌrʉse]
helecho (m)	bregne (m/f)	['brɛjnə]
liquen (m)	lav (m/n)	['lɑv]
invernadero (m) tropical	drivhus (n)	['drivˌhʉs]
césped (m)	gressplen (m)	['grɛsˌplen]
macizo (m) de flores	blomsterbed (n)	['blɔmstərˌbed]
planta (f)	plante (m/f), vekst (m)	['plɑntə], ['vɛkst]
hierba (f)	gras (n)	['grɑs]
hoja (f) de hierba	grasstrå (n)	['grɑsˌstrɔ]
hoja (f)	blad (n)	['blɑ]
pétalo (m)	kronblad (n)	['krɔnˌblɑ]
tallo (m)	stilk (m)	['stilk]
tubérculo (m)	rotknoll (m)	['rʉtˌknɔl]
retoño (m)	spire (m/f)	['spirə]
espina (f)	torn (m)	['tʉːŋ]
florecer (vi)	å blomstre	[ɔ 'blɔmstrə]
marchitarse (vr)	å visne	[ɔ 'visnə]
olor (m)	lukt (m/f)	['lʉkt]
cortar (vt)	å skjære av	[ɔ 'ʂæːrə ɑː]
coger (una flor)	å plukke	[ɔ 'plʉkə]

191. Los cereales, los granos

grano (m)	korn (n)	['kʉːŋ]
cereales (m pl) (plantas)	cerealer (n pl)	[sere'ɑlər]
espiga (f)	aks (n)	['ɑks]
trigo (m)	hvete (m)	['vetə]
centeno (m)	rug (m)	['rʉg]
avena (f)	havre (m)	['hɑvrə]
mijo (m)	hirse (m)	['hiʂə]
cebada (f)	bygg (m/n)	['bʏg]
maíz (m)	mais (m)	['mɑis]
arroz (m)	ris (m)	['ris]
alforfón (m)	bokhvete (m)	['bʉkˌvetə]
guisante (m)	ert (m/f)	['æːt]
fréjol (m)	bønne (m/f)	['bœnə]
soya (f)	soya (m)	['sɔja]
lenteja (f)	linse (m/f)	['linsə]
habas (f pl)	bønner (m/f pl)	['bœnər]

GEOGRAFÍA REGIONAL

192. La política. El gobierno. Unidad 1

política (f)	politikk (m)	[pʊli'tik]
político (adj)	politisk	[pʊ'litisk]
político (m)	politiker (m)	[pʊ'litikər]
estado (m)	stat (m)	['stɑt]
ciudadano (m)	statsborger (m)	['stɑts͜bɔrgər]
ciudadanía (f)	statsborgerskap (n)	['stɑtsbɔrgə͜skɑp]
escudo (m) nacional	riksvåpen (n)	['riks͜vɔpən]
himno (m) nacional	nasjonalsang (m)	[nɑʂʉ'nɑl͜sɑŋ]
gobierno (m)	regjering (m/f)	[rɛ'jeriŋ]
jefe (m) de estado	landets leder (m)	['lɑnɛts ˌledər]
parlamento (m)	parlament (n)	[pɑːlɑ'mɛnt]
partido (m)	parti (n)	[pɑː'ṭi]
capitalismo (m)	kapitalisme (n)	[kɑpitɑ'lismə]
capitalista (adj)	kapitalistisk	[kɑpitɑ'listisk]
socialismo (m)	sosialisme (m)	[sʊsiɑ'lismə]
socialista (adj)	sosialistisk	[sʊsiɑ'listisk]
comunismo (m)	kommunisme (m)	[kʊmʉ'nismə]
comunista (adj)	kommunistisk	[kʊmʉ'nistisk]
comunista (m)	kommunist (m)	[kʊmʉ'nist]
democracia (f)	demokrati (n)	[demʊkrɑ'ti]
demócrata (m)	demokrat (m)	[demʊ'krɑt]
democrático (adj)	demokratisk	[demʊ'krɑtisk]
Partido (m) Democrático	demokratisk parti (n)	[demʊ'krɑtisk pɑː'ṭi]
liberal (m)	liberaler (m)	[libə'rɑlər]
liberal (adj)	liberal	[libə'rɑl]
conservador (m)	konservativ (m)	[kʊn'sɛrvɑˌtiv]
conservador (adj)	konservativ	[kʊn'sɛrvɑˌtiv]
república (f)	republikk (m)	[repʉ'blik]
republicano (m)	republikaner (m)	[repʉbli'kɑnər]
Partido (m) Republicano	republikanske parti (n)	[repʉbli'kɑnskə pɑː'ṭi]
elecciones (f pl)	valg (n)	['vɑlg]
elegir (vi)	å velge	[ɔ 'vɛlgə]
elector (m)	velger (m)	['vɛlgər]
campaña (f) electoral	valgkampanje (m)	['vɑlg kɑm'pɑnjə]
votación (f)	avstemning, votering (m)	['ɑfˌstɛmniŋ], ['vɔteriŋ]

votar (vi)	å stemme	[ɔ 'stɛmə]
derecho (m) a voto	stemmerett (m)	['stɛmə‚rɛt]
candidato (m)	kandidat (m)	[kɑndi'dɑt]
presentarse como candidato	å kandidere	[ɔ kɑndi'derə]
campaña (f)	kampanje (m)	[kɑm'pɑnjə]
de oposición (adj)	opposisjons-	[ɔpʉsi'ʂʉns-]
oposición (f)	opposisjon (m)	[ɔpʉsi'ʂʉn]
visita (f)	besøk (n)	[be'søk]
visita (f) oficial	offisielt besøk (n)	[ɔfi'sjɛlt be'søk]
internacional (adj)	internasjonal	['intɛːnɑʂʉ‚nɑl]
negociaciones (f pl)	forhandlinger (m pl)	[fɔr'hɑndliŋər]
negociar (vi)	å forhandle	[ɔ fɔr'hɑndlə]

193. La política. El gobierno. Unidad 2

sociedad (f)	samfunn (n)	['sɑm‚fʉn]
constitución (f)	grunnlov (m)	['grʉn‚lɔv]
poder (m)	makt (m)	['mɑkt]
corrupción (f)	korrupsjon (m)	[kʉrʉp'ʂʉn]
ley (f)	lov (m)	['lɔv]
legal (adj)	lovlig	['lɔvli]
justicia (f)	rettferdighet (m)	[rɛt'færdi‚het]
justo (adj)	rettferdig	[rɛt'færdi]
comité (m)	komité (m)	[kʉmi'te]
proyecto (m) de ley	lovforslag (n)	['lɔv‚fɔʂlɑg]
presupuesto (m)	budsjett (n)	[bʉd'ʂɛt]
política (f)	politikk (m)	[pʉli'tik]
reforma (f)	reform (m/f)	[rɛ'fɔrm]
radical (adj)	radikal	[rɑdi'kɑl]
potencia (f) (~ militar, etc.)	kraft (m/f)	['krɑft]
poderoso (adj)	mektig	['mɛkti]
partidario (m)	tilhenger (m)	['til‚hɛŋər]
influencia (f)	innflytelse (m)	['in‚flytəlse]
régimen (m)	regime (n)	[rɛ'ʂimə]
conflicto (m)	konflikt (m)	[kʉn'flikt]
complot (m)	sammensvergelse (m)	['sɑmən‚sværgəlsə]
provocación (f)	provokasjon (m)	[prʉvʉkɑ'ʂʉn]
derrocar (al régimen)	å styrte	[ɔ 'styːʈə]
derrocamiento (m)	styrting (m/f)	['styːʈiŋ]
revolución (f)	revolusjon (m)	[revʉlʉ'ʂʉn]
golpe (m) de estado	statskupp (n)	['stɑts‚kʉp]
golpe (m) militar	militærkupp (n)	[mili'tær‚kʉp]
crisis (f)	krise (m/f)	['krisə]

recesión (f) económica	økonomisk nedgang (m)	[økʉ'nɔmisk 'ned͜ˌgaŋ]
manifestante (m)	demonstrant (m)	[demɔn'strant]
manifestación (f)	demonstrasjon (m)	[demɔnstra'ʂʊn]
ley (f) marcial	krigstilstand (m)	['krigstilˌstan]
base (f) militar	militærbase (m)	[mili'tærˌbasə]

estabilidad (f)	stabilitet (m)	[stabili'tet]
estable (adj)	stabil	[sta'bil]

explotación (f)	utbytting (m/f)	['ʉtˌbʏtiŋ]
explotar (vt)	å utbytte	[ɔ 'ʉtˌbʏtə]

racismo (m)	rasisme (m)	[ra'sismə]
racista (m)	rasist (m)	[ra'sist]
fascismo (m)	fascisme (m)	[fa'ʂismə]
fascista (m)	fascist (m)	[fa'ʂist]

194. Los países. Miscelánea

extranjero (m)	utlending (m)	['ʉtˌleniŋ]
extranjero (adj)	utenlandsk	['ʉtənˌlansk]
en el extranjero	i utlandet	[i 'ʉtˌlanə]

emigrante (m)	emigrant (m)	[ɛmi'grant]
emigración (f)	emigrasjon (m)	[ɛmigra'ʂʊn]
emigrar (vi)	å emigrere	[ɔ ɛmi'grɛrə]

Oeste (m)	Vesten	['vɛstən]
Oriente (m)	Østen	['østən]
Extremo Oriente (m)	Det fjerne østen	['de 'fjæːŋə ˌøstɛn]

civilización (f)	sivilisasjon (m)	[sivilisa'ʂʊn]
humanidad (f)	menneskehet (m)	['mɛnəskeˌhet]
mundo (m)	verden (m)	['værdən]
paz (f)	fred (m)	['frɛd]
mundial (adj)	verdens-	['værdəns-]

patria (f)	fedreland (n)	['fædrəˌlan]
pueblo (m)	folk (n)	['fɔlk]
población (f)	befolkning (m)	[be'fɔlkniŋ]
gente (f)	folk (n)	['fɔlk]
nación (f)	nasjon (m)	[na'ʂʊn]
generación (f)	generasjon (m)	[genera'ʂʊn]

territorio (m)	territorium (n)	[tɛri'tʊrium]
región (f)	region (m)	[rɛgi'ʊn]
estado (m) (parte de un país)	delstat (m)	['delˌstat]

tradición (f)	tradisjon (m)	[tradi'ʂʊn]
costumbre (f)	skikk, sedvane (m)	['ʂik], ['sɛdˌvanə]
ecología (f)	økologi (m)	[økʊlʊ'gi]

indio (m)	indianer (m)	[indi'anər]
gitano (m)	sigøyner (m)	[si'gøjnər]

| gitana (f) | sigøynerske (m/f) | [si'gøjnəʂkə] |
| gitano (adj) | sigøynersk | [si'gøjnəʂk] |

imperio (m)	imperium, keiserrike (n)	['im'perium], ['kæjsə‚rike]
colonia (f)	koloni (m)	[kʊlu'ni]
esclavitud (f)	slaveri (n)	[slɑvɛ'ri]
invasión (f)	invasjon (m)	[inva'ʂʊn]
hambruna (f)	hungersnød (m/f)	['hʉŋɛʂ‚nød]

195. Grupos religiosos principales. Las confesiones

| religión (f) | religion (m) | [religi'ʊn] |
| religioso (adj) | religiøs | [reli'gjøs] |

creencia (f)	tro (m)	['trʊ]
creer (en Dios)	å tro	[ɔ 'trʊ]
creyente (m)	troende (m)	['trʊenə]

| ateísmo (m) | ateisme (m) | [ate'ismə] |
| ateo (m) | ateist (m) | [ate'ist] |

cristianismo (m)	kristendom (m)	['kristən‚dɔm]
cristiano (m)	kristen (m)	['kristən]
cristiano (adj)	kristelig	['kristəli]

catolicismo (m)	katolisisme (m)	[katʊli'sismə]
católico (m)	katolikk (m)	[katʊ'lik]
católico (adj)	katolsk	[kɑ'tʊlsk]

protestantismo (m)	protestantisme (m)	[prʊtɛstan'tismə]
Iglesia (f) protestante	den protestantiske kirke	[den prʊtɛ'stantiskə ‚çirkə]
protestante (m)	protestant (m)	[prʊtɛ'stant]

ortodoxia (f)	ortodoksi (m)	[ɔːtʊdʊk'si]
Iglesia (f) ortodoxa	den ortodokse kirke	[den ɔːtʊ'dɔksə ‚çirkə]
ortodoxo (m)	ortodoks (n)	[ɔːtʊ'dɔks]

presbiterianismo (m)	presbyterianisme (m)	[prɛsbytæria'nismə]
Iglesia (f) presbiteriana	den presbyterianske kirke	[den prɛsbyteri'anskə ‚çirkə]
presbiteriano (m)	presbyterianer (m)	[prɛsbytæri'anər]

| Iglesia (f) luterana | lutherdom (m) | [lʉtər'dɔm] |
| luterano (m) | lutheraner (m) | [lʉtə'ranər] |

| Iglesia (f) bautista | baptisme (m) | [bɑp'tismə] |
| bautista (m) | baptist (m) | [bɑp'tist] |

| Iglesia (f) anglicana | den anglikanske kirke | [den aŋli'kanskə ‚çirkə] |
| anglicano (m) | anglikaner (m) | [aŋli'kanər] |

mormonismo (m)	mormonisme (m)	[mɔrmɔ'nismə]
mormón (m)	mormon (m)	[mʊr'mʊn]
judaísmo (m)	judaisme (m)	['jʉda‚ismə]
judío (m)	judeer (m)	['jʉ'deər]

| budismo (m) | buddhisme (m) | [bʉ'dismə] |
| budista (m) | buddhist (m) | [bʉ'dist] |

| hinduismo (m) | hinduisme (m) | [hindʉ'ismə] |
| hinduista (m) | hindu (m) | ['hindʉ] |

Islam (m)	islam	['islam]
musulmán (m)	muslim (m)	[mʉ'slim]
musulmán (adj)	muslimsk	[mʉ'slimsk]

| chiísmo (m) | sjiisme (m) | [ʂi'ismə] |
| chiita (m) | sjiitt (m) | [ʂi'it] |

| sunismo (m) | sunnisme (m) | [sʉ'nismə] |
| suní (m, f) | sunnimuslim (m) | ['sʉni mʉsˌlim] |

196. Las religiones. Los sacerdotes

| sacerdote (m) | prest (m) | ['prɛst] |
| Papa (m) | Paven | ['pavən] |

monje (m)	munk (m)	['mʉnk]
monja (f)	nonne (m/f)	['nɔnə]
pastor (m)	pastor (m)	['pastʊr]

abad (m)	abbed (m)	['abed]
vicario (m)	sogneprest (m)	['sɔŋnəˌprɛst]
obispo (m)	biskop (m)	['biskɔp]
cardenal (m)	kardinal (m)	[kɑːɖi'nɑl]

predicador (m)	predikant (m)	[prɛdi'kant]
prédica (f)	preken (m)	['prɛkən]
parroquianos (pl)	menighet (m/f)	['meniˌhet]

| creyente (m) | troende (m) | ['trʊenə] |
| ateo (m) | ateist (m) | [ate'ist] |

197. La fe. El cristianismo. El islamismo

| Adán | Adam | ['adam] |
| Eva | Eva | ['ɛva] |

Dios (m)	Gud (m)	['gʉd]
Señor (m)	Herren	['hærən]
el Todopoderoso	Den Allmektige	[den al'mɛktiə]

pecado (m)	synd (m/f)	['sʏn]
pecar (vi)	å synde	[ɔ 'sʏnə]
pecador (m)	synder (m)	['sʏnər]
pecadora (f)	synderinne (m)	['sʏnəˌrinə]
infierno (m)	helvete (n)	['hɛlvetə]
paraíso (m)	paradis (n)	['pɑrɑˌdis]

Español	Noruego	Pronunciación
Jesús	**Jesus**	[ˈjesʉs]
Jesucristo (m)	**Jesus Kristus**	[ˈjesʉs ˌkristʉs]
el Espíritu Santo	**Den Hellige Ånd**	[dən ˈhɛliə ˌon]
el Salvador	**Frelseren**	[ˈfrelserən]
la Virgen María	**Jomfru Maria**	[ˈjɔmfrʉ maˌria]
el Diablo	**Djevel** (m)	[ˈdjevəl]
diabólico (adj)	**djevelsk**	[ˈdjevəlsk]
Satán (m)	**Satan**	[ˈsɑtɑn]
satánico (adj)	**satanisk**	[sɑˈtɑnisk]
ángel (m)	**engel** (m)	[ˈɛŋəl]
ángel (m) custodio	**skytsengel** (m)	[ˈsytsˌɛŋəl]
angelical (adj)	**engle-**	[ˈɛŋlə-]
apóstol (m)	**apostel** (m)	[ɑˈpɔstəl]
arcángel (m)	**erkeengel** (m)	[ˈærkəˌæŋəl]
anticristo (m)	**Antikrist**	[ˈantiˌkrist]
Iglesia (f)	**kirken** (m)	[ˈçirkən]
Biblia (f)	**bibel** (m)	[ˈbibəl]
bíblico (adj)	**bibelsk**	[ˈbibəlsk]
Antiguo Testamento (m)	**Det Gamle Testamente**	[de ˈgamlə tɛstaˈmentə]
Nuevo Testamento (m)	**Det Nye Testamente**	[de ˈnye tɛstaˈmentə]
Evangelio (m)	**evangelium** (n)	[ɛvanˈgelium]
Sagrada Escritura (f)	**Den Hellige Skrift**	[dən ˈhɛliə ˌskrift]
cielo (m)	**Himmerike** (n)	[ˈhiməˌrikə]
mandamiento (m)	**bud** (n)	[ˈbʉd]
profeta (m)	**profet** (m)	[prʉˈfet]
profecía (f)	**profeti** (m)	[prʉfeˈti]
Alá	**Allah**	[ˈala]
Mahoma	**Muhammed**	[mʉˈhamed]
Corán, Korán (m)	**Koranen**	[kʊˈranən]
mezquita (f)	**moské** (m)	[mʊˈske]
mulá (m), mullah (m)	**mulla** (m)	[ˈmʉla]
oración (f)	**bønn** (m)	[ˈbœn]
orar, rezar (vi)	**å be**	[ɔ ˈbe]
peregrinación (f)	**pilegrimsreise** (m/f)	[ˈpiləgrimsˌræjsə]
peregrino (m)	**pilegrim** (m)	[ˈpiləgrim]
La Meca	**Mekka**	[ˈmɛka]
iglesia (f)	**kirke** (m/f)	[ˈçirkə]
templo (m)	**tempel** (n)	[ˈtɛmpəl]
catedral (f)	**katedral** (m)	[kateˈdral]
gótico (adj)	**gotisk**	[ˈgotisk]
sinagoga (f)	**synagoge** (m)	[synaˈgʊgə]
mezquita (f)	**moské** (m)	[mʊˈske]
capilla (f)	**kapell** (n)	[kaˈpɛl]
abadía (f)	**abbedi** (n)	[ˈabedi]

convento (m)	kloster (n)	['klɔstər]
monasterio (m)	kloster (n)	['klɔstər]

campana (f)	klokke (m/f)	['klɔkə]
campanario (m)	klokketårn (n)	['klɔkəˌtoːŋ]
sonar (vi)	å ringe	[ɔ 'riŋə]

cruz (f)	kors (n)	['kɔːʂ]
cúpula (f)	kuppel (m)	['kʉpəl]
icono (m)	ikon (m/n)	[i'kʊn]

alma (f)	sjel (m)	['ʂɛl]
destino (m)	skjebne (m)	['ʂɛbnə]
maldad (f)	ondskap (n)	['ʊnˌskɑp]
bien (m)	godhet (m)	['gʊˌhet]

vampiro (m)	vampyr (m)	[vɑm'pyr]
bruja (f)	heks (m)	['hɛks]
demonio (m)	demon (m)	[de'mʊn]
espíritu (m)	ånd (m)	['ɔn]

redención (f)	forløsning (m/f)	[fɔː'løsniŋ]
redimir (vt)	å sone	[ɔ 'sʊnə]

culto (m), misa (f)	gudstjeneste (m)	['gʉtsˌtjenɛstə]
decir misa	å holde gudstjeneste	[ɔ 'hɔldə 'gʉtsˌtjenɛstə]
confesión (f)	skriftemål (n)	['skriftəˌmol]
confesarse (vr)	å skrifte	[ɔ 'skriftə]

santo (m)	helgen (m)	['hɛlgən]
sagrado (adj)	hellig	['hɛli]
agua (f) santa	vievann (n)	['viəˌvɑn]

rito (m)	ritual (n)	[ritʉ'ɑl]
ritual (adj)	rituell	[ritʉ'ɛl]
sacrificio (m)	ofring (m/f)	['ɔfriŋ]

superstición (f)	overtro (m)	['ovəˌtrʊ]
supersticioso (adj)	overtroisk	['ovəˌtrʊisk]
vida (f) de ultratumba	livet etter dette	['livə ˌetər 'dɛtə]
vida (f) eterna	det evige liv	[de ˌeviə 'liv]

MISCELÁNEA

198. Varias palabras útiles

alto (m) (parada temporal)	stopp (m), hvile (m/f)	['stɔp], ['vilə]
ayuda (f)	hjelp (m)	['jɛlp]
balance (m)	balanse (m)	[ba'lansə]
barrera (f)	hinder (n)	['hindər]
base (f) (~ científica)	basis (n)	['basis]
categoría (f)	kategori (m)	[kategʊ'ri]
causa (f)	årsak (m/f)	['oː‚ʂak]
coincidencia (f)	sammenfall (n)	['samən‚fal]
comienzo (m) (principio)	begynnelse (m)	[be'jinəlsə]
comparación (f)	sammenlikning (m)	['samən‚liknin]
compensación (f)	kompensasjon (m)	[kʊmpɛnsa'ʂʊn]
confortable (adj)	bekvem	[be'kvem]
cosa (f) (objeto)	ting (m)	['tin]
crecimiento (m)	vekst (m)	['vɛkst]
desarrollo (m)	utvikling (m/f)	['ʉt‚viklin]
diferencia (f)	skilnad, forskjell (m)	['ʂilnad], ['fɔːʂɛl]
efecto (m)	effekt (m)	[ɛ'fɛkt]
ejemplo (m)	eksempel (n)	[ɛk'sɛmpəl]
variedad (f) (selección)	valg (n)	['valg]
elemento (m)	element (n)	[ɛle'mɛnt]
error (m)	feil (n)	['fæjl]
esfuerzo (m)	anstrengelse (m)	['an‚strɛŋəlsə]
estándar (adj)	standard-	['stan‚dar-]
estándar (m)	standard (m)	['stan‚dar]
estilo (m)	stil (m)	['stil]
fin (m)	slutt (m)	['ʂlʉt]
fondo (m) (color de ~)	bakgrunn (m)	['bak‚grʉn]
forma (f) (contorno)	form (m/f)	['fɔrm]
frecuente (adj)	hyppig	['hʏpi]
grado (m) (en mayor ~)	grad (m)	['grad]
hecho (m)	faktum (n)	['faktum]
ideal (m)	ideal (n)	[ide'al]
laberinto (m)	labyrint (m)	[laby'rint]
modo (m) (de otro ~)	måte (m)	['moːtə]
momento (m)	moment (n)	[mɔ'mɛnt]
objeto (m)	objekt (n)	[ɔb'jɛkt]
obstáculo (m)	hindring (m/f)	['hindrin]
original (m)	original (m)	[ɔrigi'nal]
parte (f)	del (m)	['del]

partícula (f)	partikel (m)	[pɑːˈtikəl]
pausa (f)	pause (m)	[ˈpaʊsə]
posición (f)	posisjon (m)	[pɔsiˈʂʊn]
principio (m) (tener por ~)	prinsipp (n)	[prinˈsip]
problema (m)	problem (n)	[prʊˈblem]
proceso (m)	prosess (m)	[prʊˈsɛs]
progreso (m)	fremskritt (n)	[ˈfrɛmˌskrit]
propiedad (f) (cualidad)	egenskap (m)	[ˈɛgənˌskap]
reacción (f)	reaksjon (m)	[rɛakˈʂʊn]
riesgo (m)	risiko (m)	[ˈrisikʊ]
secreto (m)	hemmelighet (m/f)	[ˈhɛməliˌhet]
serie (f)	serie (m)	[ˈseriə]
sistema (m)	system (n)	[sʏˈstem]
situación (f)	situasjon (m)	[situɑˈʂʊn]
solución (f)	løsning (m)	[ˈløsniŋ]
tabla (f) (~ de multiplicar)	tabell (m)	[tɑˈbɛl]
tempo (m) (ritmo)	tempo (n)	[ˈtɛmpʊ]
término (m)	term (m)	[ˈtɛrm]
tipo (m) (p.ej. ~ de deportes)	slags (n)	[ˈʂlɑks]
tipo (m) (no es mi ~)	type (m)	[ˈtypə]
turno (m) (esperar su ~)	tur (m)	[ˈtʉr]
urgente (adj)	omgående	[ˈɔmˌgɔːnə]
urgentemente	omgående	[ˈɔmˌgɔːnə]
utilidad (f)	nytte (m/f)	[ˈnʏtə]
variante (f)	variant (m)	[variˈant]
verdad (f)	sannhet (m)	[ˈsɑnˌhet]
zona (f)	sone (m/f)	[ˈsʊnə]

www.ingramcontent.com/pod-product-compliance
Lightning Source LLC
LaVergne TN
LVHW051342080426
835509LV00020BA/3253